U0735237

国家自然科学基金项目·中国经济问题系列丛书

集群知识传播与本地企业升级

胡绪华 著

江苏大学专著出版基金
国家自然科学基金(项目编号：71203079) 资助

科 学 出 版 社

北 京

内 容 简 介

无论从国家宏观政策的导向还是从沿海地区"民工荒"现象的演变来看，产业集群竞争优势的来源已经由传统的要素资源转变为根植于集群本地的知识资源。本书研究了产业集群内知识创造的主体选择、知识传播的机理、知识传播绩效的评价，以及基于知识异质性的本地企业升级机理及路径选择等问题，不仅揭示了集群内知识资源动态累积的动力机制，而且验证了知识在本地企业升级中的重要作用。

本书适合于产业经济、区域经济和管理领域的科研人员、研究生和高年级本科生阅读，也可供相关领域的实践管理者和政策制定者参考。

图书在版编目(CIP)数据

集群知识传播与本地企业升级 / 胡绪华著 . –北京：科学出版社，2015

ISBN 978-7-03-046453-8

Ⅰ．①集… Ⅱ．①胡… Ⅲ．①产业发展－研究－中国 Ⅳ．①F121.3

中国版本图书馆 CIP 数据核字(2015)第 282094 号

责任编辑：李 莉 / 责任校对：张 红
责任印制：徐晓晨 / 封面设计：蓝正设计

科 学 出 版 社 出版

北京东黄城根北街 16 号
邮政编码：100717
http://www.sciencep.com

北京京华虎彩印刷有限公司 印刷

科学出版社发行 各地新华书店经销

*

2016 年 1 月第 一 版 开本：720×1000 B5
2016 年 1 月第一次印刷 印张：12
字数：252 000

定价：65.00 元

（如有印装质量问题，我社负责调换）

前　言

产业集群 (industrial clusters) 作为区域产业发展的重要模式,已经成为世界经济空间构架的基本单元和地区竞争力所在,并对区域产业创新能力产生重要影响。随着经济全球化的深入和知识经济的发展,产业集群竞争优势的来源已经由传统的物质资源转变为根植于集群本地的知识资源,关于产业集群知识管理的研究引起了国内外理论研究者和政策制定者的普遍关注。从已有的相关文献来看,有关研究主要集中在集群企业 (firm) 内部的知识管理方面,关于集群企业间知识活动的研究尚不充分。从国内外产业集群的发展过程来看,集群企业间知识活动的活跃程度直接影响着产业集群的兴衰,一些知识活力不足的产业集群正逐步走向衰落。因此,关于集群企业间知识活动的研究正逐步成为促进区域产业发展、提高本地企业竞争力的重要议题。

本书作为国家自然科学基金资助项目"境内集群式产业转移驱动的国内价值链重构与产业集群升级研究"(项目编号 71203079) 的基础性工作,主要关注产业集群内部企业间的知识传播及本地企业升级的研究。基于集群企业知识传播的基本特性,本书在理论分析与实地调研的前提下,借助定量的工具着重分析了知识传播机理、知识传播绩效和本地企业升级三个基本问题。

(1) 关于产业集群知识传播机理的研究。首先,对相关的研究文献进行了综述,在此基础上对产业集群、知识管理和知识传播的有关概念进行了界定。通过对产业集群的理论综述和发展描述,得出了集群企业间的知识传播将主导整个产业集群的知识活动,进而影响本地产业集群的竞争优势的研究结论,表明了本书的基本立足点和研究的意义。其次,通过对集群企业间知识再创造的主体行为研究,明确了集群知识创造的主体选择。集群企业的知识再创造活动可能采取独立或联盟两种方式进行,本书分别采用基于斯坦科尔博格的非合作博弈模型和基于 Shapely 值的合作博弈模型进行了研究。研究结果显示,在集群企业未组成合作联盟,且分别以大、小两类企业行事的非合作博弈状态下,小型企业将处于知识再创造的主体位置;而在集群企业组成知识再创造联盟的合作博弈状态下,联盟后的知识再创造收益将得到加强。最后,由于集群企业间的知识传播行为与病毒在人群内的传播具有很强的类同性,本书借用传染病动力学模型及系统仿真的手段探讨集群企业间的知识传播机理。将知识传播行为划分为同质企业间的传播、两类异质企业间的传播和政府参与的传播三种类型，并分别构建了相对应的传染病模型，讨论了三种集群环境下缺乏知识、掌握知识和升级知识三类企业间的转化关系及平衡状态。

(2)关于产业集群的知识传播绩效的研究。第一，借鉴期权投资的时机选择模型，揭示了集群知识传播受体企业知识整合的时机选择。由于受体企业对吸收的知识进行整合利用的时机具有不确定性，且不同时点上的收益与成本存在差异，因而受体企业的知识整合利用行为具有期权投资的基本特性，只有当知识整合所带来的利润最大化时整合行为才能发生。受体企业整合知识所获得的收益与成本之间的比率存在一个临界值，当小于临界值时，缺乏知识的企业将选择保持现状，不发生知识整合利用行为；反之，缺乏知识的企业将停止等待，整合并利用新知识。比较静态分析还发现，企业整合知识收益的方差参数、成本的方差参数、收益的期望增长率、成本的期望增长率等均会影响临界值的变化，并进一步影响受体企业知识整合的时机。第二，采用结构方程模型实证性的分析了集群知识传播绩效。在理论分析的基础上，归纳了影响集群企业间知识传播的特征要素，通过对江苏省常州市湖塘纺织产业集群的部分企业间知识活动调研的数据资料的验证性因子分析，进一步明确了各特征变量之间的因果关系和知识传播的贡献度。第三，设计了集群企业知识管理水平（knowledge management level，KML）评价系统。科学客观的集群企业知识管理水平评价活动不仅可以帮助集群企业发现知识管理活动中存在的主要问题及影响因素，而且有助于推动整个集群知识系统的成长。从集群知识环境和企业内部知识管理优势两个角度建立了一个能够反映集群企业特性的知识管理评价系统，以实现对同类产业集群内不同企业的实际知识管理水平和相对知识管理水平进行综合评价，并进行比较分析。最后分别以江苏省两个纺织产业集群内的两家企业为例，演示了集群企业知识管理水平的评测过程。

(3)基于知识异质性的集群内本地企业升级。我国企业的生产规模、行业属性、所有制结构等方面均存在很大差异，导致了集群内企业知识资源的储量和管理效率也存在巨大的差异，因此，其升级路径也必然存在多元化的选择。第一，分析了基于知识异质性的集群内本地企业升级的机理。本书将制造型企业划分为制造Ⅰ型企业、制造Ⅱ型企业、创新型企业和知识型企业四种类型，不同类型的企业具备不同的知识特征。当融入全球价值链的分工体系后，制造Ⅰ型企业和制造Ⅱ型企业将分别依赖各自的生产再造知识和产品更新知识来降低成本和提高价格，实现本生产环节增值幅度的提升，即基于全球价值链的横向扩张，体现为微笑曲线的扁平化演变；创新型企业改造升级的方向是借助功能变迁知识转换全球价值链上的战略环节，向高增值空间的生产环节渗透，即基于全球价值链的纵向渗透，体现为同一微笑曲线上战略点的调整；知识型企业改造升级的方向是依靠价值链管理知识转换企业所在的价值链，从低增值幅度的价值链跃迁到高增值幅度的价值链，即基于全球价值链的阶梯跃迁，体现为从低层次的微笑曲线向高层次微笑曲线的转换。第二，探讨了基于知识异质性的我国企业升级能力的评价系统。在对已有研究成果综述的基础上，构建了一套本地企业基于知识异质性的评价指标体系，借助于层次分析法计算出了各评价指标所对应的综合权重，奠定了集群内本地企业升级能力综合隶属度的评价基础，并明确了本地企业升级能力评价的综合隶属度与企业类型之间的对应关系，最后以江苏某大型电动工具集团公司为实证资料对本文的理论研究成果做了进一步的实证研究。

本书是由作者多年研究成果凝练而成，在研究过程中得到了老师、同学和朋友的支持。他们分别是东南大学集团经济与产业研究中心主任胡汉辉教授、江苏大学财经学院陈丽珍教授、江苏苏美达集团有限公司总经理蔡济波先生、南京财经大学工商管理学院万兴副教授、南京审计学院审计信息工程重点实验室吕魁副教授等。他们给予的各种帮助和建议，让作者受益匪浅。另外，本专著在撰写中参阅了大量的国内外相关论著，这些前期研究成果为本书的推进提供了丰富的理论支撑，在此一并感谢。

目　　录

第一章

产业集群的竞争优势与知识传播

随着经济全球化的深入和知识经济的快速发展，产业集群作为区域产业发展的重要模式之一，其全球竞争优势的来源已经由传统的物质资源转变为集群内的知识资源，关于产业集群知识管理的研究引起了国内外理论研究者和政府政策制定者的普遍关注，而知识传播作为产业集群知识管理的重要研究和实践内容，正成为产业集群研究的一个重要分支领域。

一、产业集群竞争优势的源泉分析

结合课题调研的直观感受和对已掌握的文献资料的阅读，不难发现产业集群正成为产业实践者和理论研究者重点关注的问题之一，而且产业集群这种组织形态的知识管理也正成为越来越多的学者的研究重点。这奠定了本书的科学性和研究的可行性的基础。

1. 产业集群正成为实践与理论关注的热点

一个国家的经济体系中，有竞争力的产业通常不是均匀分布的，而且趋向集群式分布，呈现由客户到供应商的垂直关系，或由市场、技术到营销网络的水平关联(Porter，1990)。20世纪90年代以来，伴随着经济全球化趋势的增强，经济区域化的趋势更加明显，如硅谷的电子产业、好莱坞的影视产业、纽约的金融产业、底特律和慕尼黑的汽车产业、巴塞罗那附近的制陶产业、班加罗尔的软件产业和意大利东北部产业区等地均形成了具有较强国际竞争力的产业集群，这进一步证明了产业集群对增强国家竞争优势的重要性。

改革开放以来，我国产业集群发展迅速，在促进经济社会发展中发挥着越来越重要的作用。为促进产业集群又好又快发展，2007年年底，国家发展和改革委员会印发了《国家发展改革委关于促进产业集群发展的若干意见》。《国家发展改革委关于促进产业集群发展的若干意见》中指出，产业集群已成为我国区域经济发展的重要产业组织形式和载体，东部沿海省市产业集群已占到本区域工业增加值的 50%以上，中西部地区产业集群发展迅速，东北地区装备制造业集群优势日益显现。同时，产业集群覆盖了纺织、服装、皮革、五金制品、工艺美术等大部分传统行业，在信息技术、生物工程、新材料及文化创意产业等高新技术领域加速发展，并涌现出一批龙头骨干企业和区域品牌。

东部沿海的广东、浙江、福建、江苏等省份的产业集群发展相对成熟。这些区域产业集群的成长促进了地方经济的发展并取得地区竞争优势。广东是专业镇（王珺，2000）相对集中的地区。较典型的有顺德容桂的家电，中山小揽的五金，古镇的灯饰，澄海的玩具，西樵的纺织品，大沥的铝型材，石湾的陶瓷，伦教的木工机械，乐从的家具，虎门的服装，东莞石龙、石碣和清溪的电子工业等。其中，中山古镇民用灯饰销量占全国的 60%以上，大沥铝材产量占全国的 40%，江门恩平麦克风占全国销量的 70%以上。浙江以专业化分工为特点的块状经济（黄勇，1999）也十分活跃。典型的块状经济有温州鞋革和服装、绍兴印染和织造、乐清低压电器、萧山化纤、海宁皮革、嵊州领带、永康五金、永嘉纽扣、桐卢制笔、诸暨袜业等。其中，温州市区打火机产量占世界的 70%，嵊州领带产量占全国的 80%、占世界领带市场的 30%，永康衡器产量约占全国的 67%，苍南铝制徽章的国内市场占有率高达 45%，海宁许村、许巷的装饰布占全国市场份额的 35%以上，乐清柳市的低压电器在全国的市场占有率超过 1/3。福建产业集群发展趋势也十分明显。较典型的集群有泉州晋江和莆田的鞋业、厦门和漳州的视听产品、石狮的服装、长乐纺织、泉州箱包、漳州家具、福安电机电器、南安水暖器材、德化工艺陶瓷等。近年来，江苏产业集群化推进也较为迅速，"十一五"期间江苏在其全省范围内重点培育了 100 个产业优、成长快、布局合理、特色鲜明、竞争力强的产业集群。较典型的产业集群有昆山 PC 制造、常熟服装服饰、邳州板材加工、丹阳眼镜、杭集牙刷等。其中，扬州杭集镇的牙刷占国内 80%的市场份额，占世界 22%的市场份额，成为世界最大的牙刷生产基地。赣榆县古河套村每年生产各类酒瓶盖达 6.5 亿个，占全国市场份额的 60%以上。实践表明，产业集群在强化专业化分工、发挥协作配套效应、降低创新成本、优化生产要素配置等方面作用显著。产业集群式发展已经成为我国工业化发展的必然趋势，也是提升我国区域和产业竞争力的必然手段。

关于产业集群理论的早期研究可以追溯到马歇尔（Marshall，1920）的产业区理论，他认为产业集聚（agglomeration）的动机来源于获取外部规模经济。20 世纪初韦伯（Weber，1929）在其工业区位论中再次关注了产业集聚的重要性，并将其看成重要的区位因子之一。60 年代随着企业地理、区域发展等理论的产生（McNee，1960），研究的对象开始从单个组织发展到多个组织之间的动态关系,此后产业集群的相关研究开始引起地理学界、管理学界和产业学界等越来越多学者的研究兴趣(Boudeville,1966;Vernon,1966)。80 年代,关于产业集群的研究超越了传统的自然资源和区位优势的认识,而工业发展内动力引起产业集聚(Storper and Walker,1989)的观点成为共识。随着新技术革命的纵深发展,以创新为重点的新产业区(new industrial district)理论(Piore and Sabel,1984)诞生,该理论研究注重集体资源共享、人才市场、交易效率、企业间的依赖关系和隐性知识的交流。90 年代后以来,以波特为代表的学者提出了国家竞争优势的"钻石模型",并明确给出了产业集群的定义(Porter,1990,1998),并在全球激起了产业集群理论研究和实践应用的热潮。联合国工业发展组织(United Nations Industrial Development Organization,UNIDO)和经济合作组织(Organization for Economic Co-operation and Development,OECD)也一直在研究和倡导发展产业集群策略、促进区域创新能力。

国内关于产业集群理论的研究在 20 世纪 70 年代首先从地理学界发起,魏心镇(1981)、陆大道(1986)和沈小平(1987)等主要就国内产业集群发展进行了实证研究。90 年代中后期开始受到地理学科之外更多学科的普遍关注,包括经济地理学、经济学和管理学等。此时研究的重点是探讨产业集群的内涵(王缉慈,2010;魏江,2003)、形成机制(仇保兴,1999;符正平,2004;梁琦,2004)、集群创新(吴晓波和郑健壮,2003;何明升和徐占忱,2007)、集群竞争优势(盖文启和朱华晟,2001;张辉,2003)、集群的演化升级(蔡宁等,2003;吴晓波和郑健壮,2003)等。国内学者的这些研究成果密切结合了我国产业集群发展实际,具有一定的独创性和应用性,但我国产业集群自身发展阶段的限制导致实证资料收集的局限性,具有较强解释力的一般性结论较少。

2. 知识资源成为产业集群竞争优势的源泉

随着全球化与知识经济的快速推进,地区乃至国家之间的竞争越来越表现为知识资源的获取和创造能力上的竞争。如何更快地创造和传播知识成为各界共同关心的问题(Maskell,2001)。改革开放以来,为推动我国经济的快速发展,知识资源得到了足够的重视。1988 年邓小平同志在全面阐述了科学技术的社会功能、发展趋势、战略重点及科技人员的政治地位、人才培养、研究所实行所长负责制等重大主题后,又旗帜鲜明地提出了"科学技术是第一生产力"的论断。20 世纪 90 年代,一方面我国经济主要依赖自然资源外延式发展、依赖廉价劳动力粗放式发展和依赖国外资金与技术的发展模式已难以持续;另一方面全球范围内知识经济已方兴未艾,创新驱动对经济增长的作用日益显现。在此背景下,江泽民同志指出"创新是一个民族进步的灵魂,是一个国家兴旺发达的不竭动力"。进入 21 世纪后,科技进步日新月异,创新活动日趋全球化,并成为经济与社会发展的主要驱动力量。2004 年 6 月,胡锦涛在中国科学院第十二次院士大会、中国工程院第七次院士大会上再次指出"科学技术是经济社会发展的一个重要基础资源,是引领未来发展的主导力量"。

从三代国家领导人的论断中不难看出,知识资源不仅是经济社会发展的基础资源和主导力量,而且更应该是区域产业集群竞争优势的源泉。产业集群作为区域产业发展的一种重要模式,国内外学者研究发现其竞争优势的来源也由传统的物质资源转变为其所拥有的知识资源,知识能否在产业集群内快速积累、转移、扩散、创新已经成为衡量产业集群发展潜力大小的重要标准,同时也是衡量产业集群转型与可持续发展的关键性指标。

3. 知识传播是产业集群知识的动态积累过程

确认了知识在产业集群发展中的作用后,需要进一步思考如何对这一重要的资源进行管理,即产业集群的知识管理。其目的是将存在于产业集群内的员工和群体的显性知识(explicit knowledge)和隐性知识(tacit knowledge)以有效的方式转换成产业集群内的智力资产,以提升整个产业集群的竞争优势。

关于知识管理流程的步骤,学者们提出了不同的划分方式,代表性的包括:Wiig(1993)将其划分为4个环节——创造与获取、编辑与转化、传播、利用与价值实现;DiBella 和 Nevis(1998)将其划分为3个步骤——获取、传播和利用;林东清(2005)将其划分为6个部分——传略定义、获取、创造、分享传送、利用和存储。从这些学者的研究成果中可以看出,知识管理流程的步骤大致上有先后顺序,但实际上有许多步骤是同时发生的,而且几个步骤之间还会重复循环(Beckman, 1999)。另外,虽然不同学者划分的详细程度不同,但其讨论的内容与目标的差异并不太大,而且在这样一个重复循环的过程中,知识传播显然发挥着承上启下的重要作用。尤其是在产业集群的组织形态下,各个企业既是独立的主体,企业之间又存在密切的关联。集群企业间知识的无障碍传播是产业集群形成创新环境的前提,也是集群知识实现动态累积的基本过程和提高产业集群竞争优势的根本保证。

二、产业集群知识传播的理论分析

从对相关理论的回顾与评述中可以看出,关于产业集群、知识管理和知识传播的国内外研究已经具有比较丰厚的研究基础,虽然不同研究者由于自身专业背景的不同,在对各相关概念的界定上存在视角的差异,但对于概念基本特征的共性认识还是一致的。从文献发表的趋势和研究的热点来看,产业集群、知识管理和知识传播至少在未来一定时期内还将持续是理论与实践界关注的焦点。

(一)产业集群的内涵及理论基础

亚当·斯密(Adam Smith)在《国民财富的性质和原因的研究》中最早从分工

的角度描述产业集群现象。新古典经济学代表人物阿尔弗雷德·马歇尔(Alfred Marshall)继承了亚当·斯密对劳动分工的开创性观察,第一个比较系统地研究产业集群现象,也是被公认的最早对产业集群现象进行研究的学者。但直到1990年美国学者哈佛大学教授迈克尔·波特(Michael Porter)才在《国家竞争优势》(*The Competitive Advantage of Nations*)中明确提出产业集群的概念。在随后的二十年中,关于产业集群的研究逐步引起理论界和实务界的广泛关注和深入讨论。当前产业集群不仅已经成为分工协作理论、交易费用理论、产业组织理论、新经济地理理论和新竞争经济学等理论的一个研究热点,而且在实践活动中也已经成为诸多政策制定者促进区域经济发展的一个重要手段。

1. 产业集群的定义

由于对产业集群进行研究的学者来自于不同的学科领域,学术背景的差异性和产业集群实践的多样性,因此不同流派的学者给出的产业集群的定义也不尽相同。总体而言,具有代表性的产业集群的定义有以下几种。

(1)国外关于产业集群具有代表性的定义如下。

Porter(1990)将产业集群理解为,相互联系的公司、专门化供应商、服务提供者、相关产业的公司在一个特定的地理范围,既竞争又合作地集中。

UNIDO(1995)将产业集群定义为,生产一系列相同或相关产业而面临共同的挑战和机遇的企业(firms)在部门和地理上的集中。

Enright(1996)认为,成员企业相互之间紧密集聚的区域集群称为产业集群。

Rosenfeld(1997)认为,产业集群是指那些因为地理集聚性和相互依赖性而能够协同生产的企业的集中,即使其就业规模可能并不突出。

Swann 和 Prevezer(1998)认为,产业集群是一群相关产业领域的公司在某一特定地理区位上的集中。

Feser(1998)认为,产业集群不仅是指相关的和支持性的产业和机构,还应该指那些由于关联性而更有竞争力的相关和支持性机构。

Porter(1998)认为,集群是特定产业中互有联系的公司或机构聚集在特定地理位置的一种现象。集群包括一连串上、中、下游产业及其他企业或机构,这些产业、企业或是机构对于竞争都很重要,它们包括了零件、设备、服务等特殊原料品的供应商及特殊基础建设的提供者。集群通常会向下延伸到下游的通路和顾客上,也会延伸到互补性产品的制造商及与本产业有关的技能、科技或是共同原料等方面的公司上。集群还包括政府和其他机构——大学、制定标准的机构、职业训练中心及贸易组织等——以提供专业的训练、教育、资讯、研究及技术支援。

Roelandt 和 den Hertog(1999)认为集群的特征是在一个价值增值生产链中相互联系的、具有强烈相互依赖性的企业组成的生产者网络。

OECD(1999)将产业集群定义为，由创造附加价值的生产链把相互依赖的企业、知识生产机构(如大学、研究所、提供技术的企业、知识密集型的商业服务机构)、中介机构(如经纪人、技术和咨询服务的提供者)和顾客等联结起来而形成的网络。

Porter(2000)进一步丰富了产业集群的内涵，认为集群是相互联系的公司和相关机构在一个特定区域地理上接近的群体，它们被公共设施和辅助设施联系在一起。集群的地理范围可大可小。集群的产业不限于单一产业，其是一群有益于竞争的相关产业的实体。集群通常纵向地向下游渠道或消费者延伸，或者横向地向相关实体扩展。

Crouch 和 Farrell(2001)认为集群是指在某一特定领域，由于共同性和互补性而相互关联的企业和机构在一个地理范围内集中所形成的群体。

van den Berg 等(2001)认为集群是一个与网络中地方或区域纬度相连的概念，集群是那些生产过程由于商品、服务和(或)知识的交易而紧密关联的专业化地方网络。

(2)国内关于产业集群具有代表性的定义如下。

仇保兴(1999)提出，中小企业集群是指由众多自主独立以相互关联的小企业依据专业化分工和协作的关系并在某一地理空间高度聚集而建立起来的产业组织，这种组织的结构介于纯市场和纯科层组织之间。

王缉慈(2002)将产业群定义为一组在地理上靠近的相互联系的公司和关联机构，它们同处于一个特定的产业领域，由于具有共性和互补性而联系在一起，其具有专业化的特征。

通过对这些集群概念的总结不难发现，集群具有两个基本的特征：一是经济集聚，集群由具有共生性和互补性的关联企业和机构组成；二是地理集聚，关联企业和机构在空间上的依赖性和"根植性"(embeddedness)。

通过对前人研究成果的比较概括，本书将产业集群的概念定义为：集聚在一定地域范围内且具有产业关联性的企业和其他机构(包括政府、科研、培训、教育和中介等支撑体系)的集合，是一种比纯市场更紧密、比纯科层组织更灵活的产业组织形态。这些企业和组织机构相互之间具备产业共生性、专业互补性、资源共享性和知识溢出性，并根植于当地的创新社会与文化环境。

产业集群是一个开放的产业组织系统，包含了大量产业关联密切的企业及相关的支撑机构，它由内部系统和外部系统共同构成(图1.1)。内部系统主要由区域内政府、市场、大量的企业、地域性资源及中介服务机构共同构成。外部系统主要由区域外生产链、市场及科研机构等组成。

2. 产业集群的基础理论

产业集群理论的古典基石集中体现在古典区位论和马歇尔产业区的论述上。

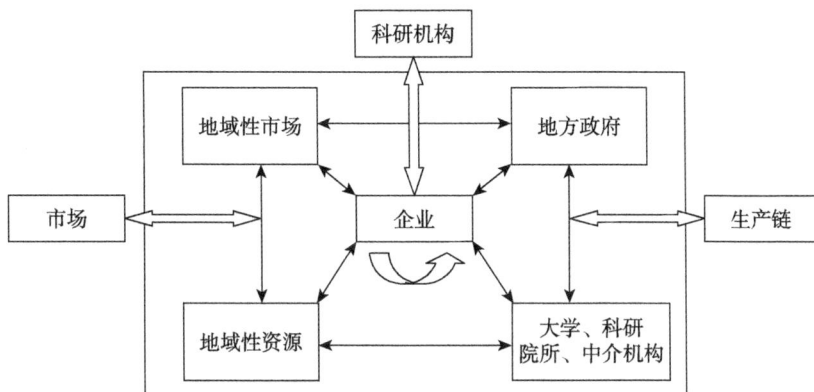

图 1.1　产业集群的结构
资料来源：东南大学集团经济与产业组织研究中心

古典区位论最终形成在实证研究和规划中广泛应用的产业综合体(industrial com-plex)模型，马歇尔的产业区理论演化成纯经济分析中的产业集聚模型(Gordon and McCann，2000)。随着现代交通和通信技术的发展，自然资源或市场位置对生产活动选址的约束逐步降低。即便如此，产业在空间上的集聚程度也没有下降，区域之间的专业化分工和等级体系反而更加明显，相互依赖和联系也更加密切。这一现象的动态演化和内在动力机制吸引了经济地理学、社会经济学、产业组织学等众多学者的关注。

1) 马歇尔的外部经济理论

马歇尔于 1890 年出版的《经济学原理》是当今主流的新古典经济学的开山之作。马歇尔认为工业之所以能够在产业区内集聚，获取外部规模经济是其根本原因，他将企业追求外部经济而集聚的原因归结为六个方面：第一，协同创新环境；第二，辅助性工业的存在；第三，对有专门技能的劳动的需求与供给；第四，劳动需求结构的不平衡；第五，区域经济的健康发展；第六，顾客便利。

2) 产业区位理论

韦伯在 1909 年的著作《区位原论》(Reine Theorie Des Standorts)的"论工业区位"(Uber den Standort der Industrien)部分对产业集聚进行了论述。韦伯试图寻找工业区位移动的规律，判明各个影响工业区位的因素及其作用，并尝试用等差费用曲线为分析工具来尝试定量分析产业集聚的程度。他将影响工业区位的经济因素(区位因素)分为区域因素和位置因素，其中实际对区位起作用的区域因素主要是运输成本与劳动成本，而实际对区位起作用的位置因素包括集聚因素(ag-glomerative factor)和分散因素(deglomerative factor)。韦伯的产业区位理论出现于凯恩斯宏观理论诞生之前，政府干预较少，传统古典理论占据主流，他认为集聚的产生是自下而上企业自发形成的。只有当企业迁移后因集聚而节约的生产成本大于迁移费用时，迁移才有可能发生，而决定迁移费用的等差费用曲线的存在只是理论性探讨，难以确定，因此通常认为，韦伯集聚只是一种理论上的集聚。

3）增长极理论

帕鲁（Perroux，1955）最早提出了增长极的概念。增长极理论认为，在地理空间上增长不是均匀地发生的，它以不同程度呈点状分布，通过各种渠道影响区域经济。主导部门和有创新能力的企业被嵌入某一地区以后，将发展形成生产、贸易、金融、科技、人才、信息、交通运输、服务、决策等经济活动中心，恰似一个"磁极"，并能够产生较强的吸纳辐射作用。它不仅加快了自身的发展，通过向外扩散还带动了其他部门和所在地区及周边地区的经济增长。根据增长极理论，一个地区想要取得经济增长，关键是在本地区嵌入一系列的推动性产业，这种推动性产业的嵌入可以依赖国家政策或者地方政策自上而下的完成。

4）地域生产综合体理论

地域生产综合体理论是由苏联学者在总结实践的基础上提出来的，地域生产综合体由一些具有不同功能的部分所组成，这些组成部分按照它们与综合体内的主导专门化企业的关系又可以分为四类：经营类，体现地域生产综合体发展方向的专门化企业，是综合体的核心；关联类，与专门化企业有前后向联系的企业；依附类，利用专门化企业的废料进行生产的企业；基础设施，为各类企业提供一般性生产条件的多种设施，包括生产性基础设施、社会性基础设施和结构性设施。地域生产综合体是一种典型的产业集聚，集聚的核心是专门化企业，围绕这一核心是关联类、依附类企业及共享的基础设施。但地域生产综合体是计划经济的产物，只有按计划组织起来的国家和地区才能按照地域生产综合体的形式组织生产。原苏联多年的经验证明，由于计划经济的刚性和部门之间的矛盾，这种集聚的经济效果并不是很令人满意。

5）新经济地理理论

克鲁格曼（Krugman，1991）的产业群模型是基于以下的事实：企业和产业一般倾向于在特定区位空间集中，而且不同群体和不同相关活动又倾向于集结在不同的地方。结果是，空间差异在某种程度上与产业专业化有关。当企业和劳动力集聚在一起以获得更高的要素回报时，规模报酬递增规律为产业群的形成提供了理论基础，不过这种递增的要素回报只在集聚的有限空间中表现出来。本地化的规模报酬递增和空间距离带来的交易成本之间的平衡可以解释各种等级化的空间产业格局的发展（Krugman and Venables，1995）。在产业生产具有规模报酬递增的假设下，克鲁格曼（Krugman，1991）通过模型验证了在一个区域内产业生产活动的空间格局演化的最终结果是集聚。在其集群理论中，克鲁格曼强调产业发展的自发性，同时也强调历史和偶然因素的作用。

6）社会经济网络理论

社会经济网络分析是近年来兴起的一种新的研究范式。经济学界在很长一段时间内主要从事物质资本和人力资本的研究，忽视了协作中的社会组织，没有关注到社会资本对经济发展的作用。经济组织是基于正式契约的经济关系，而社会组织则是基于非正式契约的社会关系。在分工协作中，经济网络和社会网络相互嵌套，相互促进。经济组织与社会组织之间的融合是减少交易费用，促进分工并产生新的生产力的重要因素。基于本地化的行为主体之间的非贸易相互依赖性在地方产业集群中具有重要的意义（Storper，1995）。格兰诺维特（Granovettor）用"根植性"来描述使交易行为偏离利润最大化目标的非经济因素的社会影响。企业通过在本地的扎堆和结网所形成的地方集聚，可以使企业构筑起交流和合作的系统，增强创新能力和竞争力。

7）新产业区学派

1977年巴格纳斯科（Bagnasco）对意大利东北部（也称为"第三意大利"）地区的特点进行了研究，巴卡提尼（Bacattini，1978）在对普拉托（Prato）的毛织品产业区进行了细致的分析之后提出了新产业区的概念，新产业区是具有共同社会背景的人们和企业在一定自然地域上形成的社会地域生产综合体。1984年皮埃尔和赛伯（Piore and Sabel，1984）对19世纪产业区的再现现象进行了重新解释，并提出这种发展模式的特点是灵活性加上专业化（flexibility plus specialization，即"柔性专业化"或"弹性专精"）。他们认为"第三意大利"的产业区发展是中小企业在弹性专精基础上实现的集聚。这些中小企业集聚区由于专业化程度高、企业间协同作用强，可以与以大企业为核心的区域进行竞争。但以弹性专精为主要理论依据的新产业区学派，虽然提出了关于合作和竞争、信任和制度及网络的重要性，却没有足够重视区域长期发展的"学习"因素，存在一定的理论缺陷。

8）产业集群学派

以波特为代表的战略管理学派对产业集群的研究和应用做出了很大贡献。波特在其著作《国际竞争优势》一书中首次提出了产业集群的概念，并构造了国家竞争优势的钻石模型，对集群现象进行新的解释。钻石模型指出集群的成长需要生产要素、需求状况、相关产业与支持性产业、企业竞争与战略四大因素之间密切配合构成一个系统的合力。此外，波特（Porter，1990）还认为机遇和政府对以上这四个因素的影响也至关重要。1998年，波特（Porter，1998，2000）进一步强调了区位的作用，并给出了产业集群的定义。他认为，丰富的要素投入是通过全球化获得的，而为了增加生产率，必须要在特定的集群区域内提高效率、质量和专业化以增加要素投入。近年来，从波特理论出发的对产业集群的分析已经逐渐和社会学、地理学关于网络和产业区的文献相互渗透。

(二)知识管理的内涵及理论基础

知识管理的概念在 1986 年联合国国际劳工大会上提出以来，知识管理逐步成为理论研究者与实践工作者关注的重要课题。尤其是当今世界风云多变，无论对于组织来说还是对于个人来说都充满了机会与挑战。如何有效应对这一复杂变幻的世界格局，促进企业从"仿造"和"制造"向创造的转变，塑就企业的核心竞争优势，实现企业的脱颖而出迫在眉睫。而加强对知识管理的认识与应用，已经成为创造性的思考和解决问题、塑就企业核心能力的关键所在。正是基于这一实际，当前知识管理已经成为国内外众人皆知的词汇，与之相关的理论研究与实践总结也得到了迅猛发展。

1. 知识的定义与分类

1)知识的定义

知识是一个发展中的概念，不同的历史时期人们对于知识的概念和理解是不同的。由于各自立场和研究角度的不同，对于知识的定义也是林林总总。根据对知识定义角度的不同，可以从哲学认识论、认知心理学和信息数据处理等角度将这些知识的定义划分为三类，相应的代表性定义如下。

(1)基于哲学认识论角度的具有代表性的定义出自我国辞书：知识是指对事物属性与联系的认识，表现为对事物的知觉、表象、概念、法则等心理形式。在这一定义中，知识被看做客观事物的属性和联系的反映，是客观世界在人脑中的主观映像。知识有时表现为主体对事物的感性知觉或表象，属于感性知识；有时又表现为关于事物的概念或规律，属于理性知识。

(2)基于认知心理学角度的具有代表性的定义来自认知心理学家皮亚杰：知识是主体与环境或思维与客体相互交换而导致的知觉建构，知识不是客体的副本，也不是由主体决定的先验意识。

(3)基于信息处理角度的具有代表性的定义来自克拉克(Clarke and Cooper, 2000)：知识是关于事物运作规律的理解，具有可预测性。

虽然因为各自出发点的不同，从各个角度对知识的定义存在一定的分歧，但知识有以下几个被普遍承认的主要特点。首先，知识的创造和应用与人是密切相关的。如果离开人去谈论知识，是没有任何意义的。其次，知识是可以被认知和学习的。知识不是与生俱来的，而是人通过自身的学习及与外界的交互作用被认识获得的。最后，知识的表述是有层次的。语言、文字、符号、影像等都是表述知识的工具，这些工具可以用来生成知识模型，表述出的知识模型可以尽量接近本体，但不能完全替代本体，某些知识在一定程度上是无法表述的。

2)知识的分类

根据不同的分类标准，学者们从不同的角度将知识分成多种不同的类型。本章在此结合本书的研究主题，就当前理论界比较认同的分类标准进行了梳理。

Lundvall 和 Johnson(1994)根据知识表达的特征不同对知识的分类进行了研究。OECD 在《1996 年科学技术和产业展望》的研究报告中借鉴了这一研究成果，将知识划分为事实性知识(know-what)、技能性知识(know-how)、原理性知识(know-why)和社会性知识(know-who)。事实性知识：知道是什么，主要是指人们对某些事物的基本认识和辨别，属于事实范畴；技能性知识：知道怎么做，主要是指人们关于操作某项工作的方法、技巧、能力等方面的认识和掌握，属于技术范畴；原理性知识：知道为什么，主要是指人们关于某些事物或事件发生的原因及其规律性的认识，属于科学范畴；社会性知识：知道谁的知识，主要是指人们清楚知识的社会网络，由此可搜寻自觉学习的网络途径，属于经验范畴。

OECD 的知识分类方法虽然较为全面地界定了不同类型的知识内容，但是它没有说明不同知识在社会经济发展过程中的作用和功能。詹姆斯·奎恩(Quinn et al.，1996)发展了 OECD 的这一分类方式，把第四种类型"社会性知识"改为"自我激励的创造力"(self-motivated creativity)，将知识创造涵盖了进来。

Polnayi(1966)从认知科学的角度将知识划分为显性知识和隐性知识。显性知识是指可以用规范化和系统化的语言进行表达和传播的知识。与显性知识不同，隐性知识是指一种高度个人化的、主观的、基于长期经验积累的知识，它不能用几个词、几句话、几组数据或公式来表达，其内容有十分特殊的含义，很难规范化，也不易传递给他人。隐性知识包括信仰、隐喻、直觉、思维模式和所谓的"诀窍"(如手工匠掌握的特殊技艺)。隐性知识更大程度地体现了"知识"的价值。对隐性知识的把握和利用成为个人和组织创新的关键。Nonaka(1994)等进一步研究了隐性知识与显性知识的相互转化，系统阐述了知识创造的社会化(socialization)、外在化(externalization)、整合化(combination)和内在化(internalization)的知识螺旋式转换的 SECI 模型。

2. 知识资本

针对知识与技术的结合，新经济增长理论提出了解释经济动态增长的理论观点，这些理论认为研发(R&D)、教育和培训是促进经济增长的关键因素(Bounfourand Edvinsson，2005)。1996 年 OECD 提出了促进经济增长的三个关键因素：知识传播、雇佣制度和科研体系。由此可见，知识是组织价值的主要源泉和价值评估的主要方法，而组织只是一个"空匣子"，主要负责管理和实施知识产权。当前关于知识资本研究的各种理论处于一种交杂状态。

从宏观经济的视角来看，关于知识资本的相关理论主要涉及六个方面。其一，以 Becker(1975)、Schultz(1961)和 Bartel(1995)为代表的人力资本理论(human capital theory)学派认为人力资本是对实物资本投资的一个强有力的补充。个体被认为是投资者，特别是对于长期的教育投入。人力因素对于生产力的提高和通过知识传播的创新有着重要的贡献。其二，以 Solow(1957)、Arrow(1962)、Mans field(1968)、Mans-field 等(1977)、Passinetti(1981)及 Mohnen 和 Lepine(1991)为代表的技术变革与创新理论(technical change and innovation theory)学派认为技术的变革是一个不断积累的过程，强调创新的渐增性质及不同部门之间差距的存在，显示出创新对生产力的影响。其三，以 Machlup(1962)、Dosi(1984)为代表的智力投资(intellectual investment)流派认为公司的效率主要取决于对无形资源(智力资源)的有效运用。创造良好的环境是激发创新的保证。其四，以 Romer(1986、1990)、Lucas(1988)、Grossman 和 Helpman(1991)及 Barro 和 Sala-i-Martin(1995)为代表的新增长理论(new growth theories)学派认为知识的积累是增长的最基本源泉。知识包括人力资本、组织资本、部分实物资本及技术变革。其五，以 Nelson 和 Winter(1982)、Dosi(1988)、Amendola 和 Gaffard(1988)、Carlsson 和 Taymaz(1991)为代表的演化理论(evolutionary theories)学派认为企业是靠学习过程来治理的，而不是靠最优化的方法。创新是一个不断积累的过程。其六，以 Nakamura(2001)为代表的分析方法(the analytical approach)学派认为无形资产的投资可以通过以下几个聚合因素来分析，即研发、技术投入、软件、市场研究、分销费用和职业培训等。

从微观经济的视角来看，关于知识资本的相关理论主要涉及五个方面。其一，以 Prahalad 和 Hamel(1990)为代表的核心能力理论(competence view)学派认为市场预期是波动的，公司基于自己核心能力的战略将比以市场为导向的战略更有效。其二，以 Wenerfelt(1984，1989)和 Nonaka(1994)为代表的资源理论(resoure-based view)学派认为行业内业绩的差别比所观察到的行业间的差别更重要，这些差别主要归因于资源组合的方式(无形资产)。其三，以 Teece(2000)、Teece 等(1997)为代表的动态能力(dynamic capabilities)学派认为竞争力优势在长期中会慢慢消失，企业必须开发动态能力，即灵活的组织不可复制的无形资产。其四，以 Itami(1987)、Lev(2001)和 Bounfour(2000，2003)为代表的智力资本理论(intellectual capital views)学派认为无形资产在知识经济中的重要性及其特性使这些工作成为必要。其五，以 Nonaka(1994)、Nonaka 和 Takeuchi(1995)及 Nonaka 和 Konno(1998)为代表的知识创造理论(knowledge creation view)学派认为知识的创造主要是一个组织的问题，建立和发展不同的转化和传播模式很重要，尤其是隐性知识和显性知识之间的转化和传播。

3. 知识管理

1)知识管理的定义

作为管理学领域的一个新的研究课题，关于知识管理的研究虽然还处于起步阶段，却已经引起了众多理论研究者的关注。尤其是 1975 年 Chaparral Steel 公司实施了全球第一个知识管理项目后，知识管理进入了快速发展阶段。各种管理理论开始从各自独特的视角出发来揭示知识要素的价值和作用机制，关于知识管理概念的界定也因为研究角度的不同而存在多种，代表性的定义可以归纳如表 1.1 所示。

表 1.1　典型的知识管理的定义

代表学者	知识管理的定义
Quitas 等（1997）	知识管理的目标包括六个方面：知识发布，以使一个组织内的所有成员都能应用知识；确保知识在需要时是可得的；推进新知识的有效开发；支持从外部获取知识；确保知识、新知识在组织内的扩散；确保组织内部的人知道所需的知识在何处
Bassi（1997）	知识管理是指为了增强组织的绩效而创造、获取和使用知识的过程
Malhotra（1998）	知识管理是一种有目的的管理进程，它通过对信息管理能力和员工创造革新能力结合起来，满足组织提高适应力、生存力和竞争力的需要
Torrey 等（1997）	知识管理是努力让知识在正确的时间，正确的地点，在正确的主体身上发挥作用，从而提高员工和组织的绩效
Frappuolo（1998）	知识应有外部化、内部化、中介化和认知化四种功能，其中，外部化是从外部获取知识，并按照一定的分类将它组织起来，其目的是让想拥有知识的人拥有通过内部化和中介化而获得的知识；内部化和中介化所关注的分别主要是可表述知识和隐含类知识（或称为意会知识）的转移；认知化则是将通过上述三种功能获得的知识加以应用，是知识管理的终极目标
Davenport 等（1998）	知识管理的目的是组织为了实现自身目标而对组织知识资产的挖掘和发展，所管理的知识既包括显性的、文本的知识，也包括隐性的、主观的知识。知识管理包括对知识进行认定、共享和创造相联系的全部过程。它需要建立一种系统使知识库的持续和更新得以实现，并且培养和促进知识共享与组织学习。成功实施知识管理的组织视知识为资产，并且建立起支持知识创造和共享的组织规范和价值
Beckman（1999）	知识管理是一个管理各种知识的连续过程，以满足现在和将来出现的各种需要，确定和探索现有和即将获得的知识资产，开发新的机会
Rosemann 和 Chan（2000）	知识管理就是对组织在知识配置过程中所产生的问题进行解决
Wiig （2000）	知识管理主要涉及四个方面：自上而下的监测和推动与知识有关的活动、创造和维护知识基础设施、更新组织和转换知识资产、使用知识以提高其价值
Maryam 和 Dorothy（2001）	知识管理是指为了增强组织的绩效而创造、获取和使用知识的过程
乌家培（1998）	信息管理是知识管理的基础，知识管理是信息管理的延伸和发展

续表

代表学者	知识管理的定义
邱均平和段宇峰 （2000）	对知识管理的概念可从狭义和广义角度来理解：狭义的知识管理主要针对知识本身进行管理，包括对知识的创新、获取、加工、存储、传播和应用的管理；广义上的知识管理不仅是对知识进行管理，而且还包括与知识有关的各种资源和无形资产的管理，涉及知识组织、知识设施、知识资产、知识活动、知识人员的全方位和全过程的管理

从以上众多定义中可以发现，虽然理论界对知识管理定义的角度各有侧重，但学者一致认可知识管理是一个为提高绩效而进行的学习创新过程。本章在对国内外关于知识管理的典型定义总结的基础上，将知识管理的概念概括如下：知识管理是指在一定的外部环境中，依据知识管理理论，运用知识管理的方法和手段，有效配置组织内部、外部知识，发挥组织成员的知识技能，促进组织知识的获取和共享，提高组织个体与整体的知识学习与再创造能力，增强组织核心竞争力，以实现组织绩效的连续性管理过程。

2) 知识管理的学派

知识管理的研究最早可追溯到 20 世纪 70 年代，Henry（1974）在《公共管理评论》上发表论文《知识管理：公共管理的一个新问题》。在随后的 90 年代，人类步入知识经济时代，为实现企业知识资本增值，知识管理作为一种全新的企业管理模式应运而生。知识管理研究成为理论界关注的重点课题之一，处于不同学科领域的学者分别就自己的理论视角围绕着知识管理进行理论探讨，公开发表或出版了一大批优秀的学术论文和著作。在此背景下，一些学者开始思考区分知识管理理论的研究流派。

Earl（2001）将知识管理划分为七个学派，即系统学派、制图学派、工程学派、商业学派、组织学派、空间学派和战略学派。虽然作者对各学派的重点、目标、单位、关键成功因素、主要信息技术和哲学观基础进行了初步分析，但是发现它们彼此之间的区分并不十分明显。在此基础上，Blackman 和 Henderson（2005）从知识创造、控制和共享三个方面对 Earl（2001）的七个学派做了补充说明。

左美云（2000）把知识管理研究归纳为技术学派、行为学派和综合学派这三个学派。技术学派认为"知识管理就是对信息的管理"，这个领域的研究者一般都具有计算机科学和信息科学的教育背景，他们认为知识等于对象，并可以在信息系统当中被标识和处理。行为学派认为"知识管理就是对人的管理"，这个领域的研究者一般具有哲学、心理学、社会学或商业管理的教育背景，对他们来说，知识等于过程，是一个对不断改变的技能的一系列复杂及动态的安排。综合学派认为"知识管理不但要对信息和人进行管理，还要将信息和人连接起来进行管理；知识管理要将信息处理能力和人的创新能力相互结合，增强组织对环境的适应能力"，该学派的研究者既对信息技术有很好地理解和把握，又有丰富的管理学和经济学知识，能用系统、全面的观点实施知识管理。

在左美云研究的基础上，吴金希(2005)进一步将知识管理理论研究的学派归结为信息技术学派、组织行为学派、战略管理学派和知识工程学派这四个学派。前两个学派分别等同于左美云归纳的技术学派与行为学派；战略管理学派从提高企业核心能力、增强竞争优势的目的出发，围绕组织的绩效、能力和架构及知识创新和知识流动的关系来研究知识管理；知识工程学派的主要研究方向是将知识转化为一种标准的工程技术。

蒋日富等(2006)将知识管理归纳为五个流派，即学习流派、过程流派、技术流派、智力资本流派和战略流派，并详细论述了各流派的形成过程、学科基础、代表人物、主要观点、典型模型及贡献与不足等。

盛小平(2007a，2007b)在对前人研究成果系统总结的基础上，将知识管理研究细化为八个流派，即认识论流派、战略管理流派、知识创新流派、空间流派、信息技术流派、组织行为流派、知识工程流派和综合流派，具体内容总结如表1.2所示。

表 1.2 知识管理八个流派划分与代表观点

流派	代表人物	主要观点
认识论流派	波普尔（Karl Popper）、波兰尼（Michael Polanyi）、达文波特（Thomas H. Davenport）和普鲁萨克（Laurence Prusak）等	从认识论角度来分析知识，把知识的哲学含义、构成、价值、知识类型、知识源(感知、记忆、推理)，知识与其他概念(如必然性、合理性、原因等)的关联，人们如何获取与社会和组织实践相关的知识等作为为核心研究内容
战略管理流派	莫尔腾·汉森(Morten T. Hansen)、萨克(Michael H. Zack)、卡尔松(Sven A. Carlsson)、达佛斯（Abdelkader Daghfous)和蒂瓦纳(Amrit Tiwana)等	从战略管理角度来研究知识管理，把知识看做组织最有价值的资源，注意到知识对企业战略形成与企业成功的重要影响，并把知识管理当做公司战略的本质和竞争优势的一个重要方面
知识创新流派	野中郁次郎（Ikujiro Nonaka）、王方华、布克威茨(Wendi Bukowitz)、威廉斯(Ruth Williams)、陈永隆、吴金希、霍尔斯阿普尔(C. W. Holsapple)、李清棋(Ching Chyi Lee)等	通过追求新发现，探索新规律，积累新知识，达到创造知识附加值、谋取组织(如企业)竞争优势的目的。知识管理研究的知识创新流派有三种研究取向：一是从知识转化角度来进行分析；二是从知识管理的具体过程角度来进行分析；三是从知识价值链(或知识链)角度来进行分析

续表

流派	代表人物	主要观点
空间流派	博伊索特(Max Boisot)、海伦·汉森(Helen Hasan)和范德皮尔(G. J. van der Pijl)	从三维空间(角度)来分析知识及其管理。Max Boisot 以"具体的—抽象的、扩散的—非扩散的、编码的—非编码的"作为三轴定义信息空间(I-Space)理论框架。Helen Hasan 基于信息空间理论提出知识空间(K-Space)框架,把知识看做由三个基元(编码、扩散、抽象)彼此关联起来的一个立方体。G. J. van der Pijl 构建了一种由知识管理过程(水平方向)、知识代理(垂直方向)和知识种类(对角线方向)构成的三维知识管理框架
信息技术流派	马蒂森(Rob Mattison)、梅尔(Ronald Maier)和戴维斯(John Davies)等	从信息技术角度研究知识管理的实现或者是研究信息技术在知识管理领域的具体应用
组织行为流派	马丁(Kai Mertins)、格伯特(Henning Gebert)、罗利(Jennifer Rowley)、古耶杰(Jinette de Gooijer)等	把知识管理与组织行为/绩效联合起来进行研究
知识工程流派	施赖伯(Guus Schreiber)、芬什(Dieter Fensel)、朱里西卡(Igor Jurisica)、德维得兹克(Vladan Devedzic)等	知识工程是一门关于知识获取、表示和推理,以及用一种特定形式把知识表示为计算机可操作对象的科学,其研究的目标是挖掘和抽取人类知识。知识工程与知识管理联系十分紧密。知识工程流派主要是从知识建模、知识获取、知识表示等角度来研究知识管理
综合流派	维格(Karl M. Wiig)、戴库拉基斯助(Loannis E. Diakoulakis)、史密斯(Peter A. C. Smith)、哈里布(Asad K. Ghalib)等	对一个组织中影响知识管理的各种因素集成或综合起来进行考虑,并关注各种因素对组织知识管理的不同影响与作用,使组织中的企业知识管理与生产或业务管理、市场营销管理、人力资源管理、客户关系管理、信息系统开发与管理等综合协调起来,从整体上推进组织的发展

资料来源:根据盛小平(2007a,2007b)整理

3)知识管理系统

知识管理是一门新兴的学科,当前正处于不断发展和完善的阶段。相应的,用来实现知识表示、传递、利用和发现等过程的知识管理系统(knowledge management system)也缺少统一的定义,从事不同学科研究的学者也都从自己的角度进行了研究,并提出了相应的研究观点,表 1.3 是一些具有代表性的关于知识管理系统的观点。

表 1.3　知识管理系统的定义

代表人物	基本观点
Brent Gallupe	知识管理系统是指支持各种组织知识管理实践的工具与技术
Peter Maeso; Robert Smith	知识管理系统是指一种把企业的事实知识（know-what）、技能知识（know-how）、原理知识（know-why）与存在于公司数据库和操作技术中的显性知识组织起来的技术
T. H. Davenport; L. Prusak	知识管理系统是指经设计和开发的为组织的决策者/用户提供决策和完成各种任务所需知识的一种系统
Peter H. Gray	知识管理系统是指一种集中于创造、聚集、组织和传播一个组织知识的信息系统，知识库和知识地图是知识管理系统的两种常见类型
乐飞红	公司知识管理系统是指一个有助于知识的收集、组织和在公司内部员工之间传播的知识管理技术集合，它的核心是网络技术与知识仓库，能够对异质系统中的知识进行无缝检索，并通过 Web 浏览器向用户提供知识
袁红清	知识管理系统是指以如何增加信息含金量，加强提供服务的及时性和准确性为目标，是企业管理技术、信息技术、网络技术和智能技术有机的结合体

资料来源：根据邱均平（2006）整理

　　虽然不同学者给出的知识管理系统的定义存在差异，但总结后我们可以发现，知识管理系统与信息管理系统存在密切的联系。从狭义上来说，知识管理系统是支持企业知识管理过程的信息系统，可以把知识管理系统看做信息管理系统的延伸和拓展。具体表现为：信息管理系统的新趋势逐步具有知识管理的职能；知识管理系统是对信息和知识深层次的加工和挖掘；传统信息管理系统技术已经成为知识管理系统的重要技术组成，共同为新知识提供创新环境。从广义上来说，知识管理系统是企业模型的抽象，是企业在知识管理方面的视图，不仅包括与知识管理相关的计算机软件、硬件技术和产品，还包括作为知识管理系统内容基础的企业知识构架和战略、组织、文化等要素构成的支撑环境。

　　关于知识管理系统的构架，国内外学者从不同角度给出了不同的模式，概括起来，主要有六种类型。具体如下：①基于层次模型的知识管理系统，由Sprague（1980）提出的三层次模型，一层是知识管理工具，包括组成知识管理系统基本构件的专家系统语言和程序语言；二层是知识管理系统发生器，用来建立各种特殊的知识管理系统；三层是所构建的专门知识管理系统。②基于一般系统框架的知识管理系统，把知识管理系统当成一种信息系统，通过其输入、处理和输出来进行研究。③基于知识生命周期的知识管理系统，由 Ruggles（1997）建立的"知识获取—知识编码和存储—知识传递—知识利用—新知识创造"模型。④基于知识实践框架的知识管理系统，由 Gallupe（2001）提出，以组织的知识管理实践为中心，突出支持实践活动的模型。⑤基于资源的知识管理系统，由 Meso 和

Smith(2000)、Bowman(2002)等提出,这种模式显示了知识管理系统主要组件的内部联系,突出了作为知识管理系统用户的知识发生器和知识使用者的重要性。⑥基于 XML(extensible markup language,即可扩展标记语言)的知识管理系统,李克哲等提出的模型,由智能代理、多文档转化接口、内容管理、知识发布与共享、工作流协同、决策支持、XML 与数据库接口、知识管理数据库八个部分组成。

(三)知识传播的内涵及理论基础

作为知识管理的一个重要研究领域和实践领域,2000 年以来知识传播成为国内外学术界关注的热点。研究的相关主题涉及知识传播的主体关系、特点、发生的机理、影响因素及实证分析等。本章在此将在对国内外学者研究成果系统总结的基础上,进一步明确本章所研究的知识传播的概念,并对代表性的研究成果进行综述。

1. 知识传播的定义

根据知识传播的实质,许多学者从不同的出发点提出了不同的知识传播模型。本节在此将对一些具有代表性的定义进行梳理。参照左美云(2006)的研究成果,将知识传播的定义划分为三类,具体内容整理见表 1.4。

表 1.4   知识传播的代表性定义

类别	代表人物	定义
第一类 强调知识内容的传递	Szulanski(1996)	知识传播是指知识源与接受者之间的知识交换
	Garavelli 等(2002)	知识传播由编码和诠释两部分组成:编码是知识传播的上传流(upstream),诠释是知识传播的下载流(downstream)
第二类 强调知识转移 双方的收益	Argote 和 Ingram(2000)	知识传播可以被认为是一个过程,是一个单位(如团队、部门、公司)被另外一个单位所影响的过程
	Darr 和 Kurtzberg(2000)	知识传播发生在知识提供者分享知识接受者所需要知识的时候
	董小英(2002)	知识传播强调知识在传播过程中发生新的变化,在此过程中作为接受方的企业的组织能力才能真正得到提高
第三类 综合强调知识的 传递和收益	Dong-Gil 等(2005)	知识传播是指知识从来源处起始的交流,从而使接受者得以获得及应用的过程
	左美云(2006)	知识传播是指知识势能高的主体向知识势能低的主体转移知识内容的过程,这个过程伴随着知识使用价值的让渡,一般会带来相应的回报

对比这三种类型的知识传播的定义,相对于前两种类型的定义来说,第三种

类型的定义既强调了知识的传播过程，又强调了知识的应用与收益，更加全面和科学。本章在对前人定义总结的基础上，进一步将集群知识传播的界定如下：知识传播是指知识借助规范化和系统化的语言、数据和公式等编码，从拥有知识的主体向缺乏知识的主体传递的过程。在此过程中知识接受者通常会因为知识的获得和应用而提高价值。

2. 有关文献综述

近年来关于知识传播研究的文献大量涌现，学者从不同的角度进行了不同的研究，提出了各自的研究观点。为对已有的关于知识传播的研究成果系统梳理，本章在此借鉴了蔡卫民和武德昆（2006）的研究成果，从知识传播的过程、原因、机理、情景、应用5个角度对已有的研究成果进行分类。根据上文对知识传播的定义可以发现，知识传播是指知识从知识拥有的主体向缺乏的主体传递的一个过程，因此关于知识传播过程的研究，就是研究对象的明确，即研究的是什么（what）；知识传播原因的研究是解释为什么会发生知识传播（why）；知识传播机理的研究是要透视知识是如何发生的（how）；知识传播情景是要明确知识传播在什么环境中发生（where）；知识传播的应用研究总结了知识传播在哪些知名企业得以应用（which）。由此本书关于知识传播研究成果的分类方式称为5W（what-why-how-where-which）分类。具体内容综述如下。

1）关于知识传播过程的研究

Shannon和Weaver（1949）和Schramm（1954）在早期从知识传播过程的角度进行过研究。但这些研究存在较强的特殊性，模型的普遍解释力不够。后来的学者开始尝试对知识传播的过程进行阶段的划分后再细化研究，以期得到更为普遍的知识传播规律。代表学者有Szulanski（1996）、Gilbert和Cordy-Hayes（1996）、孙冉（2005）等。

Szulanski（1996）从宏观角度说明组织知识传播的过程。其认为知识传播不是一个动作，而是一个过程，据此提出了知识传播的过程模型。他将知识传播的过程划分为4个阶段，具体包括：初始（initiation）阶段，发现需求、需求解决方案、挖掘新知识、对转移进行可行性分析；执行（implementation）阶段，以转移为基础的知识传播关系建立起来，知识传播开始发生，但在此阶段知识接受者还未应用传播来的新知识；蔓延（ramp-up）阶段，知识接受者着于解决知识应用过程中遇到的意外问题，知识进入再创造的阶段，达到接受知识传播的期望效果；整合（integration）阶段，被传播知识的使用逐步常规化，新知识带来的新实践活动逐渐制度化，变成组织日常活动的一部分。

Gilbert和Cordy-Hayes（1996）则从微观的角度将一个具体的知识从获取到接受划分成5个阶段，具体包括：第一阶段，从过去的经验和工作中搜索、扫描获取新知识；第二阶段，通过书面或口头交流实现知识的传播；第三阶段，将获取的新知识进行应用；第四阶段，知识在组织成员中得到认可；第五阶段，将新知识与企业的核心业务进行融合。

孙冉(2005)在描述影响知识传播的障碍因素时，将知识传播的活动划分为起始、传播和终点三个阶段来分析，具体包括：起始阶段，各组织的知识占有量呈不平衡状态，部分组织知识过剩，其他组织有用的知识或价值高的知识却很少，各类知识处理机构之间彼此独立，缺少横向联系，无法实现知识开发的整体和规模效应，致使资源浪费。传播阶段，组织的知识收集能力不足，知识处理加工方式落后，知识通道阻塞，盲目传递和交流知识。终点阶段，知识接受者对知识需求的强烈程度制约着其对知识的反应和接受状况。知识接受者若不具备相应的专业知识或相应的语言阅读能力等，则易发生知识传播过程中的思想或语言障碍。

2)关于知识传播原因的研究

Huang 等(2005)研究了信任对知识共享的影响，提出了 5 种信任类型。借鉴 Huang 的研究成果，左美云(2006)提出了影响知识传播的 5 类因素：基于经济的知识传播，组织或员工个体为获取经济回报而向其他组织有意识的传播知识，这类知识传播目的明确，激励充分，转移效率较高；基于技术的知识转移，由于 IT 基础设施和相关机制的完善，将知识传播的双方联系在一起，实现知识传播；基于管理的知识转移，因管理层面的重视而导致知识传播的发生，组织明确设置了促进知识传播的政策和规章，规定了组织成员间、成员与外界进行知识交流的方式、内容和频率，同时设置了相应的考核制度；基于行为的知识转移，组织成员根据自身的理性判断而进行知识转移，知识发送者根据知识接受者之前的行为决定自己是否将知识传播给接受者，或传播到什么程度；基于情感的知识转移，组织成员间因为情感的冲动(友谊、感激、尊敬、爱护等)而主动或被动的与其他个体之间进行知识交流，是最为非正式的知识传播活动。Kreng 和 Tsai (2003) 根据 Wilkins 等(1997)提出的基于知识的成本活动模型，建立了知识的扩散模型，描述了知识的特征，解释了单个知识的扩散过程和知识的价值和公司收益的动态联系。

3)关于知识传播机理的研究

Nonaka 和 Takeuchi(1995)在波兰尼研究的基础上，进一步研究分析了组织中知识共享与传播的机制，提出了显性知识与隐性知识的共享转化模型——SECI 模型。他们认为显性知识一旦成为社会公共知识，就会在低成本下大范围传播。隐性知识一旦转化为组织的显性知识，就会成为组织的财富。Nonaka 和 Takeuchi 认为知识创新的螺旋模型(SECI 模型)是周期性螺旋上升的，在此上升的过程中，组织知识不断地从隐性知识到显性知识转换，显性知识又不断得到内化，个人知识转换为组织知识，个人又从组织中学到新的知识，经过几个过程的相互作用和相互转换，知识得到更新，组织的竞争能力得到加强。

朱少英和徐渝(2003)借用物理扩散机理,针对某个特定知识元的传播规律提出了基于组织学习的知识动态传播模型,探讨了知识传播的高峰期及其影响因素,为组织管理者促进知识的高效传播提供了依据。该模型假设企业作为知识传播的主体,是一个封闭的系统,不存在人员的流动和对外交流,企业员工获得知识的途径就是通过与拥有知识的其他成员之间的接触,而这种接触对于企业内每个成员来说概率都是相同的。

张生太和段兴民(2004)根据隐性知识的特征与传播等特点,从数理化角度应用系统动力学方法,通过建立隐性知识在企业集团成员之间传播的微分动力学模型来探讨知识传播的机理。他们主要考察了通过员工在企业间流动进行的知识传播,把两个企业之间的知识传播方式,如员工之间的个人交往、员工之间在企业之外其他场所的交流和学习等都看成员工流动。他们认为,一个组织要想使其隐性知识在组织内部广泛而迅速地传播,首先是要使组织内部成员能够进行经常而广泛的接触,尽量提高组织成员之间的接触率;其次是要尽量减少组织成员的知识遗忘率;最后是要尽量减少组织成员的调入(调出)率。在后续的研究中,张生太和段兴民(2004)对组织中的人群重新进行了划分,增加已经获得的隐性知识,之后因认为没有价值而遗弃的人群,成为知识遗弃者。他们提出微分动力学模型的研究对象为集团内部企业间的隐性知识传播,微分动力学模型缺少时间参数,所以无法揭示知识在传播过程中的规律,也很难借助微分动力学模型来预测企业知识的传播。

陈娟和芮明杰(2004)及张黎和蓝峻(2005)借助物理"场"的概念来研究了知识扩散的机理。陈娟和芮明杰在研究高技术企业知识员工之间的知识传播时建立了知识场模型,其认为高技术企业环境下的知识传播受到弥漫其中的知识影响力的作用,知识载体客观存在着知识影响力,类似于物理学中的"场"。陈娟和芮明杰的知识场说明了知识在何种情况下更容易传播,主要是针对高技术知识员工之间的知识转移。张黎和蓝峻运用知识扩散场知识扩散的影响因素,认为由于各地区的知识水平、经济形式、需求、环境的脆弱性、制度因素、知识保密、距离、政策、资金、观念的不平衡性,在一定程度上决定了知识扩散的效果不同。张黎和蓝峻所研究的知识扩散场更多地侧重于研究影响知识扩散的因素,并将这些因素分类化,寻找出相关的操作变量,然后用"场"的形式描述出来。通过知识扩散场,能够知晓知识更容易朝哪个方向移动,但其应用范围主要集中在人类知识的传播和扩散。

4)关于知识传播情景的研究

Lam 和 Firm(1997)在 Szulanski 的四阶段模型上提出了知识内嵌性的概念。他们认为知识内嵌于组织的社会文化、沟通方式、作业流程和职位之中,其传播难以脱离这些情景而单独的发生。他们总结了知识交流模型的基本观点,构建了完整的知识传播框架(图 1.2)。该框架从认知、组织和社会三个层面分别阐述了知识类型、组织类型、组织学习类型,以及三者之间的相互关系。在认知层面,

Lam 和 Firm(1997)从认识论和本体论两个纬度分析了知识的类型和特点。两个纬度相互交叠,构成了四种不同类型的知识。在组织层面,他们将组织划分为四种不同的类型,即专业组织、灵活组织、机械组织和日式组织。在社会层面,他们将其划分为专业模式、官僚模式、职业社群模式和组织社区模式。企业可以在不同的市场中通过不同的组织学习获得不同的知识。

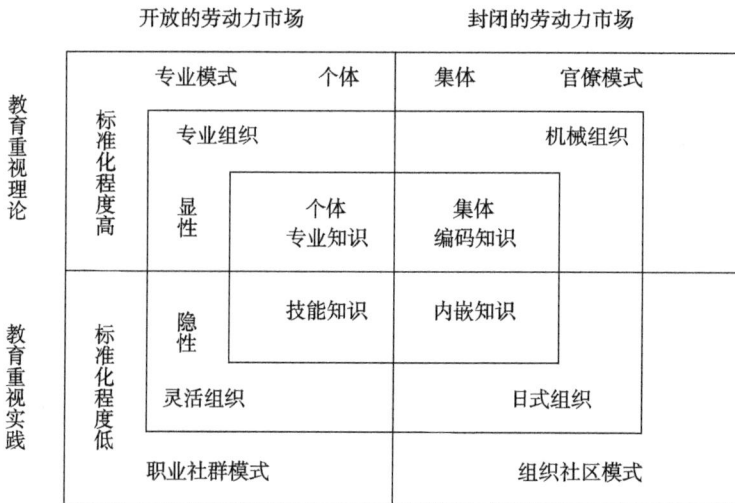

图 1.2   Lam 和 Firm(1997)知识传播框架

5)关于知识传播的实证研究

Kwon 和 Zmud(1987)以整合的技术实施模式(unified technology implementation model)将新技术知识的引进分为 5 个阶段。Davenport 和 Prusak(1998)则认为知识传播包括知识的传递、知识的吸收、知识的应用三个步骤,知识传播的最终目的是使知识接受者能够吸收应用新知识。知识传播是知识管理活动的重要环节,表 1.5 是根据知识管理大师 Sveiby 的调查整理出来的国际知名企业实施知识管理的实证案例,从中不难看出企业实施知识管理的实践活动也是围绕知识传播展开的。

表 1.5   企业知识管理的实际运作案例

企业(国家)	知识管理的目的	知识管理的实践
3M (美国)	建立组织知识共享的文化	经理人的收入和其终生学习相联系
Analog Device (美国)	建立组织知识共享的文化	扫除部门间本位、竞争的文化,提倡知识共享、分工合作的文化,由上层做起。鼓励会询问的社会群体,而非向前行的社会群体

续表

企业(国家)	知识管理的目的	知识管理的实践
Boeing707 (美国)	建立组织知识共享的文化	第一个无纸化的设计；顾客加入设计团队；200个包括设计与制造的团队、共享合作，而非传统的部门分工；全球供应商与Boeing共享相同的资料库
Buckman Lab (美国)	建立知识共享的文化；建立知识管理相关的职业生涯规划	为了知识共享而重组公司结构；建立知识转移部门主导知识共享；员工优良的知识共享表现可以获得奖金和升迁的机会
Chaparral Steel (美国)	建立知识共享的文化	扁平化组织，强化教育；蓝领员工直接接触顾客并以此决定其薪酬；产业平均产钢每吨需要1.5～3小时，而Chaparral Steel则只需要1.5小时
Ford汽车 (美国)	建立知识共享的文化	通过外包和合作伙伴建立虚拟价值网络交流知识
Oticon (丹麦)	建立知识共享的文化	建立一个"意大利面式的组织"，混乱式的纠结和互动，使员工没有固定的工作内容，而是多样化地全程参与专案管理
HP (美国)	建立知识共享的文化；建立隐性知识转移环境	全公司推动相互合作及知识共享的文化；提倡冒险精神，甚至鼓励员工可以尝试一些可能没有成果的创新
Affaers-Vaeriden (瑞典)	建立隐性知识转移的环境	利用老人加新人、"老鸡"带"小鸡"的团队合作撰写商业文章，加速知识的传播和继承，而非个人英雄主义
本田汽车 (日本)	建立隐性知识转移的环境	利用提供员工工作上非直接的或与其他工作相关的信息和知识提供职位的后备资源，并产生许多有创意的解决方案
PLS-Consult (丹麦)	建立隐性知识转移的环境；评估知识创造的过程和无形资产	将顾客以对公司知识贡献的大小来分类，并用信息技术来进行跟踪；尽量争取大型计划，让新人加入团队跟着学习；团队内设有师徒传承
Agro (美国)	提供顾客额外的知识	利用专家系统分析气候、土壤、农作物及市场供需信息，提供给顾客做最好的栽培规划
Frito-Lay (美国)	提供顾客额外的知识	让业务人员收集顾客货架上各种产品的销售情况，再加上市场需求信息的分析，建议顾客做最好的货架空间利用
Benetton (意大利)	获取顾客的知识	实行大量个性化，由销售资料分析最近流行的颜色和款式，整合到CAD(computer aided design，即计算机辅助设计)和CIM(computer integrated manufacturing，即计算机集成制造)中，快速进行大量的个性化服务

续表

企业（国家）	知识管理的目的	知识管理的实践
GE （美国）	获取顾客的知识	从 1982 年开始收集所有顾客的意见，到目前为止，在系统内共收集了 150 万个产品可能出现的问题和解决方案，以此支援客户服务人员
National Bicycle （日本）	获取顾客的知识	利用 CAD、CIM 软件在一天内可以制造出完全符合顾客身高、体重和颜色偏好的脚踏车
Nescape （美国）	获取顾客的知识	非常注意收集顾客的看法、意见与问题，通过 Internet 和 BBS(bulletins board system，即电子公告牌系统)快速改善下一代产品
Bitz Carlton （全球）	获取顾客的知识	每次与顾客接触都要记录所有的内容，当这位顾客再次来消费时，一定要能依据顾客的特性提供个性化的服务
British Petroleun （英国）	获取、存储、传播个人的隐性知识	利用电子视频会议、多媒体网络支援员工互动和共享隐性知识
Chevron （美国）	获取、存储、传播个人的隐性知识	建立最佳实践库，收集各钻油地点的最好钻油实践，将其提供给全球各地共享
Mckinsey&Bain （美国）	获取、存储、传播个人的隐性知识	建立知识资料库，每个顾问团队专案结束后，都要由专人撰写专案经验，并包括所有成员和顾客反映的资料
Dow Chemical （美国）	由已经存在的知识产生新的收益	将 25 000 个专利放在共享的资料库上，供所有部门研究如何利用这些知识赚钱，目前推广到其他的智力资产上
Outoku-mppu （芬兰）	由已经存在的知识产生新的收益	收集、存储建立炼制厂的知识，辅助下一个厂的建立，使其更有效率、更赚钱
Steelcare （美国）	由已经存在的知识产生新的收益	由本身的经验，通过再投入创新、学习、学习环境的建立和学习信息技术工具的设计等知识的研究，再将这些出售给同行
IBM （美国）	用知识管理进行设计员工职业生涯	鼓励员工在专案与管理两种职位上轮岗，培养他们的集体知识
Celemi （瑞典）	评估知识创造过程和无形资产	1995 年首度发表其无形资产的年度审计报告
Telia （瑞典）	评估知识创造过程和无形资产	1990 年开始发表人力资源的投资成本与效益分析，并在资产负债表上呈现人力资源的投资项目

资料来源：林东清(2005)

三、产业集群知识传播的研究趋势分析

集群这种产业组织形式不仅带来了分工和专业化的灵活性与成本优势，也促进了知识的传播与创新(Lawson and Lorenz，1999；Porter，1998)。尤其知识已经成为企业获取竞争优势的关键战略资源(Grant，1996)，国内外学者对产业集群的研究重点开始从规模优势、外部经济等角度(Piore and Sabel，1984；Porter，1998)转向区域知识网络体系(Boschma and Wal，2007)。Belussi 和 Universty(2000)将产业集群看做一个认知系统，认为产业集群是一个将知识、社会实践、精神模式、集体信念通过时间维度在特定的空间中积累起来的社会生产系统。产业集群就是一个"认知实验室"，知识和信息以一个复杂的方式在这个实验室内被整合的同时文化和社会价值也被产生出来(Becattini and Rullani，1996)。郑健壮和吴晓波(2004)认为产业集群是一种具有地域特征的知识创新体系，它代表一种复杂的产业组织形式，在产业集群中知识网络通过社会网络、生产网络、地方制度网络和集体力量(如区域规则的建立)发生作用。因此它不仅是一种简单的产业网络，而是具有超网络(hyper-network)性质的自组织。关于产业集群内企业间知识传播的研究更是区域知识网络体系研究的核心内容之一。由于集群发展阶段的不同和集群内企业间合作的动机不尽相同。早期关于知识传播的研究主要集中在企业内部及战略联盟等组织间合作行为中。与之不同的是，产业集群内企业间知识传播研究的是在地理、关系及制度上具有较强临近性的组织结构间的传播行为，从整体来看，关于产业集群内知识传播的研究成果总结分为五类。

(一)基于地理邻近的产业集群知识传播的研究

基于地理邻近的产业集群内知识传播研究的代表性学者包括：由于知识尤其是隐性知识的传播需要面对面的互动和演示，产业集群的地理邻近为这种交流提供了便利，可以促进企业与其他已经拥有某些新技术企业的互动(Gertler，2003)。Marshall(1920)提出了产业空气理论，较早地对地理邻近与集群企业知识传播的关系进行了研究。Maskell 和 Malmberg(1999)认为地理邻近可以带给集群企业更多的面对面的互动机会，使知识可以在集群企业间更好地进行传播和扩散。Porter(1998)认为地理的临近性增进了集群内的知识在本地范围内的形成与传播。Audretsch 和 Feldman(1996)证明了地理邻近对知识传播起到促进作用，他们使用专利引用数据来分析区域知识溢出的效应。研究发现知识的溢出表现出高度的本地化特征。

地理邻近除能够促进知识的传播外，部分学者还进一步研究发现地理邻近性对于创新也具有重要的推动作用。Feldman(2000)研究发现区域的知识创新成果受到本地创新网络的重要影响，集群对企业的创新绩效、成长速度均有着重要影响。Audretsch 和 Feldman(1996)发现美国企业的创新活动表现出集聚的特点。

地理邻近虽然关注到集群企业知识传播的特殊性，增进了我们对集群企业知识传播现象的认识。但是地理邻近研究中对集群企业知识传播行为的研究没有深入探讨知识传播的机制(Capello and Faggian，2005)，造成的结果是把集群企业知识传播过程黑箱化，回避了存在的内部机制(Breschi and Lissoni，2001)。

(二)基于地域根植性的产业集群知识传播的研究

针对部分学者对基于地理邻近的产业集群知识传播局限性的讨论，一些学者开始探讨影响产业集群内知识传播的其他根植于地方制度、文化等方面的因素，代表性的研究包括：Becattini(1990)认为本地的文化、共享的价值观、规范和制度促进了隐性知识在企业之间的扩散和采纳。Malmberg 和 Maskell(2002)认为集群企业集体学习的动机，集体学习是一个由拥有共同文化价值观企业形成的领地。在这个领地中企业之间的知识传播与集体学习促进了集群中非结构化的、一致均匀的知识传播。Saxenian(1994)通过对硅谷和波士顿 128 公路的研究指出，政治的、社会的、制度的和其他非经济因素对促进集群内部企业间的知识传播发挥了重大的作用。Storper(1995)更进一步发展了这种关系邻近的理论，提出了非交易性依赖的概念，用来表示那些基于无法交易的传统、规则、文化、制度和价值观等形成的企业之间互相依赖关系，且与交易性依赖相比较，非交易性依赖对人际间互动的需要而更难以转移，通常会长期保留在一个区域。Lawson 和 Lorenz(1999)认为由集群内非交易性关系形成的集体知识与决策过程能够促进集群企业在区域层次的知识传播优势。

由于产业集群的地域根植性，集群中的企业更愿意分享知识、形成伙伴关系。代表性的研究包括：Brown 和 Duguid(2001)指出在同一环境下相互联系的个体将形成共同的社会情境和身份认同，当这些个人的实践形成共同的关于系统运行的知识及其代表的意义与情境时，知识在这些个体之间能够实现更好地传播。与此观点相类同的是 Gertler(2003)关于制度维度的知识隐性分析，他认为本地的文化，如规范、价值观、制度使某些隐性形式的知识传播成为可能，本地制度因素通过为集群提供了设施和环境来促进技术、知识和创新的传播。

无论是基于地理邻近的产业集群内知识传播的研究，还是基于地域根植性的产业集群内知识传播的研究，都是以区域或产业集群为分析单位进行，揭示了产业集群对企业间知识传播的促进作用，以及影响传播的共性因素，强调了集群企业在整体上获得的优势，但对企业间知识传播的微观机理的研究仍然不够。

(三)基于集群企业特性的产业集群知识传播的研究

当研究深入产业集群内部的企业层面时，会发现集群内的企业间在知识基础、嵌入性程度和经济地位等维度存在高度的异质性(Giuliani and Bell，2005)。Giuliani 和 Bell 认为，企业对外部获得知识的吸收效果依赖于其自身的知识基础，集群企业间的异质性知识基础决定了它们知识传播上的非均匀性。Feldman（2000）对意大利新产业区的研究发现，集群中的企业结构会表现出层级化分化，随着国际化和工业化的增强，会涌现出一些具有较强影响力的领导企业，它们的行为和战略主导着集群内企业的知识传播过程。Tallman 等（2004）指出集群企业的架构知识决定了企业对部件知识关系的独特认识和对新部件知识的识别、理解和吸收，集群中不同企业的架构知识禀赋决定了企业不同的知识传播和吸收能力。Owen-Smith 和 Powell（2004）研究发现集群中企业间的制度性角色与网络定位有着显著的差异，这对它们之间的知识传播的开放性或封闭性有着决定性的影响。

（四）基于网络结构的产业集群知识传播的研究

从产业集群内企业异质性的研究出发，一些学者开始从网络结构的视角研究产业集群内的知识传播。代表性的研究包括：Giuliani 和 Bell（2005）从企业知识基础出发，研究发现智利葡萄酒产业集群中的知识传播是异质的、不均匀的，集群企业在知识基础上的异质性决定了企业知识传播的非均匀性，集群企业间的知识传播是有选择性的，不同知识基础的企业在集群知识传播网络中的网络定位是不同的，领导性企业在集群中将作为集点，而较弱的企业将被逐渐隔离出集群的知识网络。Boschma 和 ter Wal（2007）认为集群中的知识传播不是集体的、无差异的，而是由其中企业的知识基础所决定的、结构化的。Kishimoto（2003）认为，集群中的知识传播是在有共同知识基础企业间形成的知识网络中发生的，集群中知识网络的结构和关系网络的结构存在显著差异。

（五）基于经济地位差异的产业集群知识传播的研究

Feldman（2000）提出领导企业的出现对集群中知识传播的过程发生了改变，领导企业在向关联企业进行技术传播时，为防止竞争者的模仿，通常会采取一些控制策略，而这将改变原有的企业间关系和知识传播行为。Morrison（2004）更进一步研究了集群中领导企业作为集群知识传播网络中的守门人的问题。Malipiero 等（2005）认为集群中的领导企业通过吸收外部知识并将其进行编码转换再传播给集群中的其他企业，充当了桥企业的作用。Owen-Smith 和 Powell（2004）认为企业之间有两种网络联系类型：渠道型的网络关系，扩散性地促进信息在网络中节点间的传播，使松散连接的节点和紧密连接的中小节点都能获得好处；管道型的网络关系通常通过法律安排建立的封闭关系，只有部分的节点能获得知识传播的收益。

随着国内产业集群的快速发展及新问题的不断涌现，国内也有越来越多的学者投入产业集群的研究中，其中关于知识传播的研究成为产业集群研究的热点之一，如王缉慈（2010）、徐占忱和何明升（2005）、梁启华和何晓红（2006）、郑健壮和吴晓波（2004）、陈守明（2003）、胡汉辉和潘安成（2006）等。这些研究大多停留在产业集群中观层面，深入企业层面的研究较少。

从本章关于国内外产业集群知识传播研究的总结中，可以发现集群企业的知识传播对于形成集群竞争优势有着重要的影响，而产业集群知识传播研究的热点也正从产业集群的中观层面向集群企业的微观层面进行转化。因此，如何从集群企业的角度出发，探讨集群企业间知识传播的微观机理，成为本书研究的主题。

四、本章小结

从查阅的文献资料来看，虽然关于产业集群、知识管理和知识传播各自的研究体系和整体框架正逐步建立，但还存在以下研究不足：首先，已有的知识管理和知识传播的研究大都面向具有紧密科层特性的组织机构，而面向产业集群这种新型产业组织形态的研究成果较少。其次，我国关于产业集群的研究起步较晚，具有我国特性的产业集群理论体系本身正处于形成过程，从公开发表论文的检索数量来看，关于我国产业集群知识传播研究的文献更少。最后，由于产业集群自身松散且边界不确定的特性，难以获得相对准确的第一手统计数据，已有的研究大多停留在表面现象的分析，缺少有力的数据和模型支撑，实证分析的可信度不高。

根据国内外相关理论研究的整体趋势，以及我国产业集群知识传播研究的理论现状和不足，本章认为，在已有的研究成果的基础上，探讨产业集群知识传播的机理，并在此基础上结合我国产业集群知识管理的实际进行实证性分析将具有一定的理论与实践意义。

第二章

集群企业间知识传播的主体选择
——基于博弈理论的分析

产业集群是指在某一特定领域内互相联系的、在地理位置上集中的公司和机构集合，包括一批对竞争起重要作用的、相互联系的产业和其他实体（Porter，1998）。近年来，产业集群战略已经越来越成为全球性经济发展潮流，并引起了世界经济竞争格局的变化和竞争力的重组，越来越多的国家和地区把产业集群作为产业发展特别是促进中小企业竞争力的战略手段，并在国际市场上占有举足轻重的地位，如美国硅谷的 IT 产业集群、"第三意大利"的传统产业集群、印度班加罗尔的软件产业集群、中国台湾地区的新竹 IC 产业集群及中国广东专业镇和浙江块状经济等都是成功的典范。

人类知识可以划分为显性知识和隐性知识两类。显性知识是指可以形式化、制度化、可以用言语或文字表达的知识。隐性知识是指存在于人的大脑中，难以获得、难以理解、难以交流、难以形式化与沟通的知识。隐性知识要求主体同处于一个共同的语境（context）中，而产业集群这种产业组织形式为隐性知识的有效利用提供了便利。产业集群的优势在很大程度上依赖"本地化的学习"（localized learning），从知识外溢的过程中受益。产业集群为区内企业的知识创造活动提供了有利的平台（Corno ct al.，1999）。在这一区域内，知识成为"弥漫在空气"中的公共产品，"行业秘密不再成为秘密，而似乎是公开了"（Marshall，1920）。知识成为比劳动力、资本、土地更具重要意义的资源，行为主体之间的信息和知识循环在地理区位靠近的条件下得到改善，创新机会也在地理接近的情况下得到增加（王缉慈，2001）。Nonaka（1991）在企业内部知识创造的 SECI 模型中提出知识创造包括知识的共同化（socialization）、表出化（externalization）、联结化（combination）和内在化（internalization）4 个纬度，组织的显性知识和隐性知识通过这 4 个纬度的相互作用而创造新的知识，并对知识创造的知识"场"进行了系统阐述，其研究主要针对单个组织，尚未考虑存在知识创造成本与知识高溢出率情况下企业之间知识创造的竞合关系。一些学者虽然在寻找和衡量知识溢出对创新的效应方面做了很多努力（Kodama，2007；Tsai and Li，2007；Schulze and Hoegl，2008；Gilbert et al.，2008；Yi，2008），但对于知识溢出如何影响创新方面还缺乏足够的研究。

本章在此将致力于研究产业集群环境中存在知识高溢出情况下的企业知识再创造行为，并将产业集群内企业的知识活动流程确定为知识获取、知识再创造和知识应用等三个重点环节(图 2.1)。从图 2.1 中可以看出，企业在产业集群知识传播中扮演了知识传播的中间介质的角色，正是因为存在企业知识活动的这一系列流程，产业集群内的知识才能在集群内不断传播，而且对于产业集群内的企业来说，扩散出去的是在企业内经过再创造处理后的新知识。

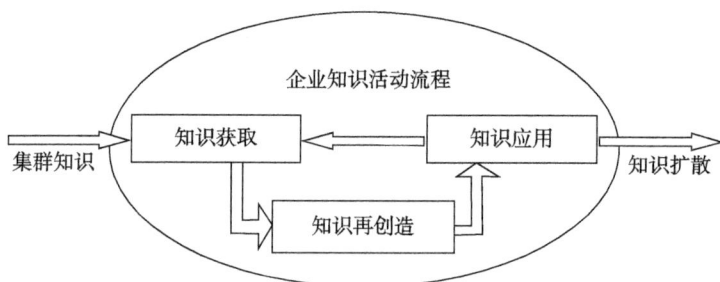

图 2.1　集群企业知识活动流程

由于产业集群是一种比市场紧密、比科层组织松散的新型产业组织形态，集群企业间的知识传播具有较强的复杂性和独特性。本章正是基于集群企业间知识传播的基本特性，将参与知识传播的企业划分为两类，即知识传播的主体企业和知识传播的受体企业，其中能够不断创造并将知识传播出去的企业被确定为主体企业，而等待吸收知识的企业则为受体企业。本章在此将讨论基于产业集群组织形态下产业集群内知识再创造的主体选择，也即明确集群内企业间知识传播的主体选择。

在产业集群这一松散的产业组织形态内，一方面各集群企业分别隶属于不同的利益群体，在知识的占有与创造方面具有一定的排他性；另一方面集群企业各自拥有不同的知识基础，又有利于跨企业的知识协调和创造的互补性。本章在此将就集群企业知识创造的排他性和互补性，分别构建了基于斯坦科尔博格竞争模型的非合作博弈和基于修正 Shapley 值利益分配法的合作博弈，并进行了理论分析和实证模拟。

一、基于非合作博弈的集群企业知识再创造主体分析

本章首先将集群企业看做独立的利益单位，在知识创造过程中具有排他性，在考虑产业集群内知识创造成本与知识高溢出率的条件下，运用博弈论的基本理论与方法，从产品市场上斯坦科尔博格竞争模型着手，在多博弈周期的情况下，仅从集群内企业层面讨论知识再创造的主体选择问题。

(一)集群企业知识再创造的主体假设

不妨将问题简化为研究生产同类产品的两个企业之间以速度为特征的渐进型知识创造博弈行为，假设这两个企业的类型：一个是大企业 A，一个是小企业 B。大企业在产品市场上处于绝对价格领导地位，小企业则是跟随企业。企业的知识活动存在两种基本的状态——知识创造与知识模仿。为了构建模型和简化计算的需要，特进一步作如下假设。

(1)在产品市场上，两个企业的竞争表现为产量的选择，A 企业首先选择产量 $Q_1 \geqslant 0$，B 企业观测到 Q_1 后，选择自己的产量 $Q_2 \geqslant 0$，形成完全信息动态博弈。根据斯坦科尔博格竞争模型，假定逆需求函数为 $P(Q) = a - Q_1 - Q_2$，两个企业有相同的不变单位成本 $c \geqslant 0$，那么，支付(利润)函数为 $\pi_i(Q_1, Q_2) = Q_i[P(Q) - c]$，$i = 1，2$。

(2)假定企业通过知识创造活动使产品平均成本每降低 1 单位，需要投入 b 单位的成本进行知识创造活动，其中，b 为知识创造投入系数；而企业知识模仿活动的成本为 0。

(3)假定知识创造活动的投入为 bx 时，会创造 k 个单位的知识，$k = f(bx)$，k 个单位的创新知识可以使产品的平均成本下降 x。另外，因为产业集群内企业的知识活动具有很强的外部性，企业内部的知识将会溢出并充满集群，其他企业会以 m 的吸收率无偿获得创新知识($0 < m < 1$)，此时 mk 个单位的知识被其他企业模仿，并使单位生产成本降低 mx。

(4)假定集群企业知识创造活动为多期博弈，当企业采取知识模仿策略时，企业下一周期的知识学习能力会下降，假设此时知识的吸收率下降为 m^2，第 n 周期时(n，$= 1，2，3，\cdots$；因为本章讨论的是渐进型创新，成本下降幅度较小，所以 nx 严格小于 c)，采取知识创造活动的企业单位产品成本下降为$(c - nx)$，采取知识模仿活动的企业第 n 期单位成本下降为 $(c - mx - m^2 x - m^3 x - \cdots - m^n x)$，即 $\left(c - \dfrac{m - m^{n+1}}{1 - m} x\right)$。令 $M = \dfrac{m - m^{n+1}}{1 - m}$，则 $0 < M < n$，且 $\dfrac{\partial M}{\partial m} = \dfrac{\partial (m + m^2 + \cdots + m^n)}{\partial m} = 1 + 2m + \cdots + nm^{n-1} > 0$。

(5)假定企业之间的知识创造博弈活动无联盟行为，各自在利益最大化原则

下独立决策。

(6)A企业参与知识创造活动的概率为 $p(0 \leqslant p \leqslant 1)$，等待模仿的概率为 $(1-p)$；B企业参与知识创造活动的概率为 $q(0 \leqslant q \leqslant 1)$，等待模仿的概率为 $(1-q)$。

(二)集群企业知识再创造博弈模型的构建

产品市场上A、B两企业之间的竞争关系符合斯坦科尔博格模型，可以使用逆向归纳法求解这个博弈的子博弈精练纳什均衡。由于A、B企业在知识创造活动中均存在创造和模仿两种状态，所以可以分4种情况进行讨论。

1. A、B企业分别进行知识创造活动

A、B企业均连续进行知识创造活动，第 n 周期厂商单位成本下降为 $(c-nx)$，nx 严格小于 c，同样所付出的知识创造成本为 bx。因此可以获得第 n 周期两个厂商的收益函数为

$$\pi_{1A}(Q_{1A}, Q_{1B}) = Q_{1A}[a - Q_{1A} - Q_{1B} - (c-nx)] - bx$$
$$\pi_{1B}(Q_{1A}, Q_{1B}) = Q_{1B}[a - Q_{1A} - Q_{1B} - (c-nx)] - bx$$

使用逆向归纳法求解可得

$$Q_{1A} = \frac{a - (c-nx)}{2}, \quad Q_{1B} = \frac{a - (c-nx)}{4}$$

产品的市场价格为

$$P_1(Q) = a - Q_{1A} - Q_{1B} = a - \frac{3}{4}(a - c + nx)$$

A、B两个企业均连续参与知识创造活动第 n 周期所获得的利润分别为

$$\pi_{1A} = \frac{1}{2}(a - c + nx)\left[a - \frac{3}{4}(a - c + nx) - (c - nx)\right] - bx = \frac{1}{8}(a - c + nx)^2 - bx$$

$$\pi_{1B} = \frac{1}{4}(a - c + nx)\left[a - \frac{3}{4}(a - c + nx) - (c - nx)\right] - bx = \frac{1}{16}(a - c + nx)^2 - bx$$

2. A企业创新活动，B企业模仿

A企业连续进行知识创造活动，第 n 周期单位产品成本下降为 $(c-nx)$，nx 严格小于 c，B企业连续进行知识模仿活动，第 n 周期单位成本下降为 $(c-Mx)$，此时两个厂商的收益函数为

$$\pi_{2A}(Q_{2A}, Q_{2B}) = Q_{2A}[a - Q_{2A} - Q_{2B} - (c - nx)] - bx$$
$$\pi_{2B}(Q_{2A}, Q_{2B}) = Q_{2B}[a - Q_{2A} - Q_{2B} - (c - Mx)]$$

使用逆向回归法求解可得

$$Q_{2A} = \frac{1}{2}(a - c - Mx + 2nx), \quad Q_{2B} = \frac{1}{4}(a - c + 3Mx - 2nx)$$

产品市场价格为

$$P_2(Q) = a - Q_{2A} - Q_{2B} = \frac{1}{4}(a + 3c - Mx - 2nx)$$

A、B 两个企业第 n 周期所获得的利润分别为

$$\pi_{2A} = \frac{1}{2}(a - c - Mx + 2nx)\left[\frac{1}{4}(a + 3c - Mx - 2nx) - (c - nx)\right] - bx$$

$$= \frac{1}{8}(a - c - Mx + 2nx)^2 - bx$$

$$\pi_{2B} = \frac{1}{4}(a - c + 3Mx - 2nx)\left[\frac{1}{4}(a + 3c - Mx - 2nx) - (c - Mx)\right]$$

$$= \frac{1}{16}\left(a - c + 3\frac{m - m^{n+1}}{1 - m}x - 2nx\right)^2$$

3. B 企业创新活动，A 企业模仿

B 企业通过知识活动，连续 n 周期后单位产品成本下降为 $(c - nx)$，A 企业连续进行知识的模仿吸收，使单位成本下降为 $(c - Mx)$，此时两个厂商的收益函数为

$$\pi_{3A}(Q_{3A}, Q_{3B}) = Q_{3A}[a - Q_{3A} - Q_{3B} - (c - Mx)]$$

$$\pi_{3B}(Q_{3A}, Q_{3B}) = Q_{3B}[a - Q_{3A} - Q_{3B} - (c - nx)] - bx$$

使用逆向回归法求解可得

$$Q_{3A} = \frac{1}{2}(a - c - nx + 2Mx), \quad Q_{3B} = \frac{1}{4}(a - c + 3nx - 2Mx)$$

产品市场价格为

$$P_3(Q) = a - Q_{3A} - Q_{3B} = \frac{1}{4}(a + 3c - nx - 2Mx)$$

A、B 两个企业第 n 周期所获得的利润分别为

$$\pi_{3A} = \frac{1}{2}(a - c - nx + 2Mx)\left[\frac{1}{4}(a + 3c - nx - 2Mx) - (c - Mx)\right]$$

$$= \frac{1}{8}(a - c - nx + 2Mx)^2$$

$$\pi_{3B} = \frac{1}{4}(a - c + 3nx - 2Mx)\left[\frac{1}{4}(a + 3c - nx - 2Mx) - (c - nx)\right] \quad bx$$

$$= \frac{1}{16}(a - c + 3nx - 2Mx)^2 - bx$$

4. A、B 企业均不进行知识创造活动

$$\pi_{4A}(Q_{4A}, Q_{4B}) = Q_{4A}(a - Q_{4A} - Q_{4B} - c)$$

$$\pi_{4B}(Q_{4A}, Q_{4B}) = Q_{4B}(a - Q_{4A} - Q_{4B} - c)$$

使用逆向回归法求解可得

$$Q_{4A} = \frac{a-c}{2}, \quad Q_{4B} = \frac{a-c}{4}$$

产品市场价格为

$$P_4(Q) = a - Q_{4A} - Q_{4B} = \frac{1}{4}(a+3c)$$

A、B 两个企业均参与知识创造活动所获得的支付分别为

$$\pi_{4A} = \frac{1}{2}(a-c)\left(\frac{a+3c}{4}-c\right) = \frac{1}{8}(a-c)^2$$

$$\pi_{4B} = \frac{1}{4}(a-c)\left(\frac{a+3c}{4}-c\right) = \frac{1}{16}(a-c)^2$$

根据以上 4 种情况的讨论，可以建立 A、B 两个企业的连续进行 n 期知识创造博弈活动所对应的支付矩阵，如表 2.1 所示。

表 2.1 A、B 企业知识创造活动博弈矩阵

知识活动		B 企业	
		创新(q)	模仿($1-q$)
A 企业	创新 p	$\pi_{1A} = \frac{1}{8}(a-c+nx)^2 - bx$ $\pi_{1B} = \frac{1}{16}(a-c+nx)^2 - bx$	$\pi_{2A} = \frac{1}{8}\left(a-c-\frac{m-m^{n+1}}{1-m}x+2nx\right)^2 - bx$ $\pi_{2B} = \frac{1}{16}\left(a-c+3\frac{m-m^{n+1}}{1-m}x-2nx\right)^2$
	模仿 $(1-p)$	$\pi_{3A} = \frac{1}{8}\left(a-c-nx+2\frac{m-m^{n+1}}{1-m}x\right)^2$ $\pi_{3B} = \frac{1}{16}(a-c+3nx-2\frac{m-m^{n+1}}{1-m}x)^2 - bx$	$\pi_{4A} = \frac{1}{8}(a-c)^2$ $\pi_{4B} = \frac{1}{16}(a-c)^2$

(三)集群企业知识再创造博弈模型的分析

从企业 A、B 的的角度分别考察支付函数，可知企业对自己的行为具有完全信息，而对对方企业具有不完全信息。企业是选择创新还是模仿，关键在于对选择知识创新时的期望支付($p=1$)与选择模仿时的期望支付($p=0$)之差的大小。此时有

$$\Delta\pi_A = \pi_{1A}q + \pi_{2A}(1-q) - \pi_{3A}q - \pi_{4A}(1-q)$$

$$= \left[\frac{1}{8}(a-c+nx)^2 - bx\right]q + \left[\frac{1}{8}(a-c-Mx+2nx)^2 - bx\right](1-q)$$

$$- \left[\frac{1}{8}(a-c-nx+2Mx)^2\right]q - \left[\frac{1}{8}(a-c)^2\right](1-q)$$

$$\Delta\pi_B = \pi_{1B}p + \pi_{3B}(1-p) - \pi_{2B}p - \pi_{4B}(1-p)$$

$$= \left[\frac{1}{16}(a-c+nx)^2 - bx\right]p + \left[\frac{1}{16}(a-c+3nx-2Mx)^2 - bx\right](1-p)$$

$$-\left[\frac{1}{16}(a-c+3Mx-2nx)^2\right]p-\left[\frac{1}{16}(a-c)^2\right](1-p)$$

1. 投入系数对知识创造活动的影响

1)关于 b 的取值区间及所对应的 q 的取值范围的讨论

根据混合战略纳什均衡的支付等值求解法，令 $\Delta\pi_A=0$，求得

$$q=\frac{(a-c-Mx+2nx)^2-(a-c)^2-8bx}{(a-c-Mx+2nx)^2-(a-c+nx)^2+(a-c-nx+2Mx)^2-(a-c)^2}$$

$$(2.1)$$

具体讨论如下。

(1)当

$$8bx\leqslant(a-c+nx)^2-(a-c-nx+2Mx)^2$$

即

$$b\leqslant\frac{1}{2}[(a-c+nx)(n-M)-(n-M)^2x]=b_{B1}$$

时，从事知识创造活动成为 B 企业的占优策略，此时 $q=1$，企业 B 将持续进行知识创造活动。

(2)当

$$8bx\geqslant(a-c-Mx+2nx)^2-(a-c)^2,$$

即

$$b\geqslant\frac{1}{8}[(2n-M)^2x+2(a-c)(2n-M)]=b_{B2}$$

时，从事知识模仿活动成为 B 企业的占优策略，此时 $q=0$，企业 B 倾向于知识模仿活动。

(3)当 $b_{B1}<b<b_{B2}$ 时，企业 B 将采取混合策略，此时 $0<q<1$，企业 B 以 q 的概率参加知识创造活动，以 $(1-q)$ 的概率参加知识模仿活动。

此时

$$\frac{\partial q}{\partial b}=\frac{-8x}{(a-c-Mx+2nx)^2-(a-c+nx)^2+(a-c-nx+2Mx)^2-(a-c)^2}$$

其中，

分母 $>(a-c+nx+nx-Mx)^2-(a-c+nx)^2+[a-c+Mx-(nx-Mx)]^2-(a-c+Mx)^2$

$=2(a-c+nx)(nx-Mx)+(nx-Mx)^2-2(a-c+Mx)(nx-Mx)+(nx-Mx)^2$

$=2[(a-c+nx)-(a-c+Mx)](nx-Mx)+(nx-Mx)^2+(nx-Mx)^2>0$

所以 $\frac{\partial q}{\partial b}<0$，说明当其他参量确定时，企业 B 知识创造活动的概率随投入系数 b 的增加以固定的斜率单调递减。

2)关于 b 的取值区间及所对应的 p 的取值范围的讨论

根据混合战略纳什均衡的支付等值求解法，令 $\Delta\pi_B=0$，求得

$$p=\frac{(a-c+3nx-2Mx)^2-(a-c)^2-16bx}{(a-c+3nx-2Mx)^2-(a-c+nx)^2+(a-c+3Mx-2nx)^2-(a-c)^2}$$

$$\text{(2.2)}$$

具体讨论如下。

(1)当

$$16bx\leqslant(a-c+nx)^2-(a-c+3Mx-2nx)^2$$

即

$$b\leqslant\frac{1}{16}[2(a-c+nx)(3n-3M)-(3n-3M)^2x]=b_{A1}$$

时，从事知识创造活动成为 A 企业的占优策略，此时 $p=1$，企业 A 将持续进行知识创造活动。

(2)当

$$(a-c+3nx-2Mx)^2-(a-c)^2\leqslant16bx$$

即

$$b\geqslant\frac{1}{16}[2(a-c)(3n-2M)+(3n-2M)^2x]=b_{A2}$$

时，从事知识模仿活动成为 A 企业的占优策略，此时 $p=0$，企业 A 倾向于知识模仿活动。

(3)当 $b_{A1}<b<b_{A2}$ 时，企业 A 将采取混合策略，此时 $0<p<1$，企业以 p 的概率进行知识创新，以 $(1-p)$ 的概率从事知识模仿。

此时

$$\frac{\partial p}{\partial b}=\frac{-16x}{(a-c+3nx-2Mx)^2-(a-c+nx)^2+(a-c+3Mx-2nx)^2-(a-c)^2}$$

其中，

分母 $>(a-c+nx+2nx-2Mx)^2-(a-c+nx)^2+(a-c+Mx+2Mx-2nx)^2$

$\quad-(a-c+Mx)^2$

$=2(a-c+nx)(2nx-2Mx)+(2nx-2Mx)^2+2(a-c+Mx)(2Mx-2nx)$

$\quad+(2Mx-2nx)^2$

$=2(2nx-2Mx)(nx-Mx)+(2nx-2Mx)^2+(2Mx-2nx)^2>0$

所以 $\dfrac{\partial p}{\partial b}<0$，说明当其他参量确定时，企业 A 知识创造活动的概率随投入系数 b 的增加以固定的斜率单调递减。

3) 对 p、q 讨论结果的比较

因为

$$b_{B1}-b_{A1}=\frac{1}{2}\big[(a-c+nx)(n-M)-(n-M)^2x\big]-\frac{1}{16}\big[2(a-c+nx)(3n-3M)-(3n-3M)^2x\big]$$

$$=\frac{1}{16}\big[5(a-c+nx)(n-M)+(n-M)^2x\big]>0$$

$$b_{B2}-b_{A2}=\frac{1}{8}\big[(2n-M)^2x+2(a-c)(2n-M)\big]-\frac{1}{16}\big[2(a-c)(3n-2M)+(3n-2M)^2x\big]$$

$$=\frac{1}{16}\big[2n(a-c)-n^2x+2Mnx+2M(n-M)x\big]$$

$$=\frac{1}{16}\big[n(a-c)+n(a-c+2Mx-nx)\big]>0$$

所以 $b_{B1}>b_{A1}$，$b_{B2}>b_{A2}$。

由此，可以以 b 为横坐标，p、q 为纵坐标，画出 A、B 两个企业知识创造活动的概率分布图，两条曲线均呈现"Z"形，其中，外侧的"Z"曲线为小企业的知识创造活动概率分布 q；内侧的"Z"为大企业的知识创造活动概率分布 p，如图 2.2 所示。

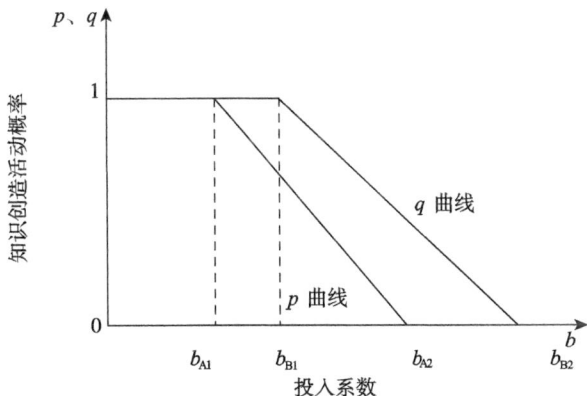

图 2.2　投入系数与知识创造活动关系

结论 2.1　在产业集群内，随着知识创造活动投入系数的增加，大小企业参与知识创造活动的概率均呈单调下降的趋势；当行业知识创造活动投入系数确定时，小企业从事知识创造活动的概率不低于大企业，即小企业的创新动机强于大企业。

2. 知识的学习能力对知识创造活动的影响

(1) 根据式(2.1)，假定其他变量不变，关于 M 的取值区间及对应的 q 的取值范围，讨论结果可以写成：

第一，当 $M \leqslant \dfrac{\sqrt{(a-c+nx)^2-8bx}-(a-c-nx)}{2x}=M_{B1}$ 时，$q=1$，厂商 B 选择知识创造活动为占优策略。

第二，当 $M \geqslant \dfrac{(a-c+2nx)-\sqrt{(a-c)^2+8bx}}{x}=M_{B2}$ 时，$q=0$，厂商 B 选择知识模仿活动为占优策略。

第三，当 $M_{B1} \leqslant M \leqslant M_{B2}$ 时，$0<q<1$。

此时

$$\frac{\partial q}{\partial M}=\frac{-4x(a-c-nx+2Mx)[-(a-c)^2-8bx+(a-c-Mx+2nx)^2]}{[-(a-c)^2+(a-c-nx+2Mx)^2-(a-c+nx)^2+(a-c-Mx+2nx)^2]^2}$$
$$+\frac{-2x(a-c-Mx+2nx)[8bx+(a-c-nx+2Mx)^2-(a-c+nx)^2]}{[-(a-c)^2+(a-c-nx+2Mx)^2-(a-c+nx)^2+(a-c-Mx+2nx)^2]^2}$$

因为

$$M_{B1} \leqslant M \leqslant M_{B2}$$

可以求得

$$\frac{\partial q}{\partial M}<0$$

所以

$$\frac{\partial q}{\partial m}=\frac{\partial q}{\partial M}\frac{\partial M}{\partial m}<0$$

说明当其他参量确定时，企业 B 知识创造活动的概率随其他厂商学习能力的增加而单调递减。

(2)根据式(2.2)，假定其他变量不变，关于 M 的取值区间及对应 p 的取值范围，讨论结果可以写成如下形式。

第一，当 $M \leqslant \dfrac{\sqrt{(a-c+nx)^2-16bx}-(a-c-2nx)}{3x}=M_{A1}$ 时，$p=1$，企业 A 选择知识创造活动为占优策略。

第二，当 $M \geqslant \dfrac{(a-c+3nx)-\sqrt{(a-c)^2+16bx}}{2x}=M_{A2}$ 时，$p=0$，企业 A 选择知识模仿活动为占优策略。

第三，当 $M_{A1} \leqslant M \leqslant M_{A2}$ 时，$0<p<1$。同上可求得 $\dfrac{\partial p}{\partial m}=\dfrac{\partial p}{\partial M}\dfrac{\partial M}{\partial m}<0$，说明当其他参量确定时，企业 A 知识创造活动的概率随其他企业学习能力的增加而单调递减。

(3)对 p、q 讨论结果的比较。

因为

$$M_{B1} - M_{A1} = \frac{\sqrt{(a-c+nx)^2 - 8bx} - (a-c+nx)}{2x}$$

$$+ n - \frac{\sqrt{(a-c+nx)^2 - 16bx} - (a-c+nx)}{3x} - n > 0$$

即可以求得

$$m_{B1} > m_{A1}$$

同理可证得

$$m_{B2} > m_{A2}$$

由此，可以以 m 为横坐标，p、q 为纵坐标轴，画出 A、B 两个企业知识创造活动的概率随 m 的变化分布图，两条曲线同样均呈现"Z"形，其中，外侧的"Z"曲线为小企业的知识创造活动概率分布 q，内侧的"Z"曲线为大企业的知识创造活动概率分布 p，如图 2.3 所示。

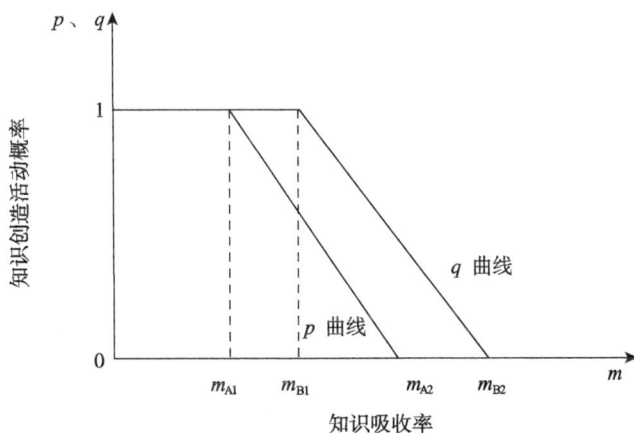

图 2.3 模仿吸收率与知识创造活动关系

结论 2.2 产业集群内，厂商的知识创造活动与其他厂商的知识学习能力成反比，当其他厂商的知识学习能力越强，即 m 值越大时，厂商的知识创造的活力越差；反之，则越强。在同样的知识创造概率下，小企业能够容忍的模仿吸收率要大于大企业，即小企业的知识创造的动机更强。

3. 博弈周期对知识创造活动的影响

(1)根据式(2.1)，假定其他变量不变，关于 n 的取值区间及对应的 q 的取值范围，讨论结果可以写成。

第一，当 n 符合条件 $8bx \leqslant (a-c+nx)^2 - (a-c-nx+2Mx)^2$ 时，从事知识创造活动成为 B 企业的占优策略，此时 $q = 1$，企业 B 将持续进行知识创造活动。

第二，当 n 符合条件 $8bx \geqslant (a-c-Mx+2nx)^2-(a-c)^2$ 时，从事知识模仿活动成为 B 企业的占优策略，此时 $q=0$，企业 B 倾向于知识模仿活动。

第三，当 n 符合条件 $(a-c+nx)^2-(a-c-nx+2Mx)^2 \leqslant 8bx \leqslant (a-c-Mx+2nx)^2-(a-c)^2$ 时，企业 B 将采取混合策略，此时 $0<q<1$，企业 B 以 q 的概率参加知识创造活动，以 $(1-q)$ 的概率参加知识模仿活动。利用 Mathematica4.0 求解可得 $\frac{\partial q}{\partial n}>0$，可见其他参量确定时，企业 B 知识创造活动的概率随博弈周期的增加而增加。

(2)根据式(2.2)，假定其他变量不变，关于 n 的取值区间及对应的 p 的取值范围，讨论结果可以写成。

第一，当 n 符合条件 $16bx \leqslant (a-c+nx)^2-(a-c+3Mx-2nx)^2$ 时，从事知识创造活动成为 A 企业的占优策略，此时 $p=1$，企业 A 将持续进行知识创造活动。

第二，当 n 符合条件 $(a-c+3nx-2Mx)^2-(a-c)^2 \leqslant 16bx$ 时，从事知识模仿活动成为 A 企业的占优策略，此时 $p=0$，企业 A 倾向于知识模仿活动。

第三，当 n 符合条件

$(a-c+nx)^2-(a-c+3Mx-2nx)^2 \leqslant 16bx \leqslant (a-c+3nx-2Mx)^2-(a-c)^2$ 时，企业 A 将采取混合策略，此时 $0<p<1$，企业以 p 的概率进行知识创新，以 $(1-p)$ 的概率从事知识模仿。利用 Mathematica4.0 求解可得 $\frac{\partial p}{\partial n}>0$，可见其他参量确定时，企业 A 知识创造活动的概率随博弈周期的增加而增加。

结论 2.3　产业集群内，厂商的知识创造活动的动力与集群内知识创造与模仿的博弈次数密切相关，当博弈的回合不断增加时，即 n 值越大，厂商参与知识创造活动的动力越强；反之，则越弱。

(四)集群企业知识再创造主体选择的算例分析

下面用简单的算例来说明本节的分析结果，借助于 Mathematica4.0 运算工具，分别以 b、m、n 为自变量，将其余变量赋予特定的数值，描绘集群企业知识创造活力趋势图。

(1)假设 $a=5\,000$、$c=500$、$x=2$、$n=3$、$m=0.5$，绘出 p、q 与知识创造投入系数 b 的关系图，如图 2.4 所示。从图 2.4 中可以看出，p、q 与知识创造投入系数 b 的关系曲线呈"Z"形，且 p 曲线在 q 曲线的下方，说明随投入系数的增加，大、小企业的知识创造活力均下降，且在投入系数相同的情况下小企业知识创造活力高于大企业。

(2)假设 $a=5\,000$、$c=500$、$x=2$、$n=3$、$b=4\,000$，可以绘制出 p、q 与知识吸收率 m 的关系图，如图 2.5 所示。从图 2.5 中可以看出，p、q 与知识吸收

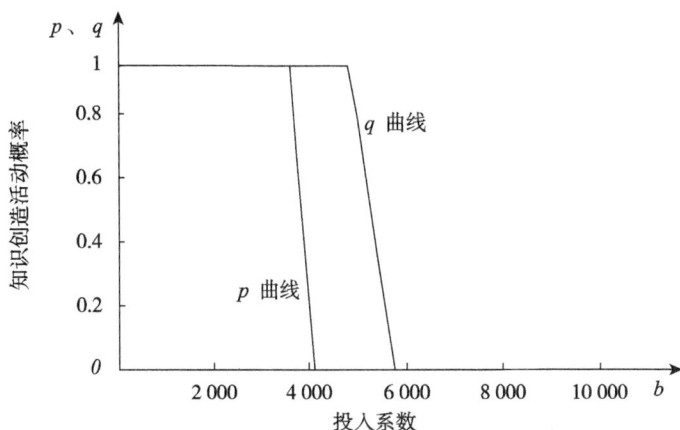

图 2.4　投入系数与知识创造活动模拟关系

率 m 的关系也呈"Z"形，且 p 曲线在 q 曲线下方，说明随知识吸收率的上升，大企业与小企业的知识创造活力均下降，且在知识吸收率相同的情况下，小企业的知识创造活力大于大企业。

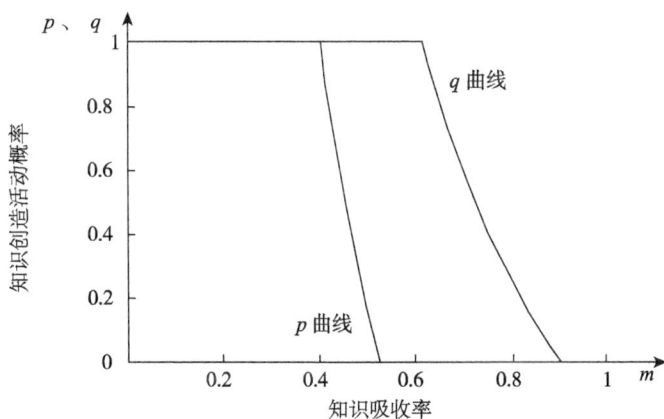

图 2.5　知识吸收率与知识创造活动模拟关系

(3)假设 $a=5\,000$、$c=500$、$x=2$、$m=0.99$、$b=4\,000$，可以绘制出 p、q 与博弈周期 n 的关系图，如图 2.6 所示。从图 2.6 中可以看出，p、q 与博弈周期 n 呈正相关关系。随着博弈周期的增加，大企业与小企业知识创造的活力均上升，且在博弈期数相同的情况下，小企业的知识创造活力大于大企业。

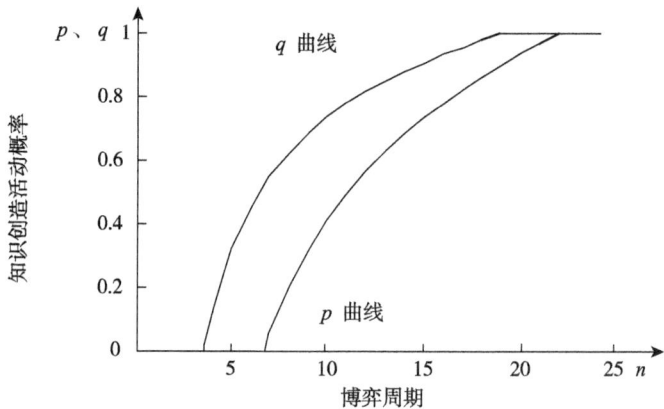

图 2.6　博弈周期与知识创造活动模拟关系

(五)结论

产业集群内的企业之间存在着高效的竞争与合作关系,形成了高度灵活的专业化地区生产协作网络,拥有很强的区域内生发展动力,而其中企业之间的知识创造的竞合关系又是产业集群发展的关键。本章主要分析了在产业集群这种知识高溢出率的环境下,渐进型知识创造活动的动力机制所在。从本章的博弈模型中不难发现,在相同的外界环境内,小企业知识创造活动的动力明显高于大企业,也即在产业集群这一创新网络环境中,大量的中小企业将扮演渐进型创新的主角。

20 世纪 70 年代,加利福尼亚州北部的硅谷和波士顿 128 公路地区成为世界上电子工业主要的创新中心,并引起全世界的关注。可是 80 年代后,硅谷持续着自己生机勃勃的活力,波士顿 128 公路地区却日渐颓废。究其原因,硅谷有一个以地区网络为基础的工业体系,而波士顿 128 公路地区则是以少数几家比较一体化的公司为主导的独立公司为基础的工业体系(Saxenian,1994)。网络化的工业体系能够促使各类专业化的大小企业之间开展激烈的竞争,赋予区域内大量的中小企业集体学习的氛围和知识创造的动力,而这也成为确立区域竞争优势的重要源泉。相反,独立公司工业体系中少数的大企业从规模经济和对市场的控制中获得了好处,市场稳定,信息流通阻塞,在这种环境中小企业因不能有效参与生产环节而难以生存,知识创造活动滞缓,最终导致该区域逐渐丧失竞争优势。

二、基于合作博弈的企业联盟知识再创造主体分析

产业集群作为一种基于专业化分工和协作的众多企业集合起来的组织,介于纯市场和纯科层之间,比市场更稳定,比科层更灵活(Williamson,1975)。集群内部的组织行为整合了市场协调与科层协调的多种特征(张书军等,2007),集群

企业长期重复的合作与区域文化的根植性使企业间的关系比单纯的市场关系更加密切。这种有效而密切的合作，产生了一种内生力，使当地经济迅速增长(Scott，1988)。陈莞和谢富纪(2007)对欧盟几个区域的研究证实，企业通过与伙伴进行合作，可以获得多样化的刺激，增强企业创新能力的多样性。可见，集群环境奠定了企业组建合作联盟的基础。

驱使企业之间合作的动机是个体理性而非集体理性，因此合作中的利益分配是关键而矛盾最突出的问题，也是直接影响知识创造联盟的稳定性的关键因素。所以集群企业之间要形成稳定的创造联盟，必须解决好收益分配问题，分配方案必须具有很强的合理性，使各集群企业能够分得各自应得的利益，如果有任何成员不满意分配方案，都可能导致联盟的不稳定。本书试图建立一种基于修正Shapley值利益分配法的产业集群利益分配模式，以平衡产业集群内各企业的利益关系，增强产业集群知识创造联盟的稳定性。本节所引用的分析模型(Shapley值法)曾就集群企业联合应对国际贸易壁垒进行了研究(胡绪华和胡汉辉，2008)，在此，本章继续引用该模型对集群企业联合知识创造活动进行分析。

(一)集群企业联合知识创造的 Shapley 值模型分析

在集群企业联合知识创造的过程中，原本相互独立的集群企业彼此进行核心能力的优化整合，以追求各自经济利益的最大化。此时，集群企业联合知识创造的实质可以看做多人合作博弈问题。在此，本书建立了一个基于 Shapley 值的模型来解决集群企业合作博弈的利润分配问题。

合作博弈(cooperative game)是针对结果而言的，把合作视为先验而对联盟收益分配的处理(张朋柱，2006)。合作博弈自 20 世纪 50 年代发展起来，包括 Nash 和 Shapley 的"讨价还价"模型，Gillies 和 Shapley 关于合作博弈中的"core"的概念等。协议、承诺或威胁具有完全的约束力且可以强制执行的博弈就构成合作博弈。设 n 是参与人集合，称为局中人集。s 是 n 中的一个联合($s \in n$)，$v(s)$ 是定义在联合集上的函数。在集合(n，v)上如果存在 $v(n) = \sum v(i)$ 且 $i \in n$，则称该合作博弈是非实质博弈；如果存在$v(n) > \sum v(i)$ 且 $i \in n$ 或 $v(s) > \sum v(i)$ 且 $i \in s$，则称此合作博弈是实质博弈，即存在有净增收益的联合，对于联合体内部来说应存在具有帕累托改进性质的分配规则。集群企业形成的联合知识创造联盟属于实质博弈。

下面用 Shapely 值利益分配法(Shapley，1953)对集群企业联合应诉的合作博弈进行求解。假设 n 个集群企业共同参与联合应诉，对于它们之中若干企业组合的每一种合作形式，都会得到一定的效益，当企业之间的利益活动为非对抗性时，合作中企业的增加不会引起效益的减少，因此，全体 n 个企业的合作将带来最大效益，Shapley 值利益分配法是分配这个最大效益的一种方案。

设企业集合 $I=\{1, 2, \cdots, n\}$，如果对于 I 的任一子集 S（表示 n 企业集合中的任一组合）都对应着一个实值函数 $v(s)$，它表示不管其他企业如何行动，知识创造联盟 S 中各企业相互合作所能达到的最大收入。在 Shapley 值利益分配法中，企业合作集合 I 的各个伙伴所得利益分配称为 Shapley 值，记作 $\phi(v)=[\phi_1(v), \phi_2(v), \cdots, \phi_n(v)]$，其中，$\phi_i(v)$ 表示在合作 I 下第 i 成员所得的分配，按照 Shapley 值利益分配法的原理，其基本计算公式是

$$\phi_i(v)=\sum_{s\subseteq s_i}\frac{(n-s)!\,(s-1)!}{n!}[v(s)-v(s/i)], \quad i=1, 2, \cdots, n \quad (2.3)$$

其中，s_i 为集合 I 中包含成员 i 的所有子集；n 为集合 I 中的元素个数；$v(s)$ 为子集 S 的效益；$v(s/i)$ 为子集 S 中除去企业 i 后可取得的效益；$[v(s)-v(s/i)]$ 为局中人 i 对知识创造联盟的边际贡献；$\dfrac{(n-s)!\,(s-1)!}{n!}$ 为加权因子，表示局中人 i 加入知识创造联盟的概率。

使用 Shapley 值利益分配法进行求解时必须满足 Shapley 值的 3 个公理，即对称性公理、有效性公理和可加性公理。

（1）对称性公理（sysmmetry axiom）。若对策中两个局中人相互替代，那么它们的值相等。对称性公理意味着局中人的平等关系，即对于 N 的任意排列 π，有 $\phi_{\pi i}(\pi v)=\phi_i(v)$。

（2）有效性公理（efficiency axiom）。所有局中人的价值之和等于所有局中人总联盟的财富。如果 T 是对策 u 的一个载体，则 $\sum_{i\in T}\phi_i(u)=v(T)$。

（3）可加性公理（additivity axiom）。两个对策之和的值等于两个对策值之和。若 u 和 w 是任意两个合作对策，则 $\phi_i(u+w)=\phi_i(u)+\phi_i(w)$。

（二）集群企业联合知识创造的 Shapley 值模型修正

上述 Shapley 值利益分配法在解决集群企业联合知识创造的利益分配问题时，假设集群企业的风险是均等的，即没有考虑集群企业在从事知识创造中可能承担的风险问题，也就是说，对于经济活动集合 $I=\{1, 2, \cdots, n\}$ 来说，每个成员企业都承担 $1/n$ 的风险。这是一种理想情况，在现实中几乎是不可能的，为了在利益分配时充分考虑各集群企业所承担的应诉风险，需要对利益分配的 Shapley 值利益分配法进行修正（戴健华和薛恒新，2004），使其更符合实际情况。

根据 Shapley 值集群企业联合只是创造的利润分配模型，集群企业联合应知识创造的总体利益为 $v(I)$，单个集群企业获得的利益分配为 $v(i)$。

进一步假设，集群企业各自承担的联合知识创造的风险为 $R_i(i=1, 2, 3, \cdots, n)$，$\sum_{i=1}^{n}R_i=1$，则集群企业在联合知识创造过程中承担的风险

与理想情况下的风险差值为 $\Delta R_i = R_i - 1/n$，且 $\sum_{i=1}^{n} \Delta R_i = 0$，于是应给予集群企业的实际利益分配修正量为 $\Delta v(i) = v(I) \times \Delta R_i$，则实际分配利益为

$$^* \phi(i) = \phi(i) + \Delta v(i) \tag{2.4}$$

(三)集群企业联合知识创造的实证分析

为了说明 Shapley 值利益分配法在集群企业联合知识创造中利益分配的合理性，本节在此对 2008 年常州市湖塘 3 家纺织企业联合进行的新型 PTT 纤维技术改造中各种组合的收益进一步假设：在形成知识创造联盟之后，若湖塘镇的三家纺织企业(A、B、C)均独立并等待搭便车，则市场份额分别为 20 万平方米、30 万平方米和 34 万平方米；若 A、B 组成知识创造联盟，市场份额会达到 180 万平方米；若 A、C 组成知识创造联盟，市场份额会达到 200 万平方米；若 B、C 组成知识创造联盟，市场份额会达到 260 万平方米；若 A、B、C 组成知识创造联盟，市场份额会达到 360 万平方米。不同策略选择时，3 家企业的详细支付情况如表 2.2 所示。根据式(2.3)可以分别计算出 3 家企业的 Shapley 值。

表 2.2 集群企业组成知识创造联盟利益分配表

合作方式	A	B	C	A+B	A+C	B+C	A+B+C
支付	20	30	34	180	200	260	360

$$\phi(A) = 20 \times \frac{0! \times 2!}{3!} + [(180-30)+(200-34)] \times \frac{1! \times 1!}{3!}$$
$$+ (360-260) \times \frac{2! \times 0!}{3!} = 92.67$$

$$\phi(B) = 30 \times \frac{0! \times 2!}{3!} + [(180-20)+(260-34)] \times \frac{1! \times 1!}{3!}$$
$$+ (360-200) \times \frac{2! \times 0!}{3!} = 127.67$$

$$\phi(C) = 34 \times \frac{0! \times 2!}{3!} + [(200-20)+(260-30)] \times \frac{1! \times 1!}{3!}$$
$$+ (360-180) \times \frac{2! \times 0!}{3!} = 139.66$$

从上述计算的结果中可以看出，$\phi(A) > 20$、$\phi(B) > 30$、$\phi(C) > 34$、$\phi(A)+\phi(B) > 180$、$\phi(A)+\phi(C) > 200$、$\phi(B)+\phi(C) > 260$。由此，可以认为，当对产业集群内企业组成知识创造联盟所获得的市场份额采用 Shapley 值利益分配法进行分配时，A、B、C 3 家企业组成知识创造联盟时所获得的市场份额比独立决策或两两联合时获得的市场份额都大，说明集群企业在新技术革新、知识创造时，存在自发的参与创新联盟的动力。

以上推理是建立在 3 家企业组成知识创造联盟投入成本相同的基础上进行的，而当 3 家企业形成联盟的投入成本不同时，则需要在考虑投入差异的基础上对 Shapley 值利益分配法分配方案进行修正。进一步假设 3 家企业组成知识创造联盟的投入分别为 40 万元、60 万元和 100 万元，即投入风险系数为 0.2、0.3 和 0.5，风险系数如表 2.3 所示。

表 2.3　集群企业组成知识创造联盟的风险系数

风险系数	A	B	C
风险系数 R	1/5	3/10	1/2
风险差值 ΔR	$-2/15$	$-1/30$	1/6

下面根据式(2.4)对各企业所应获得的支付进行修正，修正结果如下：

$$^*\phi(A) = \phi(A) + [\phi(A) + \phi(B) + \phi(C)] \times \Delta R_A = 92.67 + 360 \times \left(-\frac{2}{15}\right) = 44.67$$

$$^*\phi(B) = \phi(B) + [\phi(A) + \phi(B) + \phi(C)] \times \Delta R_B = 127.67 + 360 \times \left(-\frac{1}{30}\right) = 115.67$$

$$^*\phi(C) = \phi(C) + [\phi(A) + \phi(B) + \phi(C)] \times \Delta R_C = 139.66 + 360 \times \frac{1}{6} = 199.66$$

修正后的 Shapley 值利益分配法在利益分配时，不仅考虑了各企业在组成知识创造联盟时的贡献程度，而且充分考虑了各企业在组成知识创造联盟所承担的投入风险，使最后利益分配的结果更合理，各企业加入联盟的积极性更高，联盟的稳定性也更好。

常州湖塘纺织产业集群已经基本形成，拥有纺织服装的相关生产企业 1 000 余家，周边配套企业 800 余家，产品已经拓展到美国、加拿大、土耳其、韩国等 100 多个国家和地区。随着技术的不断革新和国内外市场竞争的不断升级，及时进行技术的更新换代已经成为湖塘纺织产业集群企业发展的必然选择。在此过程中，集群企业必将不断地进行知识的吸收、共享和再创造。在湖塘纺织产业集群的调研过程中发现，对于一些日常的知识创造活动，集群企业通常独自进行，但在重要的技术改造活动中，集群企业通常组成各种正式的或者非正式的联盟(家族关联、上下游关联等)形式来共同完成，所调研的集群企业在过去的一年中几乎都参与过企业间的知识创造联盟，且对于知识创造联盟的评价均较高。这实证性的说明集群企业形成知识创造联盟是具有很强的可行性的，当然这需要建立在合理利益分配的基础上。湖塘纺织企业大部分属于本地成长起来的草根企业，具有较强的根植性，且相互之间存在很强的地缘关联。此时集群企业间的利益分配主要通过集群企业自发协调来实现，主观性较强，人为因素影响较大，集群企业间或多或少会存在一定的利益分配矛盾，在一定程度上影响了知识创造联盟的稳定性。如果采用修正 Shapley 值利益分配法对湖塘纺织产业集群内参与知识创造联盟的企业进行利益的分配，不仅能够考虑各集群企业对参与知识创造联盟贡献的大小，而且充分考虑了各集群企业在联合知识创造过程中所投入风险的大小，使利益分配的结果更客观、公平、科学、合理，知识创造联盟也更稳定。

（四）结论

本节通过集群企业联合进行知识创造活动的修正 Shapley 值利益分配法的研究，发现科学合理的利益分配机制能够促进创新联盟的形成，并保证联盟的稳定性。而且，修正 Shapley 值利益分配法不仅充分考虑了集群企业在创新联盟中的重要程度，而且进一步考虑了知识创造过程中各企业所承担的不同风险，有效避免了平均分配、"搭便车"的现象，增强了利益分配结果的合理性和有效性。

我国产业集群大多是由众多分散的中小企业组成，单个企业的规模较小、实力较弱，而当前技术进步日新月异，如果不能进行及时快速的创新应对，就会错过最佳的发展时机，造成重大损失。要有效解决这种问题，走合作博弈的道路已经成为集群企业的必然选择。

本节研究尚有不足之处。首先，在博弈理论中，合作利益分配的方法有核心法、稳定集法、核仁法和 Shapley 值利益分配法，在此尚未做深入的比较分析。其次，使用修正 Shapley 值利益分配法对知识创造联盟进行利益分配时，需要明确联盟成员各种组合的具体收益，以确定各集群企业利益分配的权重，而各种组合下具体收益的估算可以通过层次分析法实现，本节在此未能深入讨论。这些问题均需要日后进一步研究。

三、本章小结

为顺应科技的进步和市场的变化，集群企业的知识会在原有的基础上不断地被再创造。经过集群企业再创造的知识在应用的过程中，又会通过人员流动、业务合作和信息交流等方式溢出，被集群内其他关联企业吸收利用，形成产业集群内企业间的知识传播过程。因此，集群企业的这种知识再创造既是产业集群内知识积累的源泉，也是产业集群内知识传播的前提，而从事知识再创造行为的企业将承担知识传播的主体角色。

研究发现，由于产业集群这种产业组织形态比市场紧密、比科层组织灵活，产业集群内企业的知识再创造行为既可以由独立的企业单独完成，也可以由不同的企业合作共同完成。针对第一种情况，本书构建了基于非合作博弈的斯坦科尔博格模型进行了研究，研究结果显示，集群企业知识再创造的活力与企业知识再创造的投入系数、知识的吸收率成反比关系，与集群企业间的博弈周期呈正比关系，而且相对于大企业来说，集群内小企业处于知识再创造的主体地位。运用这一结论，对硅谷和波士顿 128 公路地区的知识创造活动分析发现，硅谷的网络化工业体系促进了大小企业之间的竞争，创新主体活跃；而波士顿128公路地区的以少数大企业为中心的工业体系导致小企业难以生存，缺少活跃的创新主体，知识创造活动滞缓。

针对第二种情况，本书构建了基于合作博弈的 Shapely 值模型进行了研究，研究结果显示，修正 Shapley 值利益分配法模式能够增加集群企业知识再创造联盟成员的效益并能保证知识创造联盟的稳定性。采用修正 Shapley 值利益分配法进行利益分配时，不仅考虑了集群企业在知识再创造中的贡献，而且考虑了知识再创造过程中所承担的不同风险，结合江苏省常州市湖塘纺织产业集群内企业间的合作创新行为对这一研究结果进行了验证。

第三章

集群企业间知识传播过程的机理分析
——基于传染病模型

近年来关于产业集群的动态演化与内在动力机制的研究吸引了经济地理学、产业组织学、技术经济学、创新理论等学科的关注。Porter(1990)认为竞争是产业集群的发展动力，处于同一产业集群内的企业在劳动力、资本、基础设施和政策支持等方面存在激烈的竞争关系，集群内许多企业的员工因拥有相似的技能，而可以自由流动到其他企业中，导致了集群内知识传播速度的加快，加剧了集群内企业间的竞争，推动了产业集群内一体化的进程，赋予了产业集群竞争优势。从迈克尔·波特的论断中可以看出，产业集群内知识的快速流动将导致企业间竞争的加剧，进而形成产业集群的发展动力。另外还有一部分学者围绕产业集群内知识传播进一步讨论了产业集群发展动力机制，代表性学者的研究包括：Saxenian(1994)认为产业集群当地良好的社会交往氛围加快了新知识的产生与传播，是集群的发展动力所在；Enright(1996)认为知识外溢和熟练劳动力市场推动了集群的发展；Doeringer 和 Terkla(1995)认为熟练劳动力市场及知识外溢的好处是产业集群发展的重要推动力之一，熟练劳动力的流动和面对面的交流会加快信息、技术在相关企业内的传播，使专业化生产的小企业能快速适应技术变化，把握市场需求，从而推动集群发展；Capello(1999)建立了一个四阶段演化模型，分析了企业通过频繁合作形成集体学习的环境，促进知识的传播，增强产业集群竞争优势的过程；Pinch 和 Henry(1999)认为 Krugman 所强调的历史偶然性和外部经济只是集群演进的外部原因，而基于非贸易联系(untraded interdependencies)的知识传播才是根本原因；Baptista(2000)认为由紧密的个人联系和完备的企业网络、充分的企业间相互作用所促进的知识传播是集群发展的内在原因；Arthur 等(2001)认为产业集群是一种复杂适应性系统，知识通过系统内各组成之间及与外部的各种联系流动,促进集群内的创新,推动了集群的发展。

　　通过对相关理论研究的系统梳理,不难得出三个基本判断,首先产业集群内的知识传播等因素已经成为集群发展的重要推动因素;其次知识在产业集群中比在非产业集群中的传播速度要快得多;最后关于产业集群知识传播的研究已经构成了产业集群理论研究的重要分支领域。根据以上三个判断,本章将在第二章明确了知识传播主体的前提下,分三种情况(企业同质、企业异质、政府参与)进一步对产业集群内企业间知识传播的过程进行研究。因为研究的是知识在集群企业间的传播问题,因此可以将企业看做独立的个体,仅讨论企业与企业之间的关系,而不再深入企业内部研究。在这一前提下,本章借用传染病模型的基本理论,来研究集群企业在特定接触率和吸收率等条件下知识在集群企业间的传播过程。

一、传染病模型的基本理论

　　在社会经济领域中,扩散现象时有发生,虽然这些扩散的具体现象处于不同的环境中,传播方式各式各样,但是它们传播的本质过程都可以用"传染"模型加以描述。

　　传染病动力学是对传染病进行理论性定量研究的一种重要方法,它是根据种群生长的特性,疾病的发生及在种群内传播、发展规律,以及与之相关的社会因素,建立的能反映传染病动力学特性的数学模型。关于传染病模型的研究和应用已经成为数学知识应用的一个重要领域(刘应麟,1997)。Ross(1911)利用微分方程模型研究了疟疾在蚊子与人群之间传播的动态行为。Kermack 和 McKendrick(1927)构造了著名的 SIR(susceptible infective-recovered)仓室模型,并用其研究了伦敦黑死病流行的规律和 1906 年孟买的瘟疫,随后他们又提出了 SIS(susceptiple infective susceptible)仓室模型(Kermack and McKendrick,1932),并提出了"阈值理论",奠定了传染病动力学的研究基础。

　　在传染病动力学中,长期以来主要使用的数学模型是 Kermack 和 McKendrick(1927)提出的"仓室"(compartment)模型(马知恩和周义仓,2004)。下面对他们提出的两个经典的基本模型做简要介绍。

　　1. Kermack-McKendrick 的 SIR 仓室模型

　　其基本思想是针对某类传染病将该地区的人群分为三类(三个仓室)。包括:易感染者(susceptibles)类,表示 t 时刻未染病但有可能被该类疾病传染的人数,记作 $S(t)$;染病者(infectives)类,表示 t 时刻已被感染成病人而且具有传染力的人数,记作 $I(t)$;移出者(removed)类,表示 t 时刻已从感染者类移出的人数,记作 $R(t)$。设人口总数为 $N(t)$,则有 $N(t) = S(t) + I(t) + R(t)$。

进一步假设 β 为传染率系数，即一个病人与易感染者接触后的传染成功率；γ 为移出率系数，即单位时间内移出者在病人中所占的比例。

易感染者从患病到移出的过程可以用框图 3.1 描述，由此可以建立 SIR 仓室模型，如式(3.1)所示。

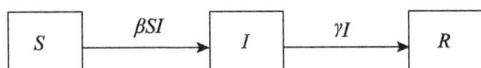

图 3.1　SIR 仓室框图

$$\begin{cases} \dfrac{\mathrm{d}S}{\mathrm{d}t}=-\beta SI \\[2mm] \dfrac{\mathrm{d}I}{\mathrm{d}t}=\beta SI-\gamma I \\[2mm] \dfrac{\mathrm{d}R}{\mathrm{d}t}=\gamma I \end{cases} \tag{3.1}$$

2. Kermack-McKendrick 的 SIS 仓室模型

对于有些传播的疾病，移出者康复后既具有了免疫力，不会再次被同一病毒感染，这种类型的病毒传播适合于用 SIR 模型进行讨论。但也有的疾病，即使移出者康复了却仍然不具有免疫力，可能会再次被感染，针对这种类型的病毒传播，Kermack 和 McKendrick 又建立了 SIS 仓室模型，具体传播机制的框如图 3.2所示。此时建立的 SIS 仓室模型，如式(3.2)所示。

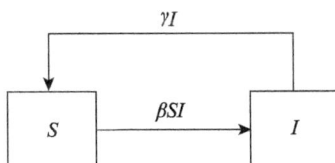

图 3.2　SIS 仓室框图

$$\begin{cases} \dfrac{\mathrm{d}S}{\mathrm{d}t}=-\beta SI+\gamma I \\[2mm] \dfrac{\mathrm{d}I}{\mathrm{d}t}=\beta SI-\gamma I \end{cases} \tag{3.2}$$

结合传染病基本模型的介绍，不难发现产业集群内知识扩散的过程具有很强的流行病传播的基本特征，因此本章把知识在产业集群知识系统中传播的过程作为"传染"模型来分析和描述，并在基于传染病模型理论分析的基础上，借用 AnyLogic 工具对产业集群知识系统内知识的传播过程进行系统动力学仿真模拟。

AnyLogic 是一种创新的建模工具，它是基于过去十年内建模科学和信息技术中出现的最新进展而创建的。AnyLogic 能够更快速地创建可视化的、灵活的、可扩展的、可复用的活动对象，这些活动对象可以是标准对象或自定义对象，也可以是 Java 对象。通过使用多重建模方法，能够更精确地建模和捕捉更多的事件，并针对所面临的特定问题对这些事件进行联合和调整。AnyLogic 的独到之处体现在它能够有效地解决任何复杂度、任何尺度、任何抽象层次的建模问题，包括高度异质系统的建模能力。AnyLogicTM 的使用跨越了全部领域，从"微观"——考虑精确的尺寸、距离、速度和时间事件的操作层次的模型，到"宏观"——考虑全局回馈动态系统、累计值、更长期趋势和战略决策的战略层。AnyLogic 允许使用标准的系统动力学图形符号创建复杂的动态模型。

二、产业集群内同质企业间知识传播机理与 Agent 仿真

本章按照传染病模型的基本研究思路，将产业集群中的同类企业看做病毒传播的生物群体，将知识的传播抽象成在生物群体中传播的传染病毒，建立一种基于传染病模型的知识在同质企业间传播的分析框架。通过对已有相关文献的总结发现，知识在行为个体间传播与病毒在生物群体间传播具有很强的类同性。通过对两者的比较发现其相似的特性主要表现为四点。第一，存在相似的"病原体"，集群中的技术、技能、技巧、经验等均属于现实存在但又不易被觉察的"病原体"；第二，存在相似的"传染性"，集群内知识通过主体间的有效接触，可以在行为主体间被相互学习和使用；第三，存在相似的"地方性"，产业集群本身具有很强的地域特征，集群内某种知识通常在一段时期内局限在集群内相互"传染"；第四，存在相似的"免疫性"，在产业集群内一直存在一部分企业在掌握了当前知识后，通过学习、消化、吸收、再创造等环节，转而使用新的更高层次的替代知识，这类企业既不会再重新被现有知识"传染"，也不会向外转移现有知识，具有较强的"免疫性"。

但是我们注意到基于系统动力学模型的仿真分析也有其较大的局限性。例如，将各个企业对知识的吸收效率、知识的传播能力等一般都设定为相同的参数，从而与现实世界的知识传播行为形成一定的偏差。而基于 Agent 的仿真建模方法，可以对仿真主体设定不同的行为特征，可以更细致地分析仿真主体的行为机理、预测其行为后果。具体到产业集群内知识传播的研究，则可以对企业设定不同的知识传播特征参数，模仿其知识传播行为，从而更细致地分析集群企业知识传播的机理与后果。由于基于 Agent 的复杂性和模型验证的困难，通过对基于公式的传染病模型的分析与基于 Agent 模型的对比分析，增加了模型结果的可信度。

基于上述分析，针对集群企业间知识传播过程具有很强的"传染性"，本章尝试借用传染病模型的研究思路，从理论上探讨马歇尔式产业集群内企业间的知识传播行为。在本章中将集群企业假定为独立同质的个体，将知识抽象成在生物群体中传播的传染病毒，将产业集群中尚未掌握知识的企业看做病毒传播中的易感染生

物群体，构建基于传染病模型的知识在同质企业间传播的机理模型。针对 Agent 模型较强的模拟现实世界的能力，在仿真模型中利用 AnyLogic 软件，采用基于Agent 的仿真模型，分析同质企业间不同传播能力情况下的知识传播行为与后果。

(一)产业集群内同质企业间知识传播模型的构建

产业集群是一种介于企业与市场之间、比企业松散比市场紧密的特殊组织形态。集群企业间具有很强的临近关系，知识溢出性很高 。集群企业的地理临近性、紧密社会关系和知识的高溢出特性与病毒在生物群体中传播的特征很相似。

1. 基本假设

本章将在知识在集群企业间传播与病毒在同质易感生物群体中传播的特性比较的基础上，结合本章所研究问题的基本思路，对模型做出如下假设。

(1)产业集群是个相对开放的产业环境，不断有新企业进入该行业，也不断有经营不善的企业退出该行业，企业的进入与退出受行业利润与企业经营能力决定，与知识传播行为无关。进一步假设新企业进入数量与产业集群内企业的总量成正比，经营不善的企业退出的数量与企业总数也成正比，且假定新企业进入系数与老企业退出系数相等，均为 b，从而产业集群内企业总数保持为常数 N。

(2)根据产业集群内企业对知识的掌握情况，将集群企业分为三类：缺乏知识的 S 类企业(未掌握知识，且时刻准备学习新知识的企业)；掌握知识的 I 类企业(已掌握知识，并将其运用于生产经营活动中，会对 S 类企业传播知识)；升级知识的 R 类企业(由 I 类企业转化而来，已经放弃现有知识，转向更高层次的知识，对现有知识传播活动不再产生影响)，这样可得 $N \equiv S + I + R$ 。

(3)I 类企业在与 S 类企业接触的过程中具有一定的知识"传换"能力，假定一个 I 类企业与一个 S 类企业接触后的知识传播成功率为 β，同时假定集群企业间的接触率(企业单位时间内接触的企业数量)为 α，则在 t 时刻单位时间内 S 类企业的"感染"新知识并转化为 I 类企业的概率为 $\frac{\beta \alpha I}{N}$。

(4)t 时刻，单位时间内 I 类企业知识升级的数量(转化为 R 类企业)与 I 类企业自身数量成正比，比例系数为 γ，本章将其称为知识升级系数，从而单位时间内 I 类企业知识升级到 R 类企业的数量为 γI 个。

(5)企业一旦升级为 R 类企业(转向更高层次的知识)，就进入新一轮知识的传播系统，即退出现有知识的传播系统，失去对现有知识的传播能力。

2. 模型构建

根据以上基本假设，可以将产业集群内企业划分为三类：缺乏知识的企业(S 类企业)、掌握知识的企业(I 类企业)和升级知识的企业(R 类企业)。三类企业间的相互转化关系可以用如下的框图描述(图 3.3)。

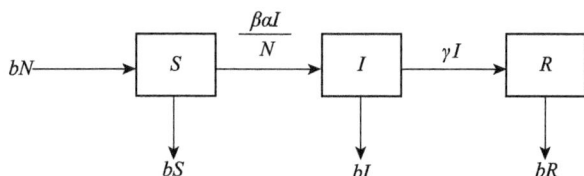

图 3.3   产业集群内同质企业间的知识传播框架图

根据图 3.3 可知，对每一个仓室的企业变化率建立平衡方程式，得到产业集群内知识传播的 Kermack-Mckendrick 的 SIR 仓室模型系统(方程组)为

$$\begin{cases} \dfrac{dS}{dt}=bN-\dfrac{\beta\alpha I}{N}S-bS \\[2mm] \dfrac{dI}{dt}=\dfrac{\beta\alpha I}{N}S-\gamma I-bI \\[2mm] \dfrac{dR}{dt}=\gamma I-bR \end{cases} \quad (3.3)$$

将方程组(3.3)的三个方程两端分别相加，得

$$\frac{d(S+I+R)}{dt}=\frac{dN}{dt}=0$$

即

$$N(t)=S(t)+I(t)+R(t)=N(常数)$$

由于方程组(3.3)的前两个方程不含 R，本节讨论关于产业集群内同质企业间知识传播的问题，即主要关注具有知识传播属性的企业(I 类企业)和具有被传播属性的企业(S 类企业)，因此只需要从前两个方程来研究 S 和 I 的状态，需要了解 R 的状态时可再由第三个方程来讨论。方程组(3.3)的前两个方程构成的平面系统(方程组)为

$$\begin{cases} \dfrac{dS}{dt}=bN-\dfrac{\beta\alpha I}{N}S-bS=-\dfrac{\beta\alpha I}{N}S+b(N-S)\equiv P(S,I) \\[2mm] \dfrac{dI}{dt}=\dfrac{\beta\alpha I}{N}S-\gamma I-bI=I(\dfrac{\beta\alpha}{N}S-\gamma-b)\equiv Q(S,I) \end{cases} \quad (3.4)$$

其中，$(S,I)\in D=\{(S,I)\,|\,0\leqslant S\leqslant N,\ 0\leqslant I\leqslant N,\ S+I\leqslant N\}$。

为求方程组(3.4)的平衡点，令其右端为 0，从而求得可能存在的两组解。

$$(N,0),\ \left(\frac{(b+\gamma)N}{\beta\alpha},\ \frac{b[\beta\alpha-(b+\gamma)]N}{\beta\alpha(b+\gamma)}\right)$$

(二)产业集群内同质企业间知识传播模型分析

根据方程组(3.4)的求解结果，下面分两种情形讨论产业集群内知识传播平衡点的存在性及稳定性。

(1)当 $\dfrac{\beta\alpha}{b+\gamma}<1$ 时，方程组(3.4)在区域 D 内仅有唯一的平衡点 $M_1(N,0)$，

从而由其特征方程系数 p、q 的符号可以判定 M_1 的稳定性。

由于

$$\begin{cases} q_{(N,0)} = \begin{vmatrix} \dfrac{\partial P}{\partial S} & \dfrac{\partial P}{\partial I} \\[2mm] \dfrac{\partial Q}{\partial S} & \dfrac{\partial Q}{\partial I} \end{vmatrix}_{(N,0)} = \begin{vmatrix} -b & -\beta\alpha \\ 0 & \beta\alpha-\gamma-b \end{vmatrix} = b(b+\gamma-\beta\alpha) > 0 \\[6mm] p_{(N,0)} = -\left(\dfrac{\partial P}{\partial S} + \dfrac{\partial Q}{\partial I}\right)_{(N,0)} = b+b+\gamma-\beta\alpha > 0 \end{cases} \tag{3.5}$$

因而点 $M_1(N，0)$ 是局部渐近稳定的，又由于区域 D 内仅有唯一的平衡点 M_1，因而不可能有闭轨线，并且方程组(3.4)从区域 D 内出发的轨线均不会越出区域 D，所以点 M_1 在区域 D 内全局渐近稳定，是没有知识传播的平衡点，即当系统达到平衡状态后，产业集群内知识传播活动最终将消失。

结论 3.1　在产业集群内，当满足 $\dfrac{\beta\alpha}{b+\gamma} < 1$ 时，即产业集群内企业间知识传播的成功率与企业在产业集群内的接触率之积小于企业知识升级率与企业退出率之和时，无论起始状态下有多少运用新知识的企业，但随着时间的推移，该知识不能在产业集群内传播，并最终从产业集群中淡出，产业集群中所有企业均不再运用该知识。

(2)当 $\dfrac{\beta\alpha}{b+\gamma} > 1$ 时，方程组(3.4)在区域 D 内除没有知识传播的平衡点 M_1 外，还有一正平衡点 $M_2\left(\dfrac{(b+\gamma)N}{\beta\alpha}, \dfrac{b[\beta\alpha-(b+\gamma)]N}{\beta\alpha(b+\gamma)}\right)$。

由方程组(3.5)可以判定 $q_{(N,0)} < 0$，因此点 M_1 不稳定。

进一步从方程组(3.5)的特征方程系数 p、q 的符号判定 M_2 的稳定性。

由于

$$\begin{cases} q_{(M_2)} = \begin{vmatrix} \dfrac{\partial P}{\partial S} & \dfrac{\partial P}{\partial I} \\[2mm] \dfrac{\partial Q}{\partial S} & \dfrac{\partial Q}{\partial I} \end{vmatrix}_{(M_2)} = \begin{vmatrix} -\dfrac{\beta\alpha I}{N}-b & -\dfrac{\beta\alpha S}{N} \\[3mm] \dfrac{\beta\alpha I}{N} & \dfrac{\beta\alpha S}{N}-\gamma-h \end{vmatrix} \\[10mm] \quad = \dfrac{\beta\alpha I}{N}\gamma + b\dfrac{\beta\alpha S}{N} + b\left[\dfrac{\beta\alpha I}{N}-(\gamma+b)\right] > 0 \\[6mm] p_{(M_2)} = -\left(\dfrac{\partial P}{\partial S} + \dfrac{\partial Q}{\partial I}\right)_{M_2} = b+b+\gamma+\dfrac{\beta\alpha I}{N}-\dfrac{\beta\alpha S}{N} > 0 \end{cases}$$

可见点 M_2 是局部稳定的，由于区域 D 是方程组(3.4)的正向不变集合，要证明点 M_2 在区域 D 内全局渐近稳定，只要证明在区域 D 内不存在方程组(3.4)

的闭轨线即可。取 Dulac 函数 $B(S，I)=\dfrac{1}{I}$，可得 $\dfrac{\partial(BP)}{\partial S}+\dfrac{\partial(BQ)}{\partial I}=-\dfrac{\beta\alpha}{N}-\dfrac{b}{I}<0$。

由平面定性理论可知方程组(3.4)无闭轨线。所以，此时点 M_2 在区域 D 内全局渐近稳定，这意味着，一旦有传播源存在，传播行为就会发生，而最终的知识缺乏类企业和知识掌握类企业的数量将分别稳定为 $\dfrac{(b+\gamma)N}{\beta\alpha}$ 个和 $\dfrac{b[\beta\alpha-(b+\gamma)]N}{\beta\alpha(b+\gamma)}$ 个。点 M_2 称为有知识传播平衡点，即在该状态下，集群企业间的知识活动将稳定在某一状态下持续的进行。

结论 3.2　在产业集群内，当满足 $\dfrac{\beta\alpha}{b+\gamma}>1$ 时，即产业集群内企业间知识传播的成功率与企业在产业集群内的接触率之积大于企业知识升级率与企业退出率之和时，一旦新的知识传播源出现，该知识将会在产业集群内企业间不断传播，其中，缺乏知识的企业数量和掌握知识的企业数量将分别稳定为 $\dfrac{(b+\gamma)N}{\beta\alpha}$ 个和 $\dfrac{b[\beta\alpha-(b+\gamma)]N}{\beta\alpha(b+\gamma)}$ 个。

(三)产业集群内同质企业间知识传播数值仿真

本章通过构建系统动力学模型对产业集群内企业间知识传播的传染病系统进行模拟实验。系统动力学(system dynamics)是于1956年创立的一门分析和模拟动态复杂系统的学科。它是一种将结构、功能和历史结合起来，通过计算机建模与仿真而定量地研究高阶次、非线性、多重反馈复杂时变系统的系统分析理论与方法，这一理论与方法对于可持续发展系统的研究来说是一种成功而重要的方法。

根据系统动力学模型构建的基本思想，对方程组(3.3)中的参变量进行设计，转换成系统动力学的语言变量。根据方程组(3.3)构建了产业集群内同类企业间的知识传播的系统动力学模型，并借用 AnyLogic 系统动力学分析软件形成流图(结构图)如图3.4所示，主要变量描述见表3.1。

为进一步验证本节中的理论推导结果，本节对模型中的系数给予了数值设定，采用 Agent 模型分别对 $R_0<1$ 和 $R_0>1$ 两种类型进行仿真验证。

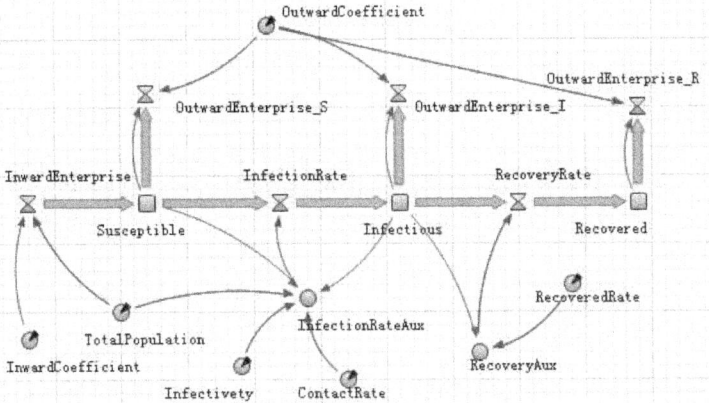

图 3.4　产业集群知识系统内同质企业间知识传播的系统动力学模型流图

表 3.1　方程组(3.3)中所对应的主要仿真变量描述

变量	变量说明	单位
(1)状态变量		
Susceptible	缺乏知识的大企业数量(S)	个
Infectious	掌握知识的企业数量(I)	个
Recovered	升级知识的企业数量(R)	个
(2)速率变量		
InfectionRate	企业知识传播速率($\frac{\beta\alpha I}{N}$)	个/t
RecoveryRate	企业知识升级速率(γI)	个/t
InwardEnterprise	企业入行速率(bN)	个/t
OutwardEnterprise _ S	S 类企业退行速率(bS)	个/t
OutwardEnterprise _ I	I 类企业退行速率(bI)	个/t
OutwardEnterprise _ R	R 类企业退行速率(bR)	个/t
(3)辅助变量		
InfectiousRate Aux	InfectionRate 的辅助变量	个/t
RecoveryRate Aux	RecoveryRate 的辅助变量	个/t
(4)常数		
ContactRate	接触率(α)	个/t
Infectivety	大企业与知识企业接触后知识吸收率(β)	%
InwardCoefficient	新企业入行系数(b)	%
OutwardCoefficient	老企业退行系数(b)	%
RecoveredRate	企业知识升级系数(γ)	%
TotalPopulation	产业集群内企业总量(N)	个

1)当 R_0<1 时的仿真

实验 3.1 首先将产业集群内企业数量设定为 2 000 个，单位时间设定为天，在初始状态产业集群内有 500 个企业掌握并运用知识，成为知识传染源。进一步假设 Infectivety(β)为 0.12，Contactrate(α)为 0.5 个/天，InwardCoefficient 和 Outward Coefficient(b)为 0.02，RecoveRedrate(γ)为 0.06。

将设定的数值带入系统动力学模型按照流图 3.4 的思路仿真，结果如图 3.5 所示。

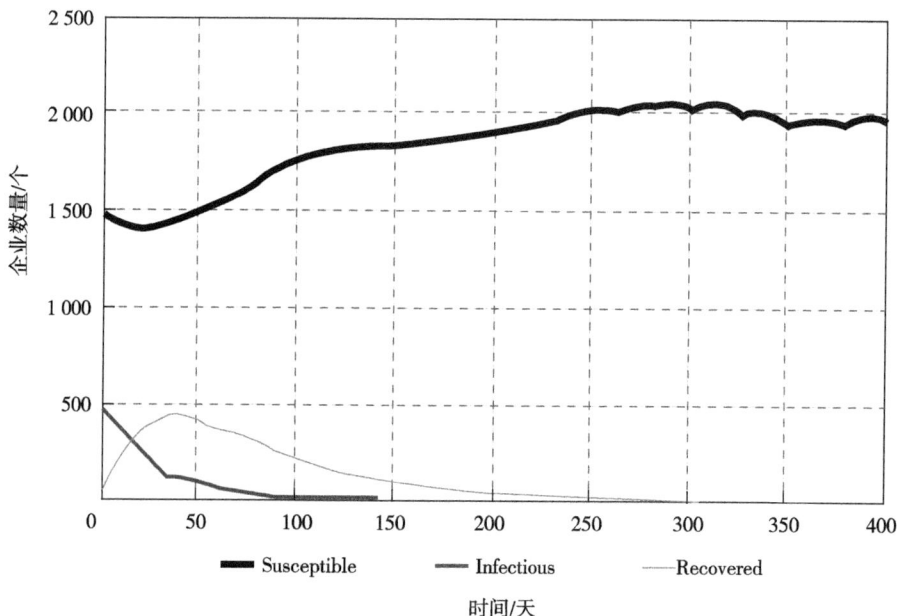

图 3.5　R_0<1 时产业集群内同质企业间知识传播仿真图(一)

此时

$$R_0=\frac{\beta\alpha}{b+\gamma}=\frac{0.12\times0.5}{0.02+0.06}=0.75<1$$

从图 3.5 中可以看出，当 R_0=0.75<1 时，虽然产业集群内在初始状态存在 500 个知识传播源，但随着时间的推移，在 250 天的时候掌握知识的企业和知识升级的企业数量均趋向于零，而等待学习的企业数量趋向于 2 000 个。

实验 3.2 在实验 3.1 的基础上进一步设定 Infectivety(β)为 0.13，Contactrate(α)为 0.6 个/天，其他数值与实验 3.1 相同，此时 R_0 上升到 0.975。同样，将设定的数据带入系统动力学模型按照流图 3.4 的思路仿真，结果如图 3.6 所示。

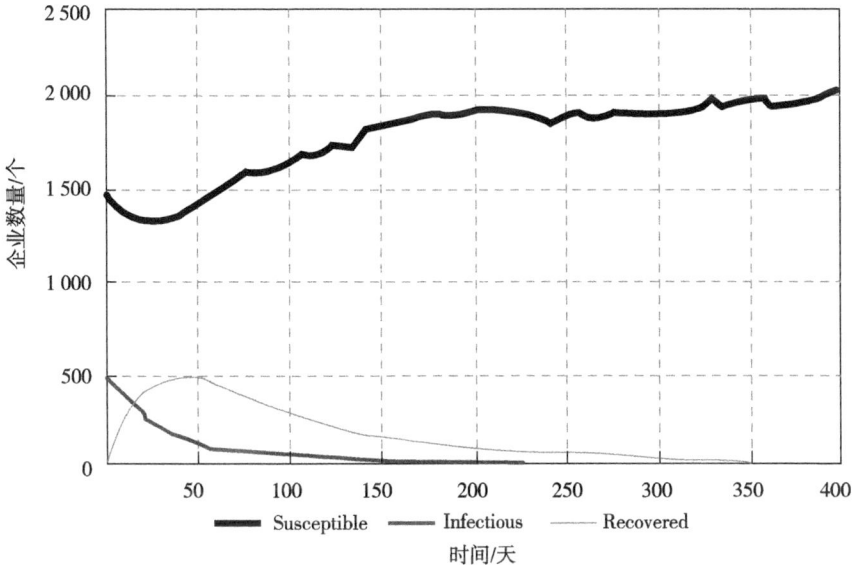

图 3.6　$R_0 < 1$ 时产业集群内同质企业间知识传播仿真图(二)

从图 3.6 中可以看出，当 $R_0 = 0.975 < 1$ 时，同样虽然在初始状态有 500 个知识传播源，但在 350 天的时候掌握知识的企业和知识升级的企业数量均趋向于零，等待学习的企业数量趋向于 2 000 个。与图 3.3 相比较发现，图 3.6 所模拟的情景中，β 和 α 的数值提高导致乘积 $\beta\alpha$ 变大，基本再生数 R_0 上升，但仍小于 1，存在知识传播的周期从 250 天增长到 350 天，但最终仍将进入无知识传播的平衡状态。说明在 $R_0 < 1$ 时，随 R_0 的上升，存在知识传播的周期将变长。

2)当 $R_0 > 1$ 时的仿真

实验 3.3　继续将产业集群内企业数量设定为 2 000 个，单位时间设定为天，在初始状态产业集群内有 500 个企业掌握并运用知识，成为知识传染源。进一步假设 Infectivety(β) 为 0.2，ContactRate(α) 为 1 个/天，InwardCoefficient 和 OutwardCoefficient(b) 为 0.02，RecoveredRate(γ) 为 0.06。

将设定的数值带入系统动力学模型按照流图 3.4 的思路仿真，结果如图 3.7 所示。

此时

$$R_0 = \frac{\beta\alpha}{b+\gamma} = \frac{0.2 \times 1}{0.02+0.06} = 2.5 > 1$$

从图 3.7 中可以看出，同样是有 500 个知识传播源，随着时间的推移，在第 150 天的时候，知识传播活动开始趋于平稳状态，三类企业的数量分别维持在各自的特定水平。根据本章第三节的理论分析结果可以计算出 S 类企业稳定状态

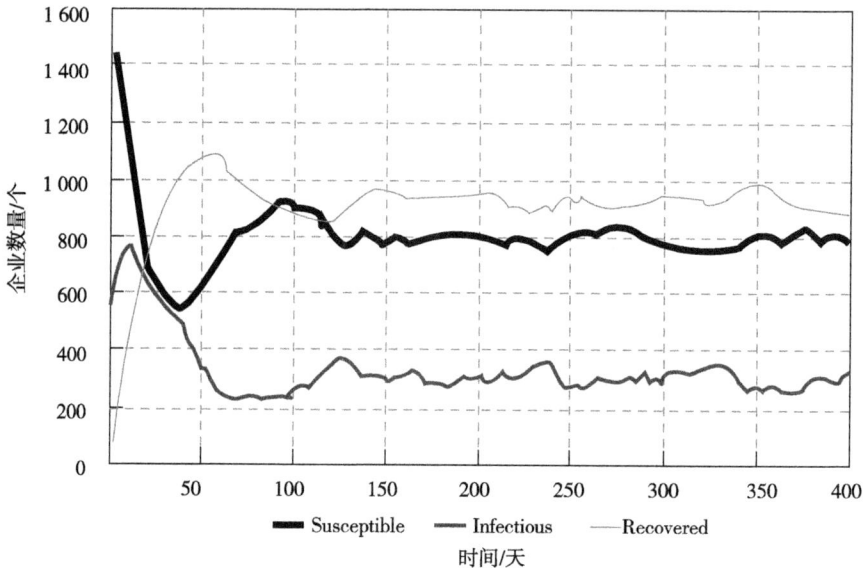

图 3.7 $R_0>1$ 时产业集群内同质企业间知识传播仿真图(一)

是 800 个，I 类企业稳定状态是 300 个，R 类企业的稳定状态是 900 个，这与图 3.5 三类企业的动态平衡点基本一致。

实验 3.4 在实验 3.3 的基础上进一步提高 Infectivety(β)为 0.3，Contact Rate(α)为 1.2 个/天，其他数值与实验一相同，此时 R_0 上升到 4.5。同样，将设定的数据带入系统动力学模型按照流图 3.4 的思路仿真，结果如图 3.8 所示。

从图 3.8 中可以看出，与实验 3.3 相似，同样存在 500 个知识传播源的情景下，在第 100 天的时候，知识传播活动开始趋于平稳状态，三类企业的数量各自动态平衡。根据本章第三节的理论分析结果可以计算出 S 类企业稳定状态是 444 个，I 类企业稳定状态是 389 个，R 类企业的稳定状态是 1 167 个，与图 3.8 三类企业的动态平衡点也基本一致。与图 3.7 比较后可以进一步发现，当 R_0 从 2.5 上升到 4.5 的时候，知识传播系统进入动态平衡的周期由原来的 150 天减少到 100 天。说明在 $R_0>1$ 时，随 R_0 的上升，知识传播系统会更快的步入动态均衡状态。

(四)结论

通过本节的模型分析，可以得出以下基本结论：$\dfrac{\beta\alpha}{b+\gamma}=1$ 是区分产业集群内知识传播活动是否消失的阈值。当 R_0 满足 $\dfrac{\beta\alpha}{b+\gamma}<1$ 时，即产业集群内企业间知识传播的成功率与企业在产业集群内的接触率之积小于企业知识升级率与企业退出率之和时，无论起始状态下有多少掌握新知识的企业，随着时间的推移，该知

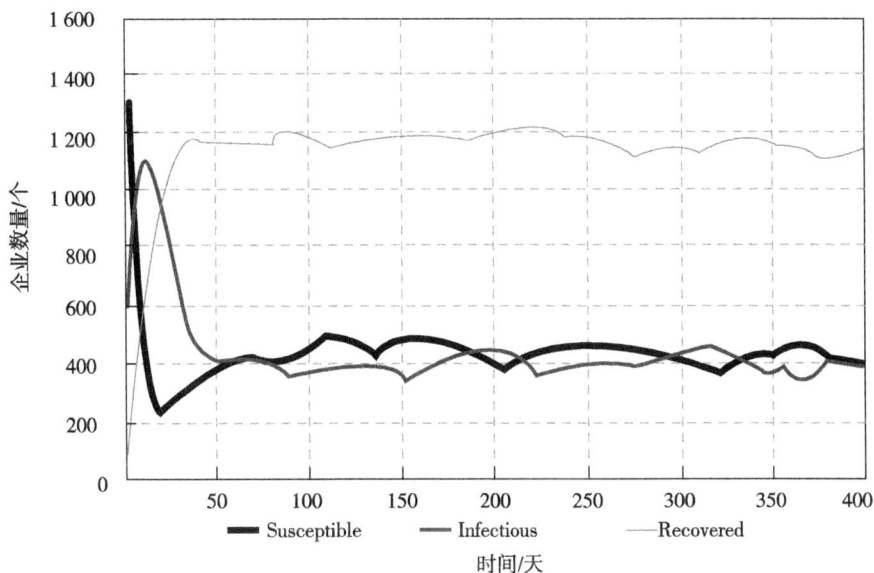

图 3.8 $R_0>1$ 时产业集群内同质企业间知识传播仿真图(二)

识在产业集群内的传播活动将逐步消失。这是因为产业集群内企业间的接触率和知识传播的成功率均较低,即 $\beta\alpha$ 的乘积太小。造成这一现象的原因可能主要来自于两个方面:其一,掌握知识的企业充当了知识守门人的角色,主动限制了知识的传播,导致缺乏知识的企业接触新知识的机会减少;其二,缺乏知识的企业自身知识活动能力较差,不能高效地学习并掌握新知识,知识学习成功率较低。

而当 R_0 满足 $\dfrac{\beta\alpha}{b+\gamma}>1$ 时,即产业集群内企业间知识传播的成功率与企业在产业集群内的接触率之积大于企业知识升级率与企业退出率之和时,一旦新知识的传播源出现,该知识将会在产业集群内不断传播,并最终稳定在某一平衡状态,在该平衡状态下缺乏知识和掌握知识的企业数量分别为 $\dfrac{(b+\gamma)N}{\beta\alpha}$ 个和 $\dfrac{b[\beta\alpha-(b+\gamma)]N}{\beta\alpha(b+\gamma)}$ 个。此时知识传播的活动将会稳定持续地存在下去。

从模型推导的结果中可以看出,在企业进入与退出系数 b 和企业知识升级系数 γ 确定的条件下,乘积 $\beta\alpha$ 是影响产业集群知识传播活动的重要因素。随着乘积 $\beta\alpha$ 的上升,知识缺乏企业的数量相应下降,而同时掌握并应用新知识的企业数量将上升,产业集群将更适宜于知识传播。为有效促进集群内的知识传播,政府与中介组织的介入至关重要。政府和中介组织可以通过组织职业培训、讲座、专题报告等活动的形式,在产业集群内营造宽松的知识交流氛围,一方面增加集群内企业间的接触率,使 α 放大;另一方面提高集群企业的基础知识水平,增强企业的知识学习能力，提高 β，并最终活跃整个产业集群的知识传播，实现产业集群知识资源的动态累积，提高产业集群的竞争优势。

三、产业集群内两类异质企业间知识传播机理分析与仿真

在产业集群的实地调研中发现，产业集群极有可能是由具有较强同质性的中小企业构成，也有可能由具有较强差异的大小企业共同组成，关于同质企业间的知识传播机理已经讨论过，本节在此将讨论产业集群内两类异质企业间的知识传播机理。集群内企业经济地位的差异性也会影响集群企业间的知识传播过程。由于专业化分工的存在，集群内的领导企业需要有效协调与其他企业的生产关系才能获得竞争优势，因此领导企业需要对知识进行编码后向其他关联企业传播，同时为防止该知识被外部竞争者模仿，领导企业还会采用适当控制性策略。集群内的领导企业又在一定程度上承担了集群知识传播系统中守门人的角色。可见，集群企业经济地位的差异性对集群知识传播的影响不可忽视。从目前掌握的文献来看，关于知识传播和产业集群知识系统的研究已经取得了比较丰硕的成果，但从企业异质的角度探讨集群企业间知识传播的研究尚不多见。

本节根据集群企业规模和企业在产业集群内地位的差异将产业集群内的企业划分为大小两类企业，大企业在产业集群内处于主导和支配地位，小企业因规模较小实力较弱而环绕在大企业周边，探讨这种产业集群结构中知识传播的机理问题，如上海汽车产业集群，其就是由上海大众、上海通用和上海通用五菱等大型整车企业及江森自控、博世、伟世通、德尔福等一大批外国零配件制造商和国内零配件制造商构成。由于集群企业间知识传播与病毒在生物群体内的传播具有很强的类同性，本节将借用传染病模型的分析思路，构建基于传染病模型的产业集群内两类异质企业间知识传播的机理模型，并进行系统仿真，以理论推导和系统仿真交互验证的方式深度刻画各特征变量在产业集群知识传播系统中的作用机理。

(一)产业集群内两类异质企业间知识传播模型的构建

在对产业集群内两类异质企业间知识传播过程与病毒在生物群体内传播过程比较分析的基础上，归纳出集群内知识传播系统的特征要素并给出相应的假设条件，进而借用传染病模型的研究思路，构建一种基于传染病模型的知识在产业集群内两类异质企业间传播的机理模型，推演其平衡点的一般表达式。

1. 模型假设

传染病模型的研究和应用已经成为数学知识应用的一个重要领域。结合产业集群内两类异质企业间知识传播的基本特征，本节给出以下几点假设。

(1)根据产业集群内企业对知识的掌握情况，将集群企业分为三类：缺乏知

识的企业 S（未掌握知识，且时刻准备学习新知识的企业）；掌握知识的企业 I（已掌握知识，并将其运用于生产经营活动中，是现有知识的传播源）；升级知识的企业 R（放弃现有知识，已转向了更高层次的知识，对现有知识传播不再产生影响）。其中，将 S 分为两组，S_1 表示大企业群，S_2 表示大企业群。这样可得 $N\equiv S_1+S_2+I+R$。

（2）产业集群是个相对开放的产业系统，不仅有新企业持续进入该行业，也有企业因其他原因转型而退出原行业，企业的进入与退出主要受行业利润与企业经营能力影响，因此即使拥有某项知识，该企业也可能因转型而退出原行业，放弃原知识。为了表现知识传播的这种特点，在模型中假设集群知识传播系统中的三类企业均有可能发生转型而退出当前的知识传播系统。假定新企业进入系数与老企业转型退出系数相等，均为 b，其中，大企业单位时间内进入的数量为 pbN，小企业单位时间内进入的数量为 $(1-p)bN$ 个；同时，未掌握知识的大企业单位时间内退出数量为 bS_1 个；未掌握知识的小企业单位时间内退出数量为 bS_2 个；掌握知识的企业退出数量为 bI 个；升级知识的企业退出数量为 bR 个。产业集群内企业总数保持为常数 N。

（3）在产业集群知识系统中，大企业和小企业在获取知识的过程中所表现出来的吸收动力也不相同。相对于大企业而言，小企业创新的效率更高、动力更强。若企业吸收并运用新知识则意味着企业将对原有的生产经营活动进行破坏性创新。大企业因规模较大，应用新知识后进行破坏性创新的成本也较大，所以它们对新知识的应用通常比较谨慎，知识传播的成功率 β_1 较低；而小企业自身知识创造能力有限，它们主要通过对外界知识吸收并适度改造来满足自己生产发展需要，和大企业相比，它们学习应用新知识并进行破坏性创新的成本也较小，因此它们吸收并应用新知识的动力更强，知识传播的成功率 β_2 也较高，即 $\beta_1<\beta_2$。同时假定集群企业间的接触率（企业单位时间内接触的企业数量）为 α，则在 t 时刻，单位时间内 S_1 类企业"感染"新知识并转化为 I 类企业的概率为 $\dfrac{\beta_1\alpha I}{N}$，$S_2$ 类企业的"感染"新知识并转化为 I 类企业的概率为 $\dfrac{\beta_2\alpha I}{N}$。

（4）t 时刻，单位时间内 I 类企业知识升级（转化为 R 类企业）的数量与 I 类企业自身数量成正比，比例系数为 γ，本节将其称为知识升级系数，从而可知单位时间内 I 类企业知识升级到 R 类企业的数量为 γI 个。

（5）企业一旦升级为 R 类企业（转向更高层次的知识），就进入新一轮知识的传播系统，即出现有知识的传播系统，失去对现有知识的传播能力。

2. 模型构建

根据以上假设，产业集群知识系统内两类异质企业间的知识传播过程可以用如下的框图描述(图 3.9)。

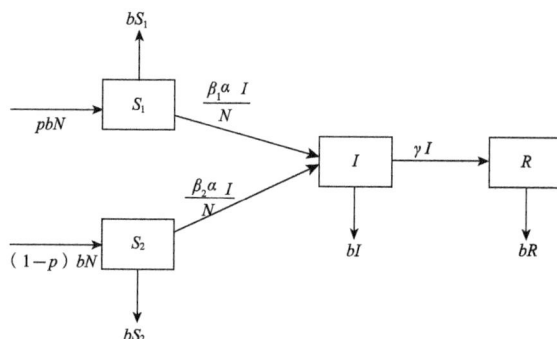

图 3.9 产业集群知识系统内两类异质企业间的知识传播框架图

根据图 3.9 的描述，参照相关文献(Hyman and Li，2005；Boschma and ter Wal，2007)，在此建立相应的 DS-I-R 模型。

$$\begin{cases} \dfrac{dS_1}{dt}=bpN-\dfrac{\beta_1\alpha I}{N}S_1-bS_1 \\[2mm] \dfrac{dS_2}{dt}=b(1-p)N-\dfrac{\beta_2\alpha I}{N}S_2-bS_2 \\[2mm] \dfrac{dI}{dt}=\dfrac{\beta_1\alpha I}{N}S_1+\dfrac{\beta_2\alpha I}{N}S_2-\gamma I-bI \\[2mm] \dfrac{dR}{dt}=\gamma I-bR \end{cases} \quad (3.6)$$

将方程组(3.6)的四个方程两端分别相加，得

$$\frac{d(S_1+S_2+I+R)}{dt}=\frac{dN}{dt}=0$$

即

$$N(t)=S_1(t)+S_2(t)+I(t)+R(t)=N(常数)$$

本节讨论的是产业集群内两类异质企业间的知识传播问题，具有知识传播属性的企业(I 类企业)和具有被传播属性的企业(S_1、S_2 类企业)是考察的重点，因此本节在此将除去最后一个方程，形成新的模型(3.7)，参照相关文献的研究思路，来考察方程组(3.7)的稳定性和阈值。

$$\begin{cases} \dfrac{dS_1}{dt}=bpN-\dfrac{\beta_1\alpha I}{N}S_1-bS_1 \\[2mm] \dfrac{dS_2}{dt}=b(1-p)N-\dfrac{\beta_2\alpha I}{N}S_2-bS_2 \\[2mm] \dfrac{dI}{dt}=\dfrac{\beta_1\alpha I}{N}S_1+\dfrac{\beta_2\alpha I}{N}S_2-\gamma I-bI \end{cases} \quad (3.7)$$

其中，

$$(S_1,S_2,I)\in G=\{(S_1,S_2,I)\mid 0\leqslant S_1\leqslant N,0\leqslant S_2\leqslant N,0\leqslant I\leqslant N,S_1+S_2+I\leqslant N\}$$

(二)产业集群内两类异质企业间知识传播模型的分析

为求模型(3.7)的平衡点，令其右端为 0，得模型(3.8)

$$\begin{cases} bpN-\dfrac{\beta_1\alpha I}{N}S_1-bS_1=0 \\[2mm] b(1-p)N-\dfrac{\beta_2\alpha I}{N}S_2-bS_2=0 \\[2mm] \dfrac{\beta_1\alpha I}{N}S_1+\dfrac{\beta_2\alpha I}{N}S_2-\gamma I-bI=0 \end{cases} \tag{3.8}$$

下面就 $I=0$ 和 $I\neq 0$ 两种情况分别进行讨论。

1. R_0 的求解

在生物传染病模型中，基本再生数是指一个病原体在平均患病期内所传染的人数。本节所讨论的 R_0 是指，一个掌握知识的企业(I 类企业)在一个周期内能够将知识成功传播给未掌握知识的企业(S 类企业)的数量。R_0 的大小直接影响系统的平衡状态，即当 $R_0<1$ 时平衡点 E_0 渐近稳定，当 $R_0>1$ 时平衡点 E_0 不稳定。若产业集群知识系统要步入无知识传播平衡状态，掌握并运用知识的企业数量将趋向于为0(即 $I=0$)，最终，知识传播系统进入无知识传播的状态，两类知识缺失的企业数量均为正。由模型(3.8)可求得无知识传播的平衡点为 $E_0(S_1=pN,\ S_1=N-pN,\ I=0)$。

下面将通过考察 E_0 的稳定性来推导产业集群知识系统内的 R_0。

模型(3.7)在 E_0 点的 Jacobian 为

$$\boldsymbol{J}=\begin{pmatrix} -b & 0 & -\beta_1\alpha p \\ 0 & -b & -\beta_2\alpha(1-p) \\ 0 & 0 & -(\gamma+b)+\beta_1\alpha p+\beta_2\alpha(1-p) \end{pmatrix}$$

显然，只要满足 $-(\gamma+b)+\beta_1\alpha p+\beta_2\alpha(1-p)<0$，则 $\boldsymbol{J}$ 的所有特征值均为负。这样就可以将产业集群知识系统中的 R_0 定义为

$$R_0=\frac{\beta_1\alpha p+\beta_2\alpha(1-p)}{\gamma+b}$$

将 R_0 对 p 求一阶偏导可得

$$\frac{\partial R_0}{\partial p}=\frac{\beta_1\alpha-\beta_2\alpha}{\gamma+b}=\frac{\alpha}{\gamma+b}(\beta_1-\beta_2)<0$$

由此可以判定 R_0 关于变量 p 的函数单调递减。

结论 3.3　在拥有异质企业的产业集群知识传播模型中，大企业的知识学习

成功率通常小于小企业($\beta_1<\beta_2$)，这将导致随着产业集群内大企业数量比例的上升，R_0将逐步下降，知识交流的活跃性也将下降的结果。

2. 无知识传播平衡点与稳定性

下面进一步证明当$R_0<1$时，无知识传播平衡点E_0的稳定性。

由模型(3.7)前两个方程可得

$$\frac{dS_1}{dt}\leqslant bpN-bS_1$$

$$\frac{dS_2}{dt}\leqslant b(1-p)N-bS_2$$

由此可得

$$S_1(t)\leqslant pN+S_1(0)e^{-bt}$$
$$S_2(t)\leqslant(1-p)N+S_2(0)e^{-bt}$$

由模型(3.7)的第三个方程可得

$$I(t)=I(0)\exp\left[\frac{\alpha\beta_1}{N}\int_0^t S_1(u)du+\frac{\alpha\beta_2}{N}\int_0^t S_2(b)db-\gamma t-bt\right]$$

$$\leqslant I(0)\exp\left\{[\alpha\beta_1 p_1+\alpha\beta_2 p_2-(b+\gamma)]t+\frac{\alpha\beta_1}{N\mu}S_1(0)+\frac{\alpha\beta_2}{N\mu}S_2(0)\right\}$$

$$=I(0)\exp\left\{(b+\gamma)\left[\frac{\alpha\beta_1 p_1+\alpha\beta_2 p_2}{(b+\gamma)}-1\right]t+\frac{\alpha\beta_1}{N\mu}S_1(0)+\frac{\alpha\beta_2}{N\mu}S_2(0)\right\}$$

$$=I(0)\exp\left[\frac{\alpha\beta_1}{N\mu}S_1(0)+\frac{\alpha\beta_2}{N\mu}S_2(0)\right]\exp[(b+\gamma)(R_0-1)t]\to 0$$

由此可见，当$t\to\infty$和$R_0<1$的条件满足时，$I(t)$将趋向于0。根据本节对稳定点E_0的定义，对E_0渐近稳定性的验证可以转化为对($S_1=pN$，$S_1=N-pN$)在区间Ω上的渐近稳定性的检验。其中$\Omega=\{(S_1，S_2)\mid 0\leqslant S_1\leqslant N，0\leqslant S_2\leqslant N，I=0\}$。

在区间Ω内，模型(3.7)的前两个方程可以转化为方程组(3.9)。

$$\begin{cases}\dfrac{dS_1}{dt}=bpN-bS_1\\[2mm]\dfrac{dS_2}{dt}=b(1-p)N-bS_2\end{cases}\tag{3.9}$$

求解方程组(3.9)可得结果

$$\begin{cases}S_1(t)=pN-(pN-S_1(0))e^{-bt}\\ S_2(t)=(1-p)N-((1-p)N-S_1(0))e^{-bt}\end{cases}\tag{3.10}$$

从式(3.10)中可以看出，当$t\to\infty$时，$S_1(t)$和$S_2(t)$分别趋向于pN和$(1-p)N$。

结论 3.4　在拥有异质企业的产业集群知识传播模型内，在 R_0 确定后，当 $R_0<1$ 时，该产业集群知识系统的无知识传播平衡点 $E_0(S_1=pN, S_1=N-pN, I=0)$ 将渐近稳定。

3. 有知识传播平衡点与稳定性

下面将讨论 $R_0>1$ 时方程组(3.6)的平衡点和稳定性。在此分两步进行，首先讨论存在知识传播平衡点的存在性和唯一性，其次讨论这一平衡点的稳定性。

第一步，平衡点的存在性和唯一性的讨论。

由模型(3.6)的前两个方程可得

$$S_1=\frac{bpN}{\frac{\beta_1\alpha I}{N}+b} \tag{3.11}$$

$$S_2=\frac{b(1-p)N}{\frac{\beta_2\alpha I}{N}+b} \tag{3.12}$$

将式(3.11)和式(3.12)带入模型(3.8)的第三个方程，可以得

$$\frac{\beta_1 bp}{\frac{\beta_1\alpha I}{N}+b}+\frac{\beta_2 b(1-p)}{\frac{\beta_2\alpha I}{N}+b}-\frac{(\gamma+b)}{\alpha}=0 \tag{3.13}$$

由此可知，只有当式(3.13)存在一个正的 I 值时，模型(3.6)才会存在有知识传播的平衡点。

假设式(3.13)的左边为函数

$$F(I)=\frac{\beta_1 bp}{\frac{\beta_1\alpha I}{N}+b}+\frac{\beta_2 b(1-p)}{\frac{\beta_2\alpha I}{N}+b}-\frac{(\gamma+b)}{\alpha}$$

$F(I)$ 的函数曲线图如图 3.10 所示，对 $F(I)$ 求导可得

$$F'(I)=-\frac{\beta_1^2\alpha bp}{\left(\frac{\beta_1\alpha I}{N}+b\right)^2 N}-\frac{\beta_2^2\alpha b(1-p)}{\left(\frac{\beta_2\alpha I}{N}+b\right)^2 N}$$

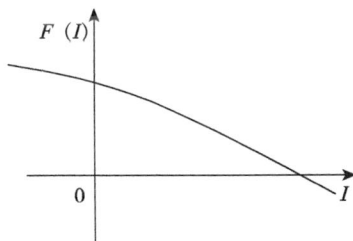

图 3.10　函数 $F(I)$

显然 $F'(I)<0$，因此可以断定函数 $F(I)$ 是单调递减，并且对 $F(I)$ 取极限可得

$$\lim_{I\to\infty}F(I)=-\frac{(\gamma+b)}{\alpha}<0$$

由此可以得到，只有当 $F(0)>0$ 时，式(3.13)的 I 才会存在正解。

又因为

$$R_0=\frac{\beta_1\alpha p+\beta_2\alpha(1-p)}{\gamma+b}>0$$

可以求得

$$F(0)=\frac{\beta_1\alpha p+\beta_2\alpha(1-p)}{\gamma+b}\frac{\gamma+b}{\alpha}-\frac{\gamma+b}{\alpha}=\frac{\gamma+b}{\alpha}(R_0-1)>0$$

由此可以证明，当 $R_0>1$ 时，模型(3.6)的存在知识传播的平衡点存在而且唯一。

第二步，平衡点稳定性的讨论。

令 $E^*(S_1^*、S_2^*、I^*)$ 是产业集群知识系统中唯一的知识传播平衡点，进一步做如下假设：

$$I=I^*(1+y),\ S_1=S_1^*(1+x_1),\ S_2=S_2^*(1+x_2)$$

其中，$-1<x_1<+\infty$；$-1<x_2<+\infty$；$-1<y<+\infty$。带入模型(3.7)得

$$\begin{cases}\dfrac{\mathrm{d}x_1}{\mathrm{d}t}=-\left(b+\dfrac{\beta_1\alpha I^*}{N}\right)x_1-\dfrac{\beta_1\alpha I^*}{N}y-\dfrac{\beta_1\alpha I^*}{N}x_1y\\[3mm]\dfrac{\mathrm{d}x_2}{\mathrm{d}t}=-\left(b+\dfrac{\beta_2\alpha I^*}{N}\right)x_2-\dfrac{\beta_2\alpha I^*}{N}y-\dfrac{\beta_2\alpha I^*}{N}x_2y\\[3mm]\dfrac{\mathrm{d}y}{\mathrm{d}t}=\dfrac{\beta_1\alpha}{N}S_1^*x_1+\dfrac{\beta_2\alpha}{N}S_2^*x_2+\dfrac{\beta_1\alpha}{N}S_1^*x_1y+\dfrac{\beta_2\alpha}{N}S_2^*x_2y\end{cases}\quad(3.14)$$

模型(3.14)与模型(3.7)显然具有相同的稳定性。

在常微分方程中讨论平衡点的稳定性时通常的方法是构造一个无限大的正定 Liapunov 函数，使其沿系统轨迹线的全导数在所讨论的区域内是负定的，则相应平衡点在所讨论区域内是全局渐近稳定的。

在此，构造 Liapunov 函数

$$V(x_1,\ x_2,\ y)=\frac{S_1^*x_1^2}{2I^*}+\frac{S_2^*x_2^2}{2I^*}+y-\ln(1+y)$$

由此可得，当 $(x_1,\ x_2,\ y)=(0,\ 0,\ 0)$ 时，V 等于 0 外，V 均为正的结论。

沿模型(3.14)的轨迹求 V 对 t 的全导数，可得

$$\frac{\mathrm{d}V}{\mathrm{d}t}=-\frac{S_1^*x_1}{I^*}\left[\left(b+\frac{\beta_1\alpha I^*}{N}\right)x_1+\frac{\beta_1\alpha I^*}{N}y+\frac{\beta_1\alpha I^*}{N}x_1y\right]$$

$$-\frac{S_2^* x_2}{I^*}\left[\left(b+\frac{\beta_2\alpha I^*}{N}\right)x_2+\frac{\beta_2\alpha I^*}{N}y+\frac{\beta_2\alpha I^*}{N}x_2 y\right]$$

$$+\frac{y}{1+y}\left[\frac{\beta_1\alpha S_1^*}{N}x_1(1+y)+\frac{\beta_2\alpha S_2^*}{N}x_2(1+y)\right]$$

$$=-\frac{S_1^* b x_1^2}{I^*}-\frac{S_2^* b x_2^2}{I^*}-\frac{\beta_1\alpha S_1^*}{N}x_1^2(1+y)-\frac{\beta_2\alpha S_2^*}{N}x_2^2(1+y)$$

$$\leqslant 0$$

因此$\dfrac{\mathrm{d}V}{\mathrm{d}t}$为负定，而且当且仅当$(x_1,\ x_2,\ y)=(0,\ 0,\ 0)$时为 0。根据 Liapunov 稳定性理论可知，模型(3.7)是全局渐近稳定的。

结论 3.5 在拥有两类异质企业的产业集群知识系统内，在R_0确定后，当$R_0>1$时，该产业集群知识系统存在唯一的有知识传播平衡点E_0'，而且该平衡点全局渐近稳定。

(三)数值仿真分析

1. 系统动力学仿真流图的构建

将方程组(3.6)中的参变量进行设计，转换成系统动力学的语言变量，借用 AnyLogic 系统动力学分析软件构建产业集群内两类异质企业间的知识传播的系统动力学模型，形成的流图(结构图)如图 3.11 所示，对产业集群内两类异质企业间知识传播的系统动力学模型的主要变量描述如表 3.2 所示。

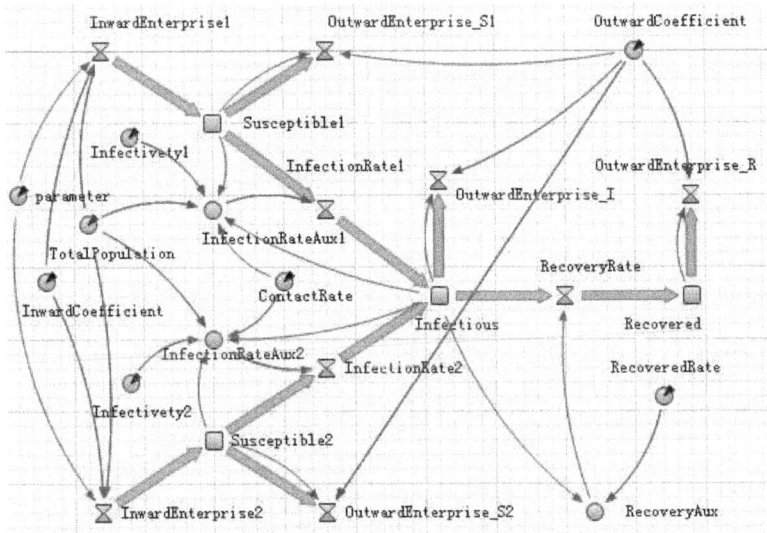

图 3.11 产业集群知识系统内两类异质企业间知识传播的系统动力学模型流图

表 3.2　模型(3.6)中所对应的主要仿真变量描述

变量	变量说明	单位
(1)状态变量		
Susceptible1	缺乏知识的大企业数量(S_1)	个
Susceptible2	缺乏知识的小企业数量(S_2)	个
Infectious	掌握知识的企业数量(I)	个
Recovered	升级知识的企业数量(R)	个
(2)速率变量		
InfectionRate1	大企业知识传播速率($\frac{\beta_1\alpha I}{N}$)	个/t
InfectionRate2	小企业知识传播速率($\frac{\beta_2\alpha I}{N}$)	个/t
RecoveryRate	企业知识升级速率(γI)	个/t
InwardEnterprise1	大企业入行速率(bpN)	个/t
InwardEnterprise2	小企业入行速率[$b(1-p)N$]	个/t
OutwardEnterprise _ S_1	S 类大企业退行速率(bS_1)	个/t
OutwardEnterprise _ S_2	S 类小企业退行速率(bS_2)	个/t
OutwardEnterprise _ I	I 类企业退行速率(bI)	个/t
OutwardEnterprise _ R	R 类企业退行速率(bR)	个/t
(3)辅助变量		
InfectiousRateAux1	InfectionRate1 的辅助变量	个/t
InfectiousRateAux2	InfectionRate2 的辅助变量	个/t
RecoveryRateAux	RecoveryRate 的辅助变量	个/t
(4)常数		
ContactRate	接触率(α)	个/t
Infectivety1	大企业与知识企业接触后知识吸收率(β_1)	%
Infectivety2	小企业与知识企业接触后知识吸收率(β_2)	%
InwardCoefficient	新企业入行系数(b)	%
OutwardCoefficient	老企业退行系数(b)	%
RecoveredRate	企业知识升级系数(γ)	%
TotalPopulation	产业集群内企业总量(N)	个
parameter	产业集群内大企业数量所占的比例(p)	%

2. 参数的设定与仿真

按照产业集群内两类异质企业间知识传播的系统动力学模型流图的思路，在系统动力学模型中数值假定的基础上仿真，以验证本节讨论所获得的结论 3.3、结论 3.4 和结论 3.5。

1）仿真实验一

产业集群内企业数量设定为 2 000 个，其中大企业所占比例 parameter 为 0.25，单位时间设定为天，在初始状态产业集群内有 500 个企业掌握并运用知识（大企业 125 个，小企业 375 个），成为知识传染源。进一步假设 Infectivety1（β_1）为 0.12，Infectivety2（β_2）为 0.18，ContactRate（α）为 0.5 个/天，InwardCoefficient 和 OutwardCoefficient（b）分别为 0.02，RecoveredRate（γ）为 0.08。

此时

$$R_0 = \frac{\beta_1 \alpha p + \beta_2 \alpha (1-p)}{\gamma + b} = \frac{0.12 \times 0.5 \times 0.25 + 0.18 \times 0.5 \times 0.75}{0.08 + 0.02} = 0.825 < 1$$

将数值带入系统动力学模型按照图 3.11 的思路仿真，结果如图 3.12 所示。

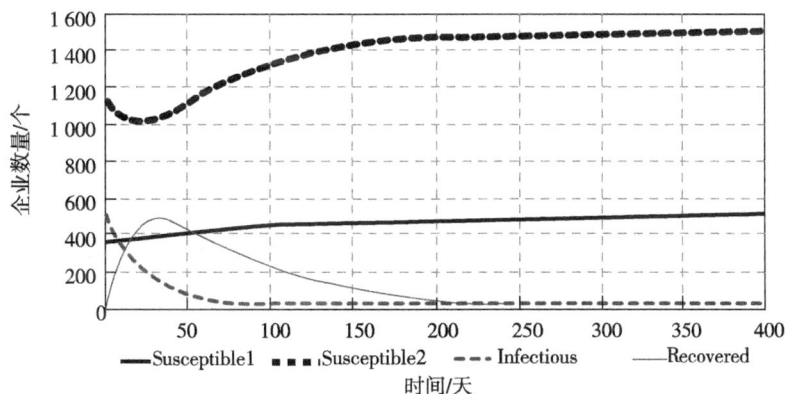

图 3.12　$R_0 < 1$ 时产业集群内两类异质企业间知识传播仿真图

从图 3.12 中可以看出，在 R_0 小于 1 的情况下，虽然初始状态产业集群内存在 500 个知识传播源，到第 300 天左右的时候掌握知识的企业和知识升级的企业数量均趋向于零，而缺乏知识的大企业数量趋向于 500 个，缺乏知识的小企业数量趋向于 1 500 个，这与结论 3.4 讨论的内容基本一致。在仿真实验一模拟的情景下，单位时间内 I 类企业因转型退出当前知识传播系统的数量与向 R 类企业转换的数量的和大于 S 类企业向 I 类企业转换的数量，导致 I 类企业的数量越来越少，直至为零。在现实产业集群系统中，也经常可以观察到这一现象，产业集群内企业间虽然在一定阶段内存在知识传播，但同时集群内企业还会按照一定的速率向其他行业转型，离开现有的知识传播系统，当集群内企业转型速度相对较快时，整个集群将面临转型，原有知识的传播系统因再生率小于 1 而难以为继，知识传播现象最终消失。

2)仿真实验二

仍然将产业集群内企业数量设定为 2 000 个，其中大企业所占比例 parameter 为 0.25，单位时间设定为天，在初始状态产业集群内有 500 个企业掌握并运用知识(大企业 125 个，小企业 375 个)。进一步假设 Infectivety1(β_1)为 0.22，Infectivety2(β_2)为 0.36，ContactRate(α)为 0.5 个/天，InwardCoefficient 和 OutwardCoefficient(b)为 0.02，RecoveredRate(γ)为 0.08。

此时

$$R_0 = \frac{\beta_1 \alpha p + \beta_2 \alpha (1-p)}{\gamma + b} = \frac{0.22 \times 0.5 \times 0.25 + 0.36 \times 0.5 \times 0.75}{0.08 + 0.02} = 1.625 > 1$$

将数值带入后，仿真模拟结果如图 3.13 所示。

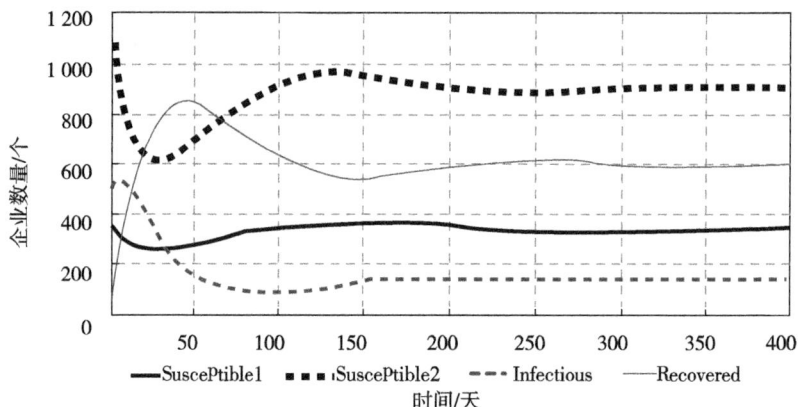

图 3.13　$R_0 > 1$ 时产业集群知识系统内两类异质企业间知识传播仿真图

从图 3.13 中可以看出，在 R_0 大于 1 的情况下，到第 300 天左右的时候，产业集群知识系统内的知识传播活动趋于动态稳定，知识缺乏的大企业数量维持在 350 个左右，知识缺乏的小企业数量维持在 895 个左右，掌握并运用知识的企业数量维持在 150 个左右，处于知识升级状态的企业数量维持在 605 个左右。这与结论 3.5 讨论的内容基本一致。

3)仿真实验三

考察产业集群内大企业数量所占比例的变化对知识传播平衡点的影响。在仿真实验一的假设基础上，将 parameter 的值修订为 0.75。

此时 $R_0 = \frac{\beta_1 \alpha p + \beta_2 \alpha (1-p)}{\gamma + b} = \frac{0.12 \times 0.75 \times 0.5 + 0.18 \times 0.25 \times 0.5}{0.08 + 0.02} = 0.675 < 1$

将数值带入后仿真系统，模拟结果如图 3.14 所示。从图 3.14 可以看出，从第 200 天开始系统趋于渐近稳定，此时掌握并运用知识的企业和知识升级的企业数量均为 0 个，产业集群内无知识传播行为的发生。

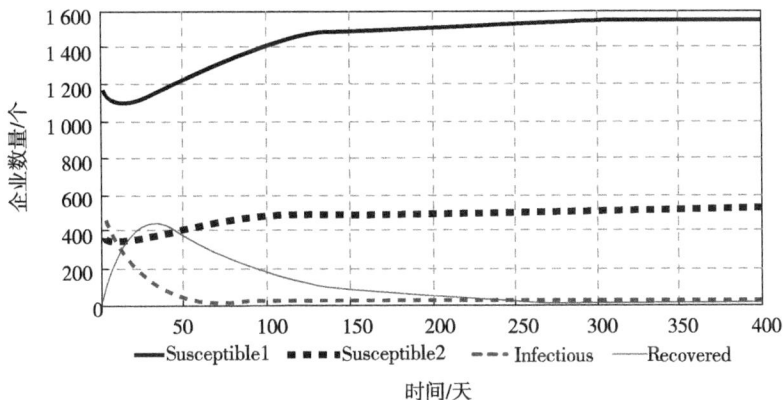

图 3.14　$R_0 < 1$ 且 p 值增加到 0.75 时仿真图

同样的，在仿真实验二的假设基础上，将 parameter 的值也修订为 0.75。此时

$$R_0 = \frac{\beta_1 \alpha p + \beta_2 \alpha (1-p)}{\gamma + b} = \frac{0.22 \times 0.75 \times 0.5 + 0.36 \times 0.25 \times 0.5}{0.08 + 0.02} = 1.275 > 1$$

将数值带入后仿真系统，模拟结果如图 3.15 所示。从图 3.15 可以看出，从第 250 天开始系统趋于渐近稳定，产业集群内掌握并运用知识的企业数量只维持在 83 个左右的水平，处于知识升级状态的企业数量也只有 330 个左右，说明此时产业集群内企业相互之间比较封闭，知识传播活动并不活跃。

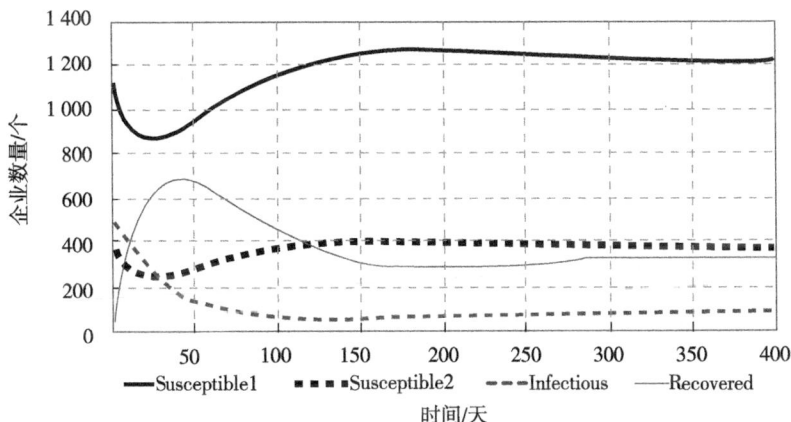

图 3.15　$R_0 > 1$ 且 p 值增加到 0.75 时仿真图

将仿真图 3.12 与图 3.14 相比较，不难发现虽然最后系统趋于稳定后均不再

存在知识传播行为的发生，但当产业集群内大企业数量所占的比例从 0.25 上升到 0.75 后，R_0 下降，图 3.14 中产业集群知识传播系统提前进入无知识传播平衡态。同样将仿真图 3.13 与图 3.15 相比较，也可以发现当 p 值上升后，R_0 下降，产业集群知识传播系统不仅提前进入知识传播平衡态，而且掌握并运用知识的企业数量也从 150 个下降到 83 个。这与结论 3.3 讨论的内容基本一致。

（四）结论

在产业集群内两类异质企业间的知识传播系统中，R_0 是决定知识传播平衡状态的关键要素。当 $R_0 < 1$ 时，无论起始状态有多少知识源，最终系统将进入无知识传播的平衡状态；而当 $R_0 > 1$ 时，系统将进入一个有知识传播的动态平衡状态。

从本节推导出的 R_0 的一般表达式中可以发现，企业进入与退出比率 b、企业知识升级系数 γ 与 R_0 呈反比；而企业间接触率 α、知识学习成功率（β_1 和 β_2）与 R_0 呈正比。政府、中介组织、集群企业等可以通过举办知识交流活动提高企业接触率和学习成功率，进而提高 R_0。

另外，在产业集群内若大企业占比 p 值越高，则 R_0 越小，产业集群内知识传播的氛围也更呆板。究其原因，主要是因为大企业和小企业因为自身知识能力和生存压力的不同，学习新知识的动力也不尽相同。通常小企业在知识学习方面要更积极活跃（即 $\beta_1 < \beta_2$），而大型企业因为自身升级的成本、未知风险和预期的收益，拒绝接受新知识或者充当了知识守门人的角色。因此，当一个产业集群主要由大型企业组成时，此时产业集群内企业间的知识交流活动将变得懒散；而当一个产业集群主要由小型企业组成时，基于自身生存的压力和知识匮乏的现状，它们对专业知识的追逐直接促进了企业间的知识交流，无形中充当起了产业集群内知识传播的媒介角色，此类产业集群内企业间的知识交流活动也将变得更加活跃。

四、地方政府在产业集群知识系统跨越式升级中的作用分析

党的十八大报告提出了经济建设、政治建设、文化建设、社会建设、生态文明建设"五位一体"的中国特色社会主义现代化建设的总布局。其中生态文明建设地位突出，要将其融入经济建设、政治建设、文化建设、社会建设各方面和全过程，以实现绿色发展、低碳发展、循环发展。生态文明建设的实质性推进需要运用节能环保等相关的科技创新成果，在不降低当前国民福利的前提下，减少要素投入，降低资源消耗。作为地方经济发展和科技创新的基本载体，产业集群内节能环保相关的新创知识（newly created knowledge）的推广和应用成为地方推进生

态文明建设的重要抓手。但由于早期运用这类新创知识的成本相对较高，且因缺少市场长期的检验而存在风险，更多的集群企业倾向于现存的成熟知识，虽然难以适应未来环保要求，却降低了当前生产流程再造成本和市场风险。作为产业集群的管理机构，地方政府的政策调控与激励政策将在新创知识的推广与应用中发挥至关重要的作用。本节结合产业集群内新创知识扩散实践和集群知识管理理论综述的基础上，构建政府参与的集群知识扩散机理模型，通过数理推导，定量的揭示政府在新创知识推广与应用中的作用效果。

能否高效的管理产业集群内的知识资源是衡量集群发展潜力的重要标准，也是衡量集群转型与可持续发展的关键指标。关于知识管理流程的步骤，学者提出了不同的划分方式，代表性的包括：Wiig（1993）将知识管理流程划分为创造与获取、编辑与转化、传播、利用与价值实现四个环节；DiBella 和 Nevis（1998）将其划分获取、传播和利用三个环节。虽然知识管理流程的步骤有先后顺序，但在现实中许多步骤是同时发生的，而且几个步骤之间还会重复循环（Beckman，1999）。在这个重复循环的过程中，知识传播发挥着承上启下的重要作用，集群企业间知识的无障碍传播是产业集群形成创新环境的前提，也是集群知识实现动态累积的基本过程和提高产业集群竞争优势的根本保证。关于知识传播的研究已经成为各界共同关心的问题（Maskell，2001）。产业集群内新创知识传播不仅与集群内企业自身的知识创造能力、知识学习能力和知识管理能力密切关联，而且与地方政府的活动密切相关。特别是在新创知识出现的早期阶段，新创知识在产业集群内自发传播的机制尚未形成，急需地方政府政策调控与激励手段的推动，最终将产业集群打造成包括企业、科研机构、中介组织、政府等各类主体的新创知识共同体。

（一）政府参与集群知识传播的理论分析与基本假设

本节结合产业集群与知识扩散的基本理论，对当前的代表性研究成果进行归纳分析，进而提出与本节研究密切相关的基本研究假设。

（1）产业集群是指具有某一共同属性的产业集中于某一特定地区的产业成长现象。马歇尔（Marshall，1920）研究发现外部规模经济与产业集群之间存在着密切的关系，外部规模经济催生了产业集群。当集中在特定地区的产业持续增长时，熟练劳动力市场和专门化服务行业将会产生。Fujita 和 Krugman（1999）将产业集群的外部规模经济看做开放的经济状态，决定着各个国家产业选择和竞争优势。徐康宁（2001）认为开放经济的条件有助于加快产业集群的发展，发挥产业集群的效应，提高产业效率。吴波和贾生华（2009）提出开放网络为集群企业提供了多元化的新知识，拉动集群企业的知识吸收经验，为企业带来新的成长机会。吴俊杰和盛亚（2009）从集群社会网络的视角研究发现，在环境不确定性高的情况下，网络开放度会增强集群绩效。可见，产业集群是一个开放的区域经济系统，各类生产要素可以自由的在产业集群内外流动。由此得出假设 3.1。

假设 3.1　产业集群是开放的产业环境,既有新企业不断进入,也有经营不善的企业不断退出。

(2)随着全球化与知识经济的快速推进,地区乃至国家之间的竞争越来越表现为知识资源的获取和创造能力的竞争。知识已经成为企业获取竞争优势的关键战略资源,国内外学者对产业集群的研究重点开始从规模优势、外部经济等角度(Porter,1998)开始转向区域知识网络体系(Boschma and ter Wal,2007)。郑健壮和吴晓波(2004)认为产业集群是一种具有地域特征的知识创新体系,它代表一种复杂的产业组织形式,知识网络通过社会网络、生产网络、地方制度网络和集体力量(如区域规则)发生作用。因此它不仅是一种简单的产业网络,而且是具有超网络(hyper-network)性质的自组织。集群内知识的无障碍传播是集群知识创新体系形成的前提。而知识的传播需要面对面的互动和形象地演示,产业集群的地理邻近为这种交流提供了便利(Gertler,2003)。进一步深入集群企业层面研究发现,集群企业间在知识基础、嵌入程度和经济地位等维度存在高度的异质性,这决定了在它们知识传播方面的非均匀性(Giuliani and Bell,2005)。集群中的先进企业通过吸收外部知识并将其进行编码转换再扩散给集群中的其他企业,充当着桥企业的作用(Malipiero et al.,2005)。由此本研究提出假设 3.2。

假设 3.2　知识能够在集群内扩散并成为集群竞争力的源泉,从而奠定产业集群创新体系的基础。

(3)在技术转移中各国政府都起着重要作用,政府的支持能够提升专利许可的效率(Thursby and Kemp,2002),发挥着提供政策法规、增加财政投入资金、搭建公共平台和开展监督评估等职能。作为地方知识网络体系,我国产业集群大多属于政府主导型,其在产业集群知识扩散与创新过程中更是发挥着举足轻重的作用。政府部分机构或部门通过主动与企业、院校、消费者进行知识互动学习,成为企业和高等院校等产业集群内不同行为主体之间知识流动的桥梁,协助建立产业集群内的知识通道和知识网络。集群中企业间可能并不十分了解,信任度不高,政府要通过建设网络交流平台、举办企业家俱乐部活动、发布企业信息、调整财税政策、完善知识产权保护等手段,鼓励企业交流新创知识(张华伟,2009)。政府监管制度和竞争机制的正确使用可以提升企业创新绩效的,同时,企业行为的正确性和合法性也直接影响到知识产权的合理应用,会对知识产权保护带来影响(杨震宁和李东红,2010)。尽管政府主导建立的知识网络会因为缺少行为主体之间的知识互动而成为虚假的网络,现阶段地方政府仍是我国建立本地和非本地知识交流的关键(马铭波和王缉慈,2012)。由此本节提出假设 3.3。

假设 3.3　知识(特别是超前的新创知识)可能不会被集群企业主动接受,地方政府作为产业集群创新体系的重要组成部分,其监管机制和促进政策对集群新创知识的推广和应用影响显著。

（4）由不同的实践社群所构成的跨组织的社群网络被称为共同体（Lee and Cole，2003）。产业集群内的知识活动是一个包括生产企业、供应商、采购商、研发机构、地方政府等多类组织在内的典型地方社群知识网络。它是一个复杂的适应性系统，能够在较复杂的环境以高度灵活性运营，而不会陷入混乱（Swahney and Prandelli，2000）。集群企业间的知识互动与交流不是单向输出，也不是经济性市场交换，而是社会性交换与互惠性的互动。分散的创新资源统一于知识共同体中，发展成为一种全局性知识创新活动（罗珉和王雎，2008）。知识共同体为集群内创新集成的实现搭建了一个非常有效的组织载体（欧光军和孙骞，2012），集群企业可以在这样的组织载体内共享知识，推动知识的开放式创新。改变国内集群企业作为全球价值链低端环节知识接受者的窘境，成为价值链环节中知识的平等交换主体（邓俊荣，2012）。由此本节提出假设 3.4。

假设 3.4　产业集群具备地方知识共同体形成的基本条件，推进集群新创知识共同体的形成是产业集群创新与升级的根本途径。

本节将在以上四个假设的基础上，借用定量的分析工具探讨政府在集群企业间知识传播中的作用机理，在理论分析的基础上，进一步政府促进新创知识在集群内扩散、推进集群升级的政策建议。

（二）政府在集群知识系统跨越式升级中作用机理的模型构建

当集群内先进企业掌握了新创知识后，这些新创知识将会通过员工流动、企业交流、业务合作等方式向集群内企业扩散。但在起始阶段，除少数先进企业外，集群内大部分企业因对新创知识掌握不全面且企业生产流程再造成本较高而持谨慎态度，仍在传播并运用成熟、稳定、无风险的现存知识，并不愿意承担运用新创知识的风险。为促进新创知识在集群内的普及与应用、加快推进知识系统的跨越式升级，政府将主动参与新创知识的推广活动。本节将构建系统动力学模型以定量探讨政府的作用机理。

1. 模型假设

知识在主体间的扩散不同于实物在主体间的传递。当实物从一个主体传递到另外一个主体的时候，原主体将不再拥有该实物。知识从某一主体扩散到其他主体的后，原主体的知识能力不会下降。知识扩散的特性与病毒在生物群体间的传播极其相似。因此本节拟将借助于传染病的系统动力学模型分析政府在促进新创知识在集群企业间扩散过程中的作用机理。为研究问题的方便，结合本节的研究需求对模型参数做如下假设。

（1）由于产业集群是个开放的系统，企业进出自由，为保证集群内企业总量 N 不变，假设企业以系数 b 的概率进入与退出产业集群。

(2)将产业集群内企业划分为三类，即升级知识的企业 R（掌握新创知识，可以由掌握知识的企业 I 转化而来，或者在政府促进作用下由缺乏知识的企业 S 转化而来，由于已转向了新创知识，该类企业对集群内流行知识的扩散不再产生影响）；掌握知识的 I（掌握现存知识，将向缺乏知识的企业 S 扩散现存知识，也会以一定的概率转化为升级知识的企业）；缺乏知识的 S（缺乏知识，可以学习在产业集群内现存的知识并转化成掌握知识的企业 I，或者在政府促进作用下直接学习新创知识转化为先进企业 R），其中，$N \equiv S + I + R$。

(3)掌握知识的 I 与缺乏知识的企业 S 接触后的知识扩散成功率为 β，集群内企业单位时间内接触的企业数量（接触率）为 α，在 t 时刻，单位时间内缺乏知识的企业 S 转化为掌握知识的 I 的概率为 $\dfrac{\beta \alpha I}{N}$；单位时间内掌握知识的企业 I 主动放弃集群内流行知识而接受新创知识的数量与 I 类企业自身数量呈正比，系数为 γ。

(4)地方政府通过一系列的知识推广活动可以促进企业知识跨越式的升级，在政府作用下集群内缺乏知识的企业 S 以一定的概率(μ)直接学习新创知识，并转化为 R 类企业。

2. 模型构建

根据以上假设，地方政府参与的产业集群知识系统中知识扩散过程，如图 3.16所示。

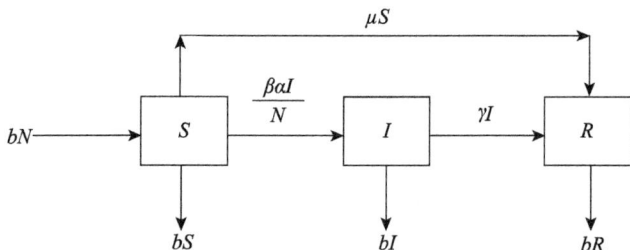

图 3.16   地方政府参与的产业集群知识传播框架图

根据图 3.16 的描述，参照文献(靳祯，2001)对各类企业变化率建立平衡方程式，得到产业集群内知识传播模型为

$$\begin{cases} \dfrac{\mathrm{d}S}{\mathrm{d}t} = bN - \dfrac{\beta \alpha I}{N}S - (b+\mu)S \\[2mm] \dfrac{\mathrm{d}I}{\mathrm{d}t} = \dfrac{\beta \alpha I}{N}S - \gamma I - bI \\[2mm] \dfrac{\mathrm{d}R}{\mathrm{d}t} = \gamma I - bR + \mu S \end{cases} \qquad (3.15)$$

其中，$N(t) = S(t) + I(t) + R(t)$。

(三)地方政府在集群知识系统跨越式升级中作用机理的模型解析

为求模型(3.15)的平衡点,令其右端为零,求解可得(S,I,R)的两组均衡解

$$E_0\left(\frac{bN}{b+\mu},\ 0,\ \frac{\mu N}{b+\mu}\right)$$

$$E^*\left(\frac{(b+\gamma)N}{\beta\alpha},\ \frac{bN\beta\alpha-(b+\mu)(b+\gamma)N}{(b+\gamma)\beta\alpha},\ \frac{\beta\alpha\gamma bN-\gamma(b+\mu)(b+\gamma)N+\mu(b+\gamma)^2N}{\beta\alpha b(b+\gamma)}\right)$$

此时产业集群内知识传播的再生数为

$$R_0=\frac{\beta\alpha b}{(b+\gamma)(b+\mu)}$$

1. $R_0<1$时均衡点的稳定性

由模型(3.15)的第一个方程可得

$$S'(t)\leqslant bN-(b+\mu)S \tag{3.16}$$

求解方程(3.16)可得

$$S(t)\leqslant\frac{bN}{b+\mu}+\left[S(0)-\frac{bN}{b+\mu}\right]e^{-(b+\mu)t}$$

当$t\gg1$时,可得

$$S(t)\leqslant\frac{bN}{b+\mu}+\varepsilon(b+\gamma) \tag{3.17}$$

这里$\varepsilon>0$充分小,构造Liapunov函数并将其沿着模型(3.15)求导并由方程(3.17)得

$$V(t)=I(t)$$
$$V'(t)=I'(t)$$
$$=\frac{\beta\alpha I}{N}S-\gamma I-bI$$
$$<[\frac{\beta\alpha b}{b+\mu}+\varepsilon(b+\gamma)-(b+\gamma)]I$$
$$=(b+\gamma)(R_0-1+\varepsilon)I$$

由Liapunov-Lasalle不变集原理可知,方程(3.15)在Θ上的全部轨线趋向于集合E的最大不变子集,此时$E=\{(S,I,R)\in\Theta\mid I=0\}$,模型(3.15)的极限方程为

$$\begin{cases}\dfrac{dS}{dt}=bN-(b+\mu)S\\[2mm]\dfrac{dR}{dt}=-bR+\mu S\end{cases} \tag{3.18}$$

该方程的所有解都趋向于正平衡点($\frac{bN}{b+\mu}$，$\frac{\mu N}{b+\mu}$），因此可以得出模型(3.15)的无病平衡点 E_0 是全局渐近稳定的。

在本章第二节中，讨论了在没有政府参与的情况下 $R_0 < 1$ 时的均衡点为 $(N, 0)$，两者相比较不难发现，由于政府等中介组织的参与，在达到平衡态后知识升级的企业数量由 0 个增加到 $\frac{\mu N}{b+\mu}$ 个。

结论 3.6　在政府参与推动知识升级的产业集群中，当 $R_0 < 1$ 时，知识传播系统达到平衡态后，掌握并运用现有知识的企业（I 类企业）数量为零，其他两类异质企业数量均维持在某一平衡状态。

2. $R_0 > 1$ 时平衡点的稳定性

模型(3.15)在 E_0 的 Jacobian 矩阵为

$$\boldsymbol{J}(E_0) = \begin{bmatrix} -(b+\mu) & \dfrac{-\beta\alpha b}{b+\mu} & 0 \\ 0 & (b+\gamma)(R_0-1) & 0 \\ \mu & \gamma & -b \end{bmatrix}$$

当 $R_0 > 1$ 时，$\boldsymbol{J}(E_0)$ 存在正的特征根，因此可以断定平衡点 E_0 不稳定。

下面考虑模型(3.15)在点 E^* 的 Jacobian 矩阵为

$$\boldsymbol{J}(E^*) = \begin{bmatrix} -\dfrac{\beta\alpha}{N}I^* - (b+\mu) & -\dfrac{\beta\alpha}{N}S^* & 0 \\ \dfrac{\beta\alpha}{N}I^* & \dfrac{\beta\alpha}{N}S^* - (b+\gamma) & 0 \\ \mu & \gamma & -b \end{bmatrix}$$

通过求解 $\boldsymbol{J}(E^*)$ 的特征根，可以发现当 $R_0 > 1$ 时，三个特征根都是负的，故正平衡点 E^* 是局部稳定的。

进一步，构造 Liapunov 函数

$$V(t) = \omega_1\left(S - S^* + S^*\ln\frac{S}{S^*}\right) + \omega_2\left(I - I^* + I^*\ln\frac{I}{I^*}\right) + \omega_3\left(R - R^* + R^*\ln\frac{R}{R^*}\right)$$

对 $V(t)$ 沿着模型(3.15)求导得

$$\boldsymbol{V}'(z) = (z - z^*)^{\mathrm{T}}\omega\left[\widetilde{A} + \mathrm{diag}\left(-\frac{bN}{SS^*}, 0, -\frac{\mu S + \gamma I}{RR^*}\right)\right](z - z^*) \quad (3.19)$$

其中，

$$z = (S, I, R)^{\mathrm{T}}; \quad z^* = (S^*, I^*, R^*); \quad \omega = (\omega_1, \omega_2, \omega_3)^{\mathrm{T}}; \quad \widetilde{A} = A + \mathrm{diag}$$
$(z^{*-1}\boldsymbol{B}); \omega_1 > 0, \omega_2 > 0, \omega_3 > 0$。

$$\boldsymbol{A} = \begin{bmatrix} 0 & \dfrac{-\beta\alpha}{N} & 0 \\[3mm] \dfrac{\beta\alpha}{N} & 0 & 0 \\[3mm] 0 & 0 & 0 \end{bmatrix}, \quad \boldsymbol{B} = \begin{bmatrix} 0 & 0 & 0 \\ 0 & 0 & 0 \\ \mu & \gamma & 0 \end{bmatrix}$$

把方程(3.19)整理后可得

$$\boldsymbol{V}'(z) = (z - z^*)^{\mathrm{T}}\omega \begin{bmatrix} -\dfrac{bN}{SS^*} & 0 & 0 \\[3mm] 0 & 0 & 0 \\[3mm] 0 & 0 & -\dfrac{\mu S + \gamma I}{RR^*} \end{bmatrix} (z - z^*)$$

$$= -\omega_1 \frac{bN}{SS^*}(S - S^*)^2 - \omega_3 \frac{\mu S + \gamma I}{RR^*}(R - R^*)^2$$

$$\leqslant 0$$

由 Liapunov-Lasalle 不变集原理可得,平衡点 E^* 是全部渐近稳定的。

与无政府参与情境下 $R_0 > 1$ 的情况相比较,当产业集群内知识传播活动到达平衡态后,在有政府等中介组织参与升级知识推广的情况下,缺乏知识的企业(S 类企业)数量不变,掌握并运用现有知识的企业(I 类企业)数量减少了 $\dfrac{\mu N}{\beta\alpha}$ 个,而升级知识的企业(R 类企业)数量增加了 $\dfrac{\mu N}{\beta\alpha}$ 个。

结论 3.7 在政府参与推动知识升级的产业集群,当 $R_0 > 1$ 时,知识传播系统达到平衡态后,与无政府参与的情况相比较,缺乏知识的企业(S 类企业)数量不变,掌握并运用现有知识的企业(I 类企业)数量减少,升级知识的企业(R 类企业)数量增加。

(四)数值仿真

1. 系统动力学模型的构建

将模型(3.15)中的参变量进行设计,形成流图(结构图),如图 3.17 所示。在研究关于系统动力学模型主要参变量说明的基础上增加以下内容。

1)速率变量

Government:升级知识推广速率(个/t),单位时间内政府等中介组织升级知识推广成功的数量,对应模型(3.15)中的 μS。

2)辅助变量

GovernmentAux:Government 的辅助变量(个/t)。

3)常数

GovernmentEffectRate：政府升级知识推广成功率(%)，企业接受政府升级知识推广的概率，对应模型(3.15)中的 μ。

2. 参数的设定与仿真

为方便模型的分析与对比，在此仿真数值的设定与本章前两节的设定保持一致，仅对新增加的变量假定数值。

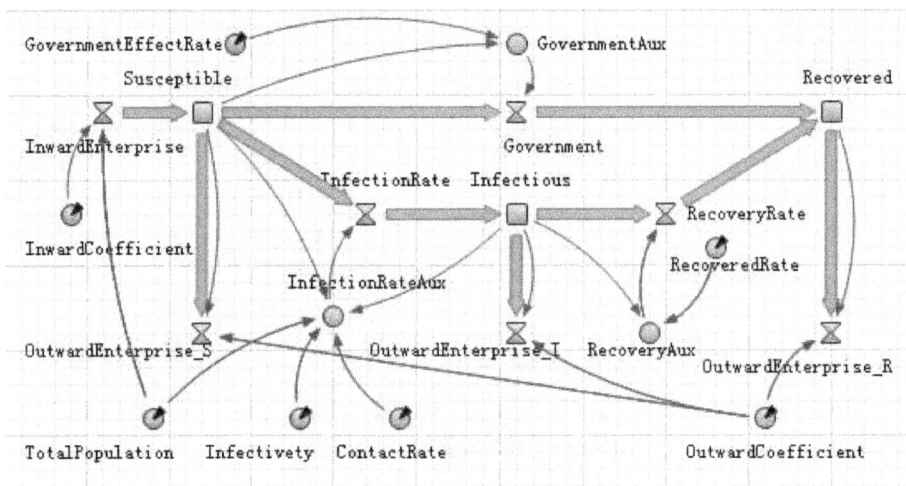

图 3.17　政府参与的产业集群内企业间知识传播的系统动力学模型流图

(1)产业集群内企业数量设定为 2 000 个，单位时间设定为天，在初始状态产业集群内有 500 个企业掌握并运用知识。Infectivety(β)为 0.12，ContactRate(α)为 0.5 个/天，InwardCoefficient 和 OutwardCoefficient(b)分别为 0.02，RecoveredRate(γ)为 0.06。

新增数值：GovernmentEffectRate(μ)为 0.025。

此时

$$R_0 = \frac{\beta\alpha b}{(b+\gamma)(b+\mu)} = \frac{0.12\times0.5\times0.02}{(0.02+0.06)\times(0.02+0.025)} = \frac{1}{3} < 1$$

将设定的数值带入系统动力学模型按照流图 3.17 的思路仿真，结果如图 3.18 所示。

从图 3.18 中可以看出，当政府等中介组织参与到产业集群内升级知识的推广活动后，即 $R_0 < 1$，在到达平衡态时，掌握并运用当前知识的企业数量为 0 个，已经进入知识升级状态的企业数量达到了约 1 100 个，而没有政府等中介组织参与时这一数字为 0。另外，在图 3.18 中，系统运行后约 100 天就进入平衡状态，而在无政府参与的情况下，系统运行后约 300 天才进入平衡状态，说明存在政府参与引导的产业集群知识系统可以更快的向平衡状态收敛。

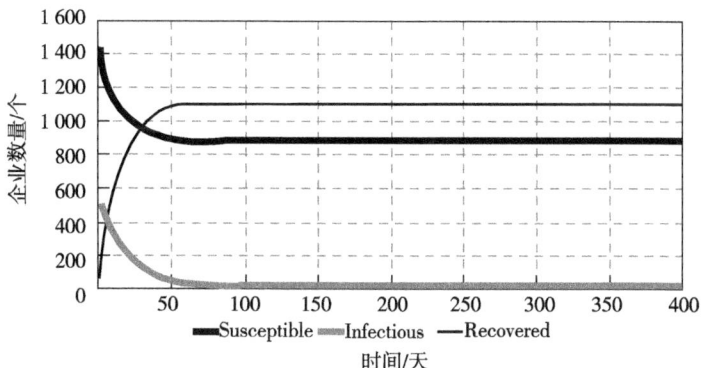

图 3.18　$R_0<1$ 且存在政府行为时产业集群内企业间知识传播仿真图

（2）产业集群内企业数量设定为 2 000 个，单位时间设定为天，在初始状态产业集群内有 500 个企业掌握并运用知识。Infectivety(β) 为 0.2，ContactRate(α) 为 1 个/天，InwardCoefficient 和 OutwardCoefficient（b）为 0.02，RecoveredRate(γ) 为 0.06。

新增数值：GovernmentEffectRate(μ) 为 0.025。

将设定的数值带入系统动力学模型按照流图 3.17 的思路仿真，结果如图 3.19所示。

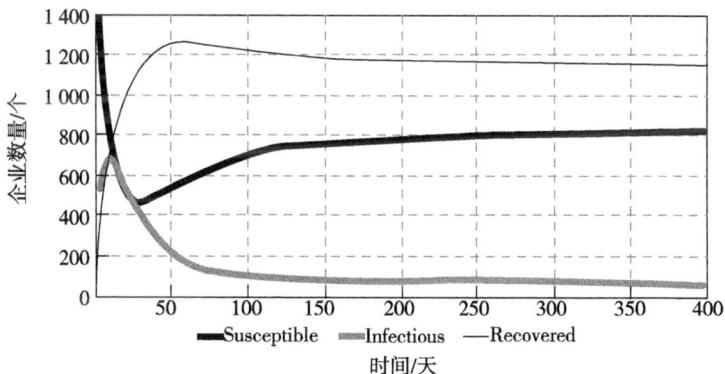

图 3.19　$R_0>1$ 且存在政府行为时产业集群内企业间知识传播仿真图

此时

$$R_0=\frac{\beta\alpha}{b+\gamma}\frac{\beta\alpha b}{(b+\gamma)(b+\mu)}=\frac{0.2\times1\times0.02}{(0.02+0.06)\times(0.02+0.025)}=\frac{10}{9}>1$$

从图 3.19 中可以看出，在 $R_0>1$ 的情况下，当政府等中介组织参与系统达到平衡态后，缺乏知识的企业数量为 800 个，掌握并运用当前知识的企业数量为 50 人，已经进入知识升级状态的企业数量达到了约 1 150 个，而没有政府等中介组织参与时这三者的数量分别为 800 个、300 个和 900 个，说明政府的参与抑制了当前知识的传播与应用，但推动了知识的跨越式升级。

（五）结论

根据数理模型的推导可以发现，当集群内现存 R_0 小于 1 时，到达平衡状态后，集群内没有企业会应用现存知识，而由于政府促进作用的存在，应用新创知识的企业将会保持在某一特定数量；当集群内现存 R_0 大于 1 时，系统运行平稳后，集群内应用现存知识的企业数量会有所减少，而应用新创知识的企业数量增加。总之，无论产业集群内现存 R_0 多大，政府积极的政策措施都将推动集群内新创知识应用，促进集群内知识系统的跨越式升级。

当前资源环境制约已经成为我国经济社会发展的突出矛盾。加快节能环保等新兴产业的发展已经成为我国经济可持续成长的一项紧迫任务。2013 年 8 月国务院出台了《国务院关于加快发展节能环保产业的意见》，以期能够形成未来我国新型产业发展的基本思路。对于地方产业发展的推动者和管理者来说，地方政府的核心工作是尽快将节能环保相关的新创知识引入地方产业集群生产系统。结合本节关于政府在产业集群新创知识扩散中作用机理的理论分析，本节认为应该在产业集群知识创造能力的提升、关键新创知识的运用、新创知识的宣传、知识产权的保护、新创知识衍生品的消费、知识型人才队伍建设等方面发挥政府宏观调控和政策激励的作用，以促进新创知识在集群内的应用。具体的建议包括：第一，支持企业提高知识创造能力。借助政府的科技创新政策，强化集群企业知识创造的主体地位，鼓励企业加大研发投入，并承担节能环保等科技计划研究项目。在集群内骨干企业或科研机构优先布局知识创新中心和实验室，打造产学研用紧密结合的集群知识创新联盟平台和知识创新服务平台。第二，鼓励企业运用前景优良的新创知识。借助国家科技重大专项、科技计划专项资金的支持，找准未来集群发展的技术制高点，加大关键知识的攻关力度，通过骨干企业应用新创知识的引领示范作用加快推广应用，同时出台支持政策，鼓励设立中小企业科技服务平台，鼓励中小企业应用新创知识和产业化发展。第三，加强新创知识的社会宣传。通过生态文明建设和资源环境意识教育，把节能环保、生态文明等引领未来经济社会发展的理念融入宣传教育体系，宣传新创知识应用的先进事例，进一步深化其现实意义。第四，鼓励新创知识衍生品的消费。强化新创知识衍生品认证制度的实施力度，引导消费者购买，必要时采取补贴方式，降低新创知识衍生品的消费成本，扩大政府采购节能环保等新产品的范围，发挥政府的示范带动作用。第五，推进知识型人才队伍的建设。依托国家"千人计划"和海内外高层次创新创业人才基地建设，以及人才工程，吸引海内外高层次人才在集群内创新创业，储备一定数量的高端知识型人才，并鼓励集群内企业、机构之间的人才合作与交流。第六，营造有利于知识创新的政策环境。加快修订相关的行业标准，发挥标准对新创知识应用的促进作用，安排经营预算支出支持新创知识应用项目，同时鼓励融资性担保机构加大对新创知识应用企业的担保力度。

五、本章小结

企业构成产业集群的基本组织机构，知识是产业集群发展的重要战略资源，而企业间的知识传播又是影响产业集群知识累积的重要环节。为科学系统的研究知识传播的过程，将该过程抽象成一般的动力学模型具有重要的理论意义。通过对具有一般意义的动力学模型的定量分析，可以辨别出对传播起重要作用的关键因素，揭示这些因素对产业集群内企业间知识传播的影响机理，并推导出知识传播的平衡状态，为在实践中准确的分析产业集群内企业间知识传播过程中存在的问题，针对性的实施干预措施提供理论支撑。

本章在研究的过程中将产业集群分成三种状态：企业同质、企业异质和政府参与，并且分别就这三种状态构建了不同的传染病动力学模型，得出了相应的研究结论，即在同质企业的产业集群内，当产业集群内企业之间知识传播的成功率与企业在产业集群内的接触率之积小于企业知识升级率与企业退出率之和时，无论起始状态下有多少运用新知识的企业，但随着时间的推移，该知识不能在产业集群内传播，并最终从产业集群中淡出，产业集群中所有企业均不再运用该知识；反之，知识传播将会演化成一种动态平衡状态。在企业异质的产业集群内，模型将产业集群设定为拥有两类企业，大企业的知识学习成功率通常小于小企业，这将导致随着产业集群内大企业数量比例的上升，R_0 将逐步下降，知识交流的氛围更呆板；在 R_0 确定后，当 $R_0 < 1$ 时，该产业集群知识系统的无知识传播平衡点，当 $R_0 > 1$ 时，该产业集群知识系统存在唯一的有知识传播平衡点，而且该平衡点全局渐进稳定；在政府参与推动知识升级的产业集群，当 $R_0 < 1$ 时，知识传播系统达到平衡态后，掌握并运用现有知识的企业（I 类企业）数量为零，其他两类企业数量均维持在某一平衡状态，而当 R_0 上升到大于 1 时，缺乏知识的企业（S 类企业）数量不变，掌握并运用现有知识的企业（I 类企业）数量减少，升级知识的企业（R 类企业）数量增加。

第四章

知识传播受体企业知识整合的时机选择
——基于实物期权理论

虽然集群企业间的知识传播行为持续存在，但受体企业对吸收的知识进行整合利用的时机却具有不确定性。本章在此将承接第三章的研究内容，进一步讨论产业集群内企业间知识传播受体企业知识整合的时机选择问题。知识传播受体企业在整合与应用新知识时，必将伴随着企业管理流程再造等成本的发生，而在不同的时点下，所带来的成本与收益又具有双重不确定性。这是一个典型的不确定性决策问题，具备实物期权决策的基本特征。因此，本章将借助实物期权的分析思路来系统讨论受体企业知识整合的时机选择问题。

一、实物期权理论及分析原理

当今市场瞬息万变，企业管理者需要具备足够的灵活性，不断调整经营战略，寻找最佳的决策时机和决策措施，以有效化解未来市场和现金流的不确定性。管理者可以通过提高上升的潜能同时限制下跌的损失，来提高投资机会的价值。这种投资机会确定具有类似于期权决策的基本特征，为强调与金融资产的相似之处，这种实际获得资产的机会被称为实物期权。下面对实物期权理论的发展及一般的分析原理做简要介绍。

动态规划中的一种特别的问题是"最优停止"问题，该问题任何阶段的选择都是二元变量(即有两种备选方案供选择)：一个是当前立即"行动"以取得最后回报而终止，此决策问题就此"停止"；另一个是继续等待到未来某一时刻或下一阶段，届时再做出与当前一样的二元选择。简言之，两种选择对应着是选"停止等待"还是选"继续等待"。用实物期权的语言来说就是，可以选择"当前执行期权"，或者选择"等待未来再执行期权"的二元最优决策问题。"最优停止"问题应广泛用。例如，当一家处于恶劣经济条件下，继续经营会产生利润流，而终止会产生厂房和设备的一定的放弃价值，以及企业必须支付给员工的全部解雇费、场地恢复和违约等其他成本，在这种情况下，决策者要考虑是立刻关闭企业还是继续运营的最优决策问题。

下面结合文献(Dixit and Pindyck，1994)的分析思路，将最优停止问题分析的一般过程描述如下。

第一，假定状态变量 x 随时间变化遵循伊滕过程(Ito process)。

$$dx = a(x, t)dt + b(x, t)dz \tag{4.1}$$

其中，dz 为维纳过程的增量；$a(x, t)$ 和 $b(x, t)$ 为已知的函数。此时的漂移系数和方差系数是当前状态和时刻的函数，由式(4.1)所表示的连续时间随机过程 $x(t)$ 称为伊滕过程。假定 $z_1(t)$ 和 $z_2(t)$ 均为维纳过程，则

$$d(z_1)^2 = dt, \quad (dt)(dz_1) = 0, \quad (dt)^2 = 0, \quad dz_1 dz_2 = \gamma dt \tag{4.2}$$

其中，γ 为两个过程的相关系数。

进一步考察伊滕过程增量的均值与方差，因为 $E(dz) = 0$，可得 $E(dx) = a(x, t)dt$。

$$
\begin{aligned}
\mathrm{Var}(dx) &= E[dx - E(dx)]^2 \\
&= E[a(x, t)dt + b(x, t)dz - a(x, t)dt]^2 \\
&= E[b^2(x, t)(dz)^2]
\end{aligned} \tag{4.3}
$$

当 $dt \to 0$ 时，维纳过程在时间区间无穷小时的增量 dz 可表示为 $dz = \varepsilon\sqrt{dt}$，$\varepsilon \sim N(0, 1)$，故 $E(dz) = 0$，$\mathrm{Var}(dz) = E[(dz)^2] = dt$。

由式(4.3)可得

$$\mathrm{Var}(dx) = b^2(x, t)dt$$

此时 $a(x, t)$ 看做伊滕过程的瞬间期望漂移率(drift rate)，而 $b^2(x, t)$ 则看做方差的瞬间变动率(variance rate)。

第二，构建贝尔曼方程(Bellman equation)。根据贝尔曼(Bellman)最优化原理，在最优策略的任意一阶段上，无论过去的状态和决策如何，对过去决策所形成的当前状态而言，余下的诸决策必须构成最优子策略。可以得到贝尔曼方程，也称为最优化基本方程，如式(4.4)所示。

$$F_t(x_t) = \max_{\mu_i} \left| \pi_t(x_i, \mu_i) + \frac{1}{1+\rho} E_t[F_{t+1}(x_{t+1})] \right| \tag{4.4}$$

其中，μ_i 为控制变量，$\mu_i = 0$ 为等待，$\mu_i = 1$ 为停止等待；t 时刻的收益为 $\pi_t(x_i, \mu_i)$；$(t+1)$ 时刻最优决策的结果为 $F_{t+1}(x_{t+1})$；$\frac{1}{1+\rho}$ 为贴现因子；ρ 为贴现率。

在最优停止问题中，任何阶段的选择都是二元变量(存在继续等待和停止两种

选择），若记 $\pi(x)$ 为继续等待的利润流，$\Omega(x)$ 为停止的回报，记 x' 为 (x_{t+1})，则贝尔曼方程可以写成

$$F(x)=\max\left\{\Omega(x),\ \pi(x)+\frac{1}{1+\rho}E\big[F(x')\mid x\big]\right\} \qquad (4.5)$$

此时应该存在一个临界点 x^*，使 x^* 的一侧范围内，停止可以使式 (4.5) 左边最大化，而在 x^* 的另一侧范围内，继续等待可使方程右边最大化。

将 x^* 看做 t 的函数，则 $x^*(t)$ 的图像构成一条曲线将 (x,t) 平面分成两个区域，在曲线上方继续等待为最优选择，在曲线下方停止等待为最优选择。此时式 (4.5) 转化为

$$F(x,\ t)=\max\left\{\Omega(x,\ t),\ \pi(x,\ t)+\frac{1}{1+\rho\mathrm{d}t}E\big[F(x+\mathrm{d}x,\ t+\mathrm{d}t)\mid x\big]\right\}$$

$$(4.6)$$

第三，对贝尔曼方程按照伊藤引理展开。在"继续"区域中[此时 $x>x^*(t)$]，右边第二项较大，根据伊藤引理将式 (4.6) 展开并化简，得到关于价值函数的偏微分方程

$$\frac{1}{2}b^2(x,\ t)F_{xx}(x,\ t)+a(x,\ t)F_x(x,\ t)+F_t(x,\ t)-\rho F(x,\ t)+\pi(x,\ t)=0$$

$$(4.7)$$

此时，式 (4.7) 成立的边界条件是 $x=x^*(t)$。

第四，求解边界条件。由贝尔曼方程可知，在停止区域有

$$F\big[x^*(t),\ t\big]=\Omega\big[x^*(t),\ t\big]$$

由此找到了求解边界的第一个条件，这个条件被称为"价值匹配"（value-matching）条件，即继续等待与停止等待的价值相等。

但在 $(x,\ t)$ 空间中，使式 (4.7) 成立的区域是内生的。该区域的边界，即曲线 $x^*(t)$，被称为自由边界。因此，求解方程并决定其有效区域的全部被称为自由边界问题。此时，对于 $F(x,\ t)$ 边界的求解除第一个条件外，还需要第二个条件，即要求对任意的 t，$F(x,\ t)$ 和 $\Omega(x,\ t)$ 的值作为 x 的函数在边界 $x^*(t)$ 相切，即

$$F_x\big[x^*(t),\ t\big]=\Omega_x\big[x^*(t),\ t\big]$$

这个条件被称为"高阶联系"（high-order contact）或"平滑粘贴"（smooth-pasting）条件，不仅要求两个函数的值在边界处相等，而且要求两个函数的导数或斜率在边界处也相等。

二、受体企业知识整合的时机分析

集群企业在面对产业集群知识系统内传播的专业知识时，集群企业面临着两

种可供选择的应对策略，即立即利用新知识和延期利用新知识。两种决策的选择取决于二者所带来收益的权衡。立即利用新知识相当于执行期权，获取收益并支付运用新知识、改造生产管理流程的成本；而延期利用新知识相当于持有一个无到期日期的看涨期权，同时面临着未来收益与生产管理流程改造成本的不确定性。集群企业面临这样的知识整合利用决策具有三个基本特征：①整合新知识的成本支出是不可逆的，当集群企业改变主意时至少不能完全收回前期的成本支出；②知识整合的未来回报是不确定的，集群企业只能对未来受益情况的概率进行评估；③知识整合的时机具有一定的可选择性，集群企业可以立即行动，也可以推迟行动。这三个特征之间相互作用构成了实物期权决策分析的基本条件，直接决定了知识传播受体企业整合知识的最优决策。为能够系统讨论集群企业知识整合的策略选择问题，本章在此将结合文献(Dixit and Pindyck，1994)的分析思路，构建基于实物期权决策理论的知识整合时机选择模型。

(一)模型假设

结合集群企业知识整合的基本特征与实物期权决策的基本性质，对模型构建的基本前提进行一定的假设，主要假设条件如下。

(1)集群企业整合新知识的决策具有完全不可逆性。集群企业整合新知识，淘汰旧知识的同时，必将伴随着生产流程与设备的改造升级，而这样的投资支出一旦发生，就形成集群企业整合新知识的沉没成本，完全不能收回。

(2)集群企业整合新知识的收益函数是整合新知识后收益增量的最大化期权的期望现值。与暂不整合新知识相比较，集群企业整合新知识后收益将产生一定的增幅，将集群企业整合新知识的期权的期望收益增幅按照特定的贴现率折算成现值，按照最大化原则确定集群企业的收益函数。

(3)集群企业整合新知识的成本支出(C)和收益增幅(R)均服从几何布朗运动(geometric Brownian motion，GBM)，即

$$dC = \mu_C C dt + \sigma_C C dW_C \qquad dR = \mu_R R dt + \sigma_R R dW_R \qquad (4.8)$$

其中，μ_C 为 C 的漂移参数(期望增长率)；σ_C 为 C 的方差参数(期望增长率的标准方差)；μ_R 为 R 的漂移参数(期望增长率)；σ_R 为 R 的方差参数(期望增长率的标准方差)；W_C 和 W_R 是标准的维纳过程，它是一个马尔可夫过程，具有独立增量(independent increments)，且在任何有限时间区间上的变化服从正态分布；dW_C 和 dW_R 是维纳过程的增量，服从均值为 0，方差为 dt 的正态分布$[dW = \varepsilon \sqrt{dt}，\varepsilon \sim N(0，1)]$。

(4)假设集群企业整合新知识的成本支出一次性完成，并产生相应的收益，不能中途停止或暂时放弃。

(5)不考虑税收和其他各项寻租成本的支出。

(二)模型构建

从表面看来知识整合时机选择模型所讨论的时机选择问题受集群企业整合新知识的收益与支出成本的双重不确定性的影响,但深入研究后,发现集群企业的最优决策建立在收益与成本比值最大化的基础上(设比值为 λ,则 $\lambda = \dfrac{R}{C}$),而且只有当 $\lambda > 1$ 时,集群企业才会做出整合新知识的决策。由此可以把本章所讨论的两随机因素的最优决策问题转化为单因素的最优决策分析,即讨论 $(\lambda - 1)$ 的最大化问题。

由于 P 和 R 均服从几何布朗运动,根据伊藤引理可得 λ 也服从几何布朗运动,即

$$d\lambda = \mu_\lambda \lambda dt + \sigma_\lambda \lambda dW_\lambda \tag{4.9}$$

其中, μ_λ 为漂移参数; σ_λ 为方差参数; dW_λ 为标准的维纳过程的增量。将式(4.9)利用泰勒公式展开得

$$d\lambda = d\frac{R}{C} = \frac{1}{C}dR - \frac{P}{C^2}dC + \frac{1}{2}\frac{2P}{C^3}(dC)^2 - \frac{1}{C^2}(dP)(dC) \tag{4.10}$$

将式(4.8)代入式(4.10),整理后再代入式(4.2)可得

$$d\lambda = \frac{1}{C}(\mu_R R dt + \sigma_R R dW_R) - \frac{P}{C^2}(\mu_C C dt + \sigma_C C dW_C) + \frac{P}{C^3}(C^2 \sigma_C^2 dt) - \frac{1}{C^2}(\rho R C \sigma_R \sigma_C dt)$$

$$= (\mu_R - \mu_C + \sigma_C^2 - \rho\ \sigma_R \sigma_C)\lambda dt + (\sigma_R dW_R - \sigma_C dW_C)\lambda \tag{4.11}$$

因为 $(\sigma_R dW_R - \sigma_C dW_C)$ 是期望为 0,方差为 $(\sigma_R^2 + \sigma_C^2 - 2\rho \sigma_R \sigma_C)dt$ 的几何布朗运动,因此式(4.11)可以转变换成式(4.12)。

$$d\lambda = \mu_\lambda \lambda dt + \sigma_\lambda \lambda dW_\lambda$$
$$= (\mu_R - \mu_C + \sigma_C^2 - \rho\sigma_R \sigma_C)\lambda dt + \sqrt{\sigma_R^2 + \sigma_C^2 - 2\rho\sigma_R\sigma_C}\,\lambda dt \tag{4.12}$$

这时已经把本章所要讨论的二元随机问题转化成了一元随机问题,此时可以借用一元随机变量的实物期权法来解决这一问题,由此可以建立本问题求解的目标函数。如果集群企业在 t 时刻采取整合新知识的策略,则 t 时刻所对应的 $(\lambda_t - 1)$ 贴现到现值为 $(\lambda_t - 1)e^{-rt}$,其中, r 为贴现率。此时集群企业将根据 λ_t 的大小来决定是否整合新知识,以最大化 t 时刻收益的期望现值,根据这一思想建立如下目标函数,如式(4.13)所示。

$$\begin{cases} V(\lambda) = \max[(\lambda_t - 1)e^{-rt}] \\ d\lambda = (\mu_R - \mu_C + \sigma_C^2 - \rho\ \sigma_R \sigma_C)\lambda dt + (\sigma_R^2 + \sigma_C^2 - 2\rho\ \sigma_R \sigma_C)^{\frac{1}{2}}\lambda dt \end{cases} \tag{4.13}$$

其中, $V(\lambda)$ 为集群企业整合利用新知识的期权价值; t 为未知的将来的某一时刻; ρ 为 dW_R 和 dW_C 的相关系数。如果 $\mu \geq r$,则延迟整合新知识将是企业更好

的策略，从而最优解不存在，所以我们假定 $\mu < r$，并令 $\delta = r - \mu$ 来表示这种差异。

(三)模型求解

本章在此所要解决的问题是求解一个临界值 λ^*，当集群企业立即整合新知识对应的 $V(\lambda)$ 大于 $V(\lambda^*)$ 时，集群企业会立即整合新知识，否则集群企业的最优策略是继续持有期权，暂时不整合利用新知识。

求解式(4.13)最大化问题的方法主要有动态规划(dynamic programming)和有债权分析(contingent analysis)两种方法，本章在此讨论的问题是一个无到期日的美式期权问题，因此本章将主要利用连续时间动态规划的方法来解决问题。

在等待整合新知识的情况下，目标函数(4.13)的贝尔曼方程为

$$rV(\lambda_t)\mathrm{d}t = E(\mathrm{d}V) \tag{4.14}$$

式(4.14)表示在 $\mathrm{d}t$ 时间内，集群企业整合知识的预期总回报等于资产 λ 的预期收益率。由伊藤引理，可得

$$\mathrm{d}V = V_\lambda \mathrm{d}\lambda + \frac{1}{2}V_{\lambda\lambda}(\mathrm{d}\lambda)^2 \tag{4.15}$$

将式(4.12)代入式(4.15)得

$$\mathrm{d}V = V_\lambda \lambda(\mu\mathrm{d}t + \sigma\mathrm{d}W) + \frac{1}{2}V_{\lambda\lambda}\lambda^2(\mu\mathrm{d}t + \sigma\mathrm{d}W)^2$$

$$= V_\lambda \lambda(\mu\mathrm{d}t + \sigma\mathrm{d}W) + \frac{1}{2}V_{\lambda\lambda}\sigma^2\lambda^2\mathrm{d}t$$

由此可得

$$E(\mathrm{d}V) = V_\lambda \lambda\mu\mathrm{d}t + \frac{1}{2}V_{\lambda\lambda}\lambda^2\sigma^2\mathrm{d}t \tag{4.16}$$

将式(4.16)代入式(4.14)得

$$rV - V_\lambda \lambda\mu\mathrm{d}t - \frac{1}{2}V_{\lambda\lambda}\lambda^2\sigma^2\mathrm{d}t = 0 \tag{4.17}$$

微分方程式(4.17)的求解需要首先确定其定解的边界条件，主要包括：当整合新知识的收益为 0 时，此时期权 $V(\lambda) = 0$；当 λ 到达 λ^* 时，$V(\lambda^*) - \lambda^* - 1$；$V(\lambda)$ 在 λ^* 处连续且光滑，$V'(\lambda^*) = 1$。此时待解决的问题可以写成式(4.18)的形式。

$$\begin{cases} rV - V_\lambda \lambda\mu\mathrm{d}t - \frac{1}{2}V_{\lambda\lambda}\lambda^2\sigma^2\mathrm{d}t = 0 \\ V(0) = 0 \\ V(\lambda^*) = \lambda^* - 1 \\ V'(\lambda^*) = 1 \end{cases} \tag{4.18}$$

为进一步求解式(4.18)，根据零初值条件可以假定 $V(\lambda)$ 的函数形式为

$$V(\lambda) = A\lambda^{\beta} \tag{4.19}$$

其中，A 为待定常数；β 为已知常数，其数值取决于微分方程式中得参数。

将式(4.19)代入式(4.17)可以得到二次方程如下：

$$\frac{1}{2}\sigma^2\beta(\beta-1) + \mu\beta - r = 0 \tag{4.20}$$

求解式(4.20)可以得到两个根为

$$\beta_1 = \frac{1}{2} - \frac{\mu}{\sigma^2} + \sqrt{\left(\frac{\mu}{\sigma^2} - \frac{1}{2}\right)^2 + \frac{2r}{\sigma^2}} > 1$$

$$\beta_2 = \frac{1}{2} - \frac{\mu}{\sigma^2} - \sqrt{\left(\frac{\mu}{\sigma^2} - \frac{1}{2}\right)^2 + \frac{2r}{\sigma^2}} < 0$$

由此，式(4.17)的一般解可以写成为

$$V(\lambda) = A_1\lambda^{\beta_1} + A_2\lambda^{\beta_2} \tag{4.21}$$

其中，A_1 和 A_2 为待定常数。如果用 β 看做方程(4.20)中的常数变量，将 Q 看做整个表达式(4.20)，则式(4.20)可以写成

$$Q(\beta) = \frac{1}{2}\sigma^2\beta(\beta-1) + \mu\beta - r = 0 \tag{4.22}$$

从式(4.22)可以发现 $Q(\beta)$ 中 β 的系数为正，当 $\beta \to \pm\infty$ 时，图像是趋于 ∞ 的向上倾斜的抛物线，而且 $Q(1) = -\delta < 0$，$Q(0) = -\rho < 0$，因而图像与横坐标的两个交点分别处于1的右边和0的左边。由此可以描述出 Q 作为 β 的函数的图像，如图4.1所示。

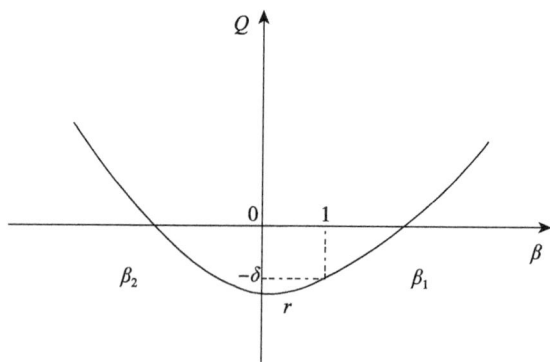

图 4.1　基本二次型

因为该决策问题研究的是产业集群内企业知识整合时机的选择的实际问题，$V(0) = 0$，因此可以判定 $A_2 = 0$。由此式(4.21)可以写成：$V(\lambda) = A_1\lambda^{\beta_1}$，将其代入价值匹配条件和平滑粘贴条件，可得

$$\begin{cases} A_1\lambda^{\beta_1}=\lambda-1 \\ A_1\beta_1\lambda^{\beta_1-1}=1 \end{cases} \tag{4.23}$$

将方程组(4.23)中两式相比得到

$$\frac{\lambda}{\beta_1}=\lambda-1$$

由此可以求得

$$\lambda^*=\frac{\beta_1}{\beta_1-1}$$

进而可以求出常数

$$A_1=\frac{(\beta_1-1)^{\beta_1-1}}{(\beta_1)^{\beta_1}}$$

结论 4.1　产业集群知识系统中企业知识学习的继续等待区域为 $C=\{\lambda:\lambda<\lambda^*,\lambda^*>1\}$，企业学习并应用新知识的停止等待区域为 $S=\{\lambda:\lambda\geqslant\lambda^*,\lambda^*>1\}$，即企业在 $\lambda<\lambda^*=\dfrac{\beta_1}{\beta_1-1}$ 时，企业会立即学习并应用新知识，否则会企业会等待学习。其中 $\beta_1=\dfrac{1}{2}-\dfrac{\mu}{\sigma^2}+\sqrt{\left(\dfrac{\mu}{\sigma^2}-\dfrac{1}{2}\right)^2+\dfrac{2r}{\sigma^2}}>1$；$\mu=\mu_R-\mu_c+\sigma_c^2-\rho\sigma_R\sigma_c$；$\sigma^2=\sigma_R^2+\sigma_C^2-2\rho\sigma_R\sigma_c$。

三、比较静态分析

通过本章的模型推导，求出了产业集群知识系统中企业停止等待，采取知识整合并运用动作时的临界值 λ^*，下面进一步讨论 σ、σ_R、σ_c、ρ、r、δ、μ 等相关变量对 λ^* 的影响，在此通过对相关变量分别进行分析。将相关变量的表达式带入 λ^*，可得

$$\lambda^*=\frac{\beta_1}{\beta_1-1}=\frac{\dfrac{1}{2}-\dfrac{\mu}{\sigma^2}+\sqrt{\left(\dfrac{\mu}{\sigma^2}-\dfrac{1}{2}\right)^2+\dfrac{2r}{\sigma^2}}}{\dfrac{1}{2}-\dfrac{\mu}{\sigma^2}+\sqrt{\left(\dfrac{\mu}{\sigma^2}-\dfrac{1}{2}\right)^2+\dfrac{2r}{\sigma^2}}-1}$$

其中，$\mu=\mu_R-\mu_c+\sigma_c^2-\rho\sigma_R\sigma_c$；$\sigma^2=\sigma_R^2+\sigma_c^2-2\rho\sigma_R\sigma_c$。

1. 方差 σ 与临界值 λ^* 的关系分析

因为

$$\frac{\partial\lambda^*}{\partial\sigma}=\frac{\partial\lambda^*}{\partial\beta_1}\frac{\partial\beta_1}{\partial\sigma}$$

$$\frac{\partial\lambda^*}{\partial\beta_1}=\frac{-1}{(\beta_1-1)^2}<0$$

同时对式(4.22)取全微分可得

$$\frac{\partial Q(\beta_1)}{\partial \beta_1}\frac{\partial \beta_1}{\partial \sigma}+\frac{\partial Q}{\partial \sigma}=0$$

由于

$$\frac{\partial Q}{\partial \beta_1}=\sigma^2\beta_1-\frac{1}{2}\sigma^2+\mu$$

$$=\sigma^2\left[\frac{1}{2}-\frac{\mu}{\sigma^2}+\sqrt{\left(\frac{\mu}{\sigma^2}-\frac{1}{2}\right)^2+\frac{2r}{\sigma^2}}\right]-\frac{1}{2}\sigma^2+\mu$$

$$=\sqrt{\left(\mu-\frac{1}{2}\sigma^2\right)^2+2r\sigma^2}>0$$

并且$\frac{\partial Q}{\partial \sigma}=\sigma\beta(\beta-1)>0$，可以判定$\frac{\partial \beta_1}{\partial \sigma}<0$。

因此

$$\frac{\partial \lambda^*}{\partial \sigma}=\frac{\partial \lambda^*}{\partial \beta_1}\frac{\partial \beta_1}{\partial \sigma}>0$$

下面用数值分析来模拟方差σ与临界值λ^*之间的相关关系，假设$\sigma_c=0.2$、$\sigma_R=0.4$、$\mu_R=0.3$、$\mu_c=0.25$、$\rho\in[0,1]$。

此时可以求得

$$\sigma=\sqrt{\sigma_R^2+\sigma_c^2-2\rho\sigma_R\sigma_c}=\sqrt{0.2-0.16\rho}$$

当相关系数ρ在$0\sim1$变动，$r=0.5$、0.7、0.9时，方差σ与临界值λ^*之间的关系见图4.2。

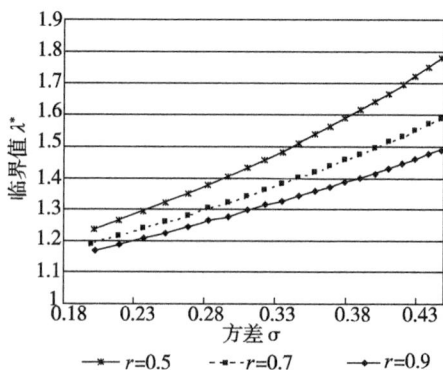

图4.2　方差σ与临界值λ^*关系图

结论4.2　方差σ与临界值λ^*呈正相关关系，λ^*随σ的增加而提高，更高的不确定性提高了集群企业整合新知识的价值，但此时集群企业整合新知识的行为对整合新知识后可能产生受益的变动也更加敏感，集群内企业整合新知识的行为将变得不活跃，数量降低。

2. 方差 σ_R 与临界值 λ^* 的关系分析

将 λ^* 对 σ_R 求导可得 $\dfrac{\partial \lambda^*}{\partial \sigma_R} = \dfrac{\partial \lambda^*}{\partial \beta_1} \dfrac{\partial \beta_1}{\partial \sigma_R}$，其中，$\dfrac{\partial \lambda^*}{\partial \beta_1} = \dfrac{-1}{(\beta_1 - 1)^2} < 0$。

(1)进一步考察 $\dfrac{\partial \beta_1}{\partial \sigma_R}$ 的符号，对式(4.22)取全微分可得

$$\frac{\partial Q(\beta_1)}{\partial \beta_1} \frac{\partial \beta_1}{\partial \sigma_R} + \frac{\partial Q}{\partial \sigma} \frac{\partial \sigma}{\partial \sigma_R} = \frac{\partial Q(\beta_1)}{\partial \beta_1} \frac{\partial \beta_1}{\partial \sigma_R} + 2\sigma \beta_1 (\beta_1 - 1)(\sigma_R - \rho \sigma_c) - \beta_1 \rho \sigma_c = 0$$

若 $\rho = 0$，则 $\dfrac{\partial \beta_1}{\partial \sigma_R} < 0$，$\dfrac{\partial \lambda^*}{\partial \sigma_R} > 0$，方差 σ_R 与临界值 λ^* 呈正相关关系。

若 $\rho \neq 0$，当 $2\sigma \beta_1 (\beta_1 - 1)(\sigma_R - \rho \sigma_c) - \beta_1 \rho \sigma_c > 0$ 时，$\dfrac{\partial \beta_1}{\partial \sigma_R} < 0$，$\dfrac{\partial \lambda^*}{\partial \sigma_R} > 0$，方差 σ_R 与临界值 λ^* 呈正相关关系；当 $2\sigma \beta_1 (\beta_1 - 1)(\sigma_R - \rho \sigma_c) - \beta_1 \rho \sigma_c = 0$ 时，$\dfrac{\partial \beta_1}{\partial \sigma_R} = 0$，$\dfrac{\partial \lambda^*}{\partial \sigma_R} = 0$，方差 σ_R 与临界值 λ^* 无关系；当 $2\sigma \beta_1 (\beta_1 - 1)(\sigma_R - \rho \sigma_c) - \beta_1 \rho \sigma_c < 0$ 时，$\dfrac{\partial \beta_1}{\partial \sigma_R} > 0$，$\dfrac{\partial \lambda^*}{\partial \sigma_R} < 0$，方差 σ_R 与临界值 λ^* 呈负相关关系。

(2)进一步做数值分析，模拟方差 σ_R 与临界值 λ^* 之间的相关关系，假设 $\sigma_c = 0.2$、$\mu_R = 0.6$、$\mu_c = 0.25$、$r = 0.5$、$\sigma_R \in [0, 1]$。

当相关系数 σ_R 在 0~1 变动，$\rho = 0$、0.3、0.6、0.9 时，方差 σ_R 与临界值 λ^* 之间的关系，如图4.3所示。

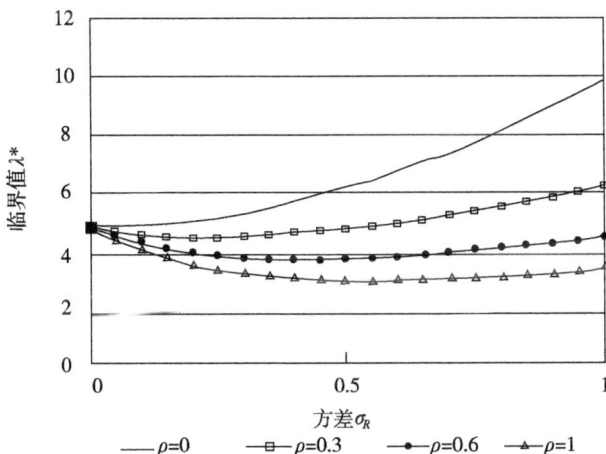

图4.3　方差 σ_R 与临界值 λ^* 关系图

3. 方差 σ_c 与临界值 λ^* 的关系分析

将 λ^* 对 σ_c 求导可得 $\dfrac{\partial \lambda^*}{\partial \sigma_c}=\dfrac{\partial \lambda^*}{\partial \beta_1}\dfrac{\partial \beta_1}{\partial \sigma_c}$，其中，$\dfrac{\partial \lambda^*}{\partial \beta_1}=\dfrac{-1}{(\beta_1-1)^2}<0$。

(1)进一步考察 $\dfrac{\partial \beta_1}{\partial \sigma_c}$ 的符号，对式(4.22)取全微分可得

$$\frac{\partial Q(\beta_1)}{\partial \beta_1}\frac{\partial \beta_1}{\partial \sigma_c}+\frac{\partial Q}{\partial \sigma}\frac{\partial \sigma}{\partial \sigma_c}=\frac{\partial Q(\beta_1)}{\partial \beta_1}\frac{\partial \beta_1}{\partial \sigma_c}+2\sigma\beta_1(\beta_1-1)(\sigma_c-\rho\sigma_R)+\beta_1(2\sigma_c-\rho\sigma_R)=0$$

若 $\rho=0$，则 $\dfrac{\partial \beta_1}{\partial \sigma_c}<0$，$\dfrac{\partial \lambda^*}{\partial \sigma_c}>0$，方差 σ_c 与临界值 λ^* 呈正相关关系。

若 $\rho\neq0$，当 $2\sigma\beta_1(\beta_1-1)(\sigma_c-\rho\sigma_R)+\beta_1(2\sigma_c-\rho\sigma_R)>0$ 时，$\dfrac{\partial \beta_1}{\partial \sigma_c}<0$，$\dfrac{\partial \lambda^*}{\partial \sigma_c}>0$，方差 σ_c 与临界值 λ^* 呈正相关关系；当 $2\sigma\beta_1(\beta_1-1)(\sigma_c-\rho\sigma_R)+\beta_1(2\sigma_c-\rho\sigma_R)=0$ 时，$\dfrac{\partial \beta_1}{\partial \sigma_c}=0$，$\dfrac{\partial \lambda^*}{\partial \sigma_c}=0$，方差 σ_c 与临界值 λ^* 无关系；当 $2\sigma\beta_1(\beta_1-1)(\sigma_c-\rho\sigma_R)+\beta_1(2\sigma_c-\rho\sigma_R)<0$ 时，$\dfrac{\partial \beta_1}{\partial \sigma_c}>0$，$\dfrac{\partial \lambda^*}{\partial \sigma_c}<0$，方差 σ_c 与临界值 λ^* 呈负相关关系。

(2)进一步做数值分析，模拟方差 σ_c 与临界值 λ^* 之间的相关关系，假设 $\sigma_R=0.35$、$\mu_R=0.6$、$\mu_c=0.55$、$r=0.75$、$\sigma_c\in[0,1]$。

当相关系数 σ_c 在 0~1 变动，$\rho=0$、0.3、0.6、0.9 时，方差 σ_c 与临界值 λ^* 之间的关系如图 4.4 所示。

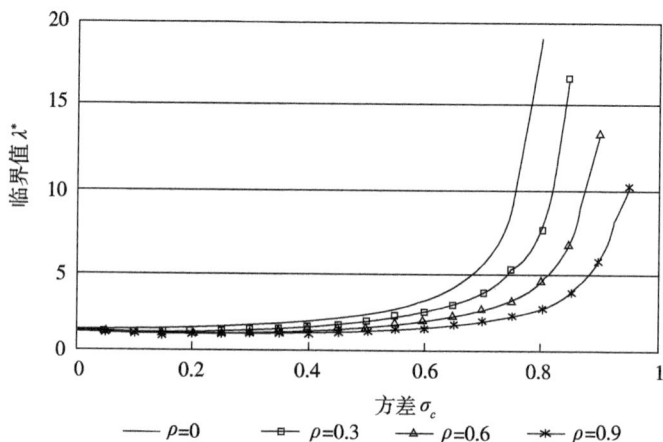

图 4.4　方差 σ_c 与临界值 λ^* 关系图

结论 4.3　集群企业整合知识所获得的收益与成本之间比值的临界值 λ^* 与方差 σ_R 和 σ_c 的关系取决于 ρ 的值，当 $\rho=0$ 时正相关，当 $\rho\neq0$ 在不同的附加条件下分别是正相关、无关、负相关关系。

4. 期望增长率 μ_R 与临界值 λ^* 的关系分析

将 λ^* 对 μ_R 求导可得 $\dfrac{\partial\lambda^*}{\partial\mu_R}=\dfrac{\partial\lambda^*}{\partial\beta_1}\dfrac{\partial\beta_1}{\partial\mu_R}$，其中，$\dfrac{\partial\lambda^*}{\partial\beta_1}=\dfrac{-1}{(\beta_1-1)^2}<0$。

（1）进一步考察 $\dfrac{\partial\beta_1}{\partial\mu_R}$ 的符号，对式（4.22）取全微分可得

$$\frac{\partial Q(\beta_1)}{\partial\beta_1}\frac{\partial\beta_1}{\partial\mu_R}+\frac{\partial Q}{\partial\mu}\frac{\partial\mu}{\partial\mu_R}=\frac{\partial Q(\beta_1)}{\partial\beta_1}\frac{\partial\beta_1}{\partial\mu_R}+\beta_1=0$$

因为 $\dfrac{\partial Q(\beta_1)}{\partial\beta_1}>0$，所以 $\dfrac{\partial\beta_1}{\partial\mu_R}<0$。

由此可得 $\dfrac{\partial\lambda^*}{\partial\mu_R}>0$，企业整合知识收益的期望增长率 μ_R 与临界值 λ^* 呈正相关关系。

（2）进一步做数值分析，模拟收益的期望增长率 μ_R 与临界值 λ^* 之间的相关关系，假设 $\sigma_R=0.35$、$\sigma_c=0.25$、$\mu_c=0.05$、$r=0.75$、$\mu_R\in[0，1]$。

当相关系数 μ_R 在 0~1 变动，$\rho=0$、0.3、0.6、0.9 时，企业整合知识收益的期望增长率 μ_R 与临界值 λ^* 之间的关系如图 4.5 所示。

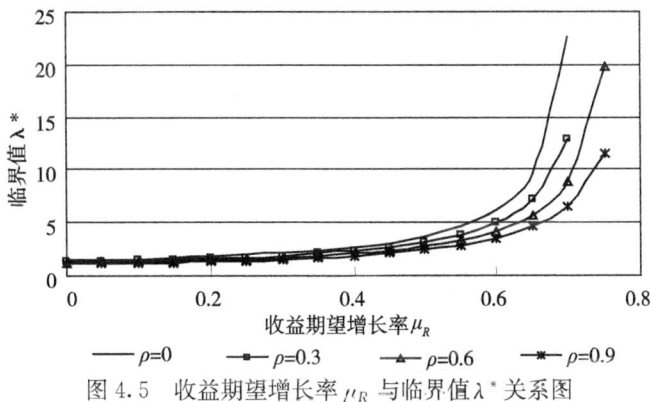

图 4.5　收益期望增长率 μ_R 与临界值 λ^* 关系图

5. 企业整合知识的成本期望增长率 μ_c 与临界值 λ^* 的关系分析

将 λ^* 对 μ_c 求导可得 $\dfrac{\partial\lambda^*}{\partial\mu_c}=\dfrac{\partial\lambda^*}{\partial\beta_1}\dfrac{\partial\beta_1}{\partial\mu_c}$，其中，$\dfrac{\partial\lambda^*}{\partial\beta_1}=\dfrac{-1}{(\beta_1-1)^2}<0$。

（1）进一步考察 $\dfrac{\partial\beta_1}{\partial\mu_c}$ 的符号，对式（4.22）取全微分可得

$$\frac{\partial Q(\beta_1)}{\partial \beta_1}\frac{\partial \beta_1}{\partial \mu_c}+\frac{\partial Q}{\partial \mu}\frac{\partial \mu}{\partial \mu_c}=\frac{\partial Q(\beta_1)}{\partial \beta_1}\frac{\partial \beta_1}{\partial \mu_c}-\beta_1=0$$

因为 $\dfrac{\partial Q(\beta_1)}{\partial \beta_1}>0$，所以 $\dfrac{\partial \beta_1}{\partial \mu_c}>0$。

由此可得 $\dfrac{\partial \lambda^*}{\partial \mu_R}<0$，企业整合知识成本的期望增长率 μ_c 与临界值 λ^* 呈负相关关系。

(2)进一步做数值分析，模拟成本的期望增长率 μ_c 与临界值 λ^* 之间的相关关系，假设 $\sigma_R=0.35$、$\sigma_c=0.25$、$\mu_R=0.85$、$r=0.85$、$\mu_c\in[0,1]$。

当相关系数 μ_c 在 0～1 变动，$\rho=0$、0.3、0.6、0.9 时，企业整合知识成本的期望增长率 μ_c 与临界值 λ^* 之间的关系如图 4.6 所示。

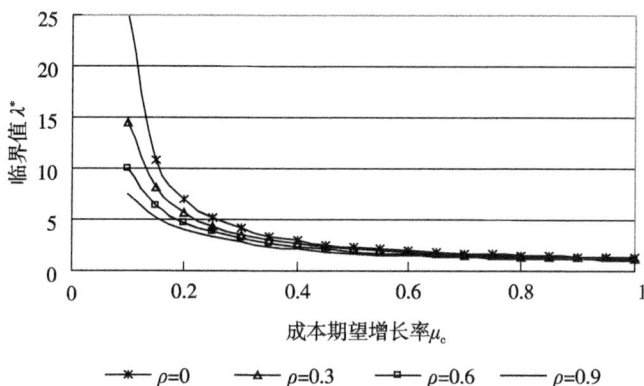

图 4.6　成本期望增长率 μ_c 与临界值 λ^* 关系图

6. 相关系数 ρ 与临界值 λ^* 的关系分析

将 λ^* 对 ρ 求导可得 $\dfrac{\partial \lambda^*}{\partial \rho}=\dfrac{\partial \lambda^*}{\partial \beta_1}\dfrac{\partial \beta_1}{\partial \rho}$，其中，$\dfrac{\partial \lambda^*}{\partial \beta_1}=\dfrac{-1}{(\beta_1-1)^2}<0$。

(1)进一步考察 $\dfrac{\partial \beta_1}{\partial \rho}$ 的符号，对式(4.22)取全微分可得

$$\frac{\partial Q(\beta_1)}{\partial \beta_1}\frac{\partial \beta_1}{\partial \rho}+\frac{\partial Q}{\partial \mu}\frac{\partial \mu}{\partial \rho}+\frac{\partial Q}{\partial \sigma}\frac{\partial \sigma}{\partial \rho}=\frac{\partial Q(\beta_1)}{\partial \beta_1}\frac{\partial \beta_1}{\partial \rho}-\beta_1\sigma_R\sigma_c-\frac{\sigma\beta_1(\beta_1-1)\sigma_R\sigma_c}{\sqrt{\sigma_R^2+\sigma_c^2-2\rho\sigma_R\sigma_c}}=0$$

因为 $\dfrac{\partial Q(\beta_1)}{\partial \beta_1}>0$，所以 $\dfrac{\partial \beta_1}{\partial \rho}>0$。

由此可得 $\dfrac{\partial \lambda^*}{\partial \rho}<0$，相关系数 ρ 与临界值 λ^* 成呈相关关系。

(2)进一步做数值分析，模拟相关系数 ρ 与临界值 λ^* 之间的相关关系，假设

σ_R＝0.35、σ_c＝0.25、μ_R＝0.85、μ_c＝0.6、r＝0.85。

当相关系数 ρ 在 0～1 变动时，ρ 与临界值 λ^* 之间的关系，如图 4.7 所示。

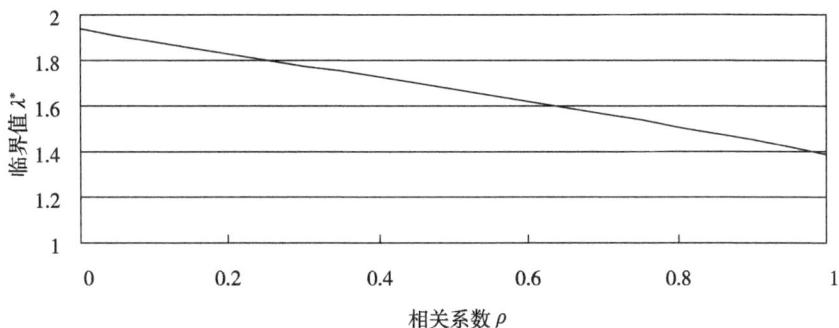

图 4.7　相关系数 ρ 与临界值 λ^* 的关系图

7. 贴现率 r 与临界值 λ^* 的关系分析

将 λ^* 对 r 求导可得 $\dfrac{\partial \lambda^*}{\partial r}=\dfrac{\partial \lambda^*}{\partial \beta_1}\dfrac{\partial \beta_1}{\partial r}$，其中 $\dfrac{\partial \lambda^*}{\partial \beta_1}=\dfrac{-1}{(\beta_1-1)^2}<0$。

(1)进一步考察 $\dfrac{\partial \beta_1}{\partial r}$ 的符号，对式(4.22)取全微分可得

$$\frac{\partial Q(\beta_1)}{\partial \beta_1}\frac{\partial \beta_1}{\partial r}+\frac{\partial Q}{\partial r}=\frac{\partial Q(\beta_1)}{\partial \beta_1}\frac{\partial \beta_1}{\partial r}-1=0$$

因为 $\dfrac{\partial Q(\beta_1)}{\partial \beta_1}>0$，所以 $\dfrac{\partial \beta_1}{\partial \rho}>0$。

由此可得 $\dfrac{\partial \lambda^*}{\partial \rho}<0$，贴现率 r 与临界值 λ^* 呈负相关关系。

(2)进一步做数值分析，模拟贴现率 r 与临界值 λ^* 之间的相关关系，假设 σ_R＝0.35、σ_c＝0.25、μ_R＝0.3、μ_c＝0.2、ρ＝0.75。

贴现率 r 在 0～1 变动时，r 与临界值 λ^* 之间的关系如图 4.8 所示。

结论 4.4　集群企业整合知识所获得的收益与成本之间比值的临界值 λ^* 与期望增长率 μ_R 呈正相关关系，与成本的期望增长率 μ_c 呈负相关关系，与相关系数 ρ 和贴现率 r 呈负相关关系。

四、本章小结

在产业集群知识传播过程中，虽然知识缺乏企业被动的处于传播受体地位，但这类企业却能够根据收益情况主动的决定在什么时点上整合并运用知识。企业在整合并运用新知识时，必然伴随着生产管理流程的再造，并导致一系列投资行为的发生，而在不同的时点上，企业对未来收益的预期又不尽相同。因此，在本

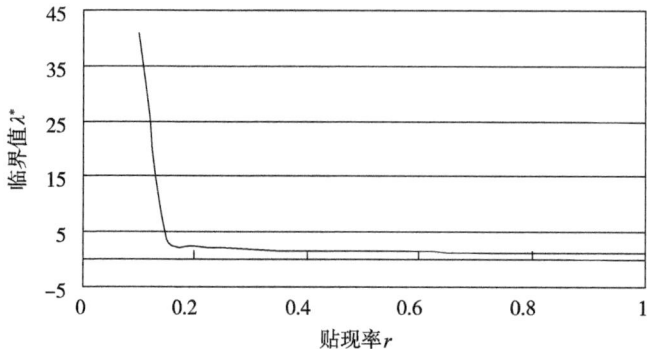

图 4.8　贴现率 r 与临界值 λ^* 的关系图

章研究中，引入了实物期权的理论来分析产业集群内企业间知识传播受体的整合时机选择问题。

通过研究发现，当集群企业整合知识所获得的收益与成本之间比值(λ)小于其临界值(λ^*)时，知识缺乏企业将继续等待整合时机的到来；反之，知识缺乏企业将停止等待，此时为最佳的整合时机；当集群企业整合新知识可能获得收益的不确定性提高后，企业的知识整合行为将变得不活跃；临界值 λ^* 与知识整合收益的方差参数 σ_R、知识整合成本的方差参数 σ_c 的关系取决于知识整合的收益与成本的维纳过程增量的相关系数(ρ)，当 $\rho=0$ 时正相关，当 $\rho \neq 0$ 在不同的附加条件下分别是正相关、无关、负相关关系；另外，集群企业整合知识所获得的收益与成本之间比值的临界值 λ^* 还与收益的期望增长率 μ_R 呈正相关关系，与成本的期望增长率 μ_c 呈负相关关系，与相关系数 ρ 和贴现率 r 呈负相关关系。

第五章

产业集群知识传播绩效的实证分析

改革开放以来，为推动我国经济的快速发展，知识资源得到了足够的重视。1988 年邓小平同志在全面阐述了科学技术的社会功能、发展趋势、战略重点及科技人员的政治地位、人才培养等重大主题后，又旗帜鲜明地提出了"科学技术是第一生产力"的论断。随着全球化与知识经济的快速推进，地区乃至国家之间的竞争越来越表现为知识资源的获取和创造能力的竞争。如何更快地创造和传播知识成为各界共同关心的问题（Maskell，2001）。产业集群作为区域产业发展的重要模式，其竞争优势的来源也由传统的物质资源转变为其所拥有的知识资源，知识能否在产业集群内快速积累、转移、扩散、创新已经成为衡量产业集群发展潜力的重要标准，同时也是衡量产业集群转型与可持续发展的关键性指标。

近年来关于产业集群的研究，学者的视角开始从规模经济、外部优势的物质要素转移到集群企业构成的知识网络和动态知识共同体（Boschma and ter Wal，2007）的知识要素。在集群知识系统中，作为集群知识传播的基本介质，集群企业吸收、整合、溢出知识的能力已成为影响集群竞争优势的关键因素。本章在此结合已有的理论研究成果，实证性的讨论企业如何依赖自身的"知识活动基础"，在"政府干预"下，从集群"获取知识"，并将经过企业再创造的"知识溢出"，以实现"集群知识传播绩效"，提升产业集群的综合实力。

一、调研对象的确定与研究假设的提出

本书中调研的主要目的是验证产业集群知识系统中企业间知识传播的基本机理，讨论影响主要特征变量对集群知识系统中企业间知识传播的贡献度，试图明确产业集群知识系统健康运行的制约因素，为地方政府促进集群内企业间知识的传播、推动产业集群知识系统的升级提供决策参考。为保证调研过程的可行性、准确性和科学性，调研工作以与地方政府产业集群规划项目的合作为契机，选择

了湖塘纺织产业集群为调研对象。

(一)调查对象的确定

江苏省常州市湖塘镇自古就有"纺织之乡"及"江南工商重镇"的美誉。当前湖塘镇又被认定为"中国织造名镇"和"中国针织面料基地",已经成为我国著名的纺织产业集群之一。湖塘镇拥有便捷的陆路、航空和水路运输条件,东距上海170余千米,西到南京110余千米。优越的地理位置为湖塘镇利用周边各种资源提供了便利条件,集群企业可以及时地获取本行业前沿的信息技术,降低运输成本,拓展销售渠道,形成竞争优势。

1. 湖塘纺织产业集群的发展现状

湖塘镇有4个镇级工业园和1个大型综合服务市场,其中,4个工业园包括城东工业园区、城西工业园区、鸣凰工业园区和湖塘印染小区:城东工业园区位于镇东,以纺织、印染产业为核心;城西工业园区位于武进城区西部;鸣凰工业园区位于湖塘沟南村;湖塘印染工业园区位于城西工业园区东,建有污水处理设施和河水净化设施各1座。1个大型综合服务市场则是指中国湖塘纺织城,其位于常州市湖塘镇长虹村,项目规划面积近1 000亩(1亩≈666.67平方米),规划建筑面积100万平方米,总投资18亿元,市场内设有纺织原辅材料交易中心、纺织面料交易中心、装饰织物交易中心、物流配套服务中心4大功能区。总之,4大工业园区和1个纺织城为湖塘镇纺织企业发展提供了良好的硬件环境。

截至2008年年底,湖塘镇全镇有纺织企业为2 806家,其中95%以上为个体私营企业;从业人员数达30 965人次,其中专业技术人员5 000余人。每年生产各类纱30 000吨、布90 000万米、印染布5 000万米,有29家企业年销售超过1 000万元以上。纺织及印染、后整理等企业的经济规模约占全镇工业经济总量的75%,其中近85%的产品销往国外。

2. 湖塘纺织产业集群的基本特征

在地方政府的大力推动下,湖塘镇纺织企业经过多年的市场摸索和发展,目前已经形成了产业链完整、产业功能齐全的湖塘纺织产业集群,并具备了自身特有的4大产业特征。

1)拥有完备的产业体系

湖塘镇作为苏南地区的纺织大镇,目前已形成纱、坯布、色织布、牛仔布、灯芯绒、印染布、针织物、毛织物、产业用布、服装辅料等系列产品体系。拓展并完善了纺、织、染、后整理、服装行业链,实现了纺织装备从有梭向无梭、纺织产品从配套加工向自主开发的两大根本转变,形成了灯芯绒、色织布、牛仔布三足鼎立的局面,区域比较优势明显,针织布、产业用布则作为补充的产品结构形式存在。

2）具备强大的生产能力

湖塘镇具有强大的织造能力。全镇从事织造的企业有 2 800 余家，年产各类纱线 30 000 吨、天鹅绒等针织面料 80 000 吨、牛仔布 3 亿米、灯芯绒等白坯布 4.5 亿米、色织布近 5 亿米。另外还有规模印染后整理企业 30 余家，拥有后整理生产线 30 余条，从事服装设计、加工的企业近 20 家，产品面料以天然彩棉布、灯芯绒和牛仔布为主，主要产品有休闲外衣、内衣、裤子、裙子、T 恤衫、浴衣、睡衣及床上系列用品等，年产量约 3 000 万件（套），大部分产品远销欧美和东南亚地区。

3）装备先进的技术设备

湖塘镇有各类纺织设备 5 万多台，累计拥有喷水织机 124 台、喷气织机 1 200 台、经编机及整经机 500 台、剑杆织机 35 200 余台、普通织机 9 200 台，拥有各种浆染联合机 78 台（套），其他各类设备近万台。并且还有企业引进国外先进的筒子染色机、球茎染色、浆纱机及莫里森、门富士后整理生产线，使湖塘镇纺织产品逐渐与国际高档服装及其面料接轨。

4）配套规范的市场体系

依托传统纺织业优势，湖塘镇先后规划组建了针纺织品市场、棉纱市场、纺机配件市场等。针纺织品市场曾荣获"中国纺织品百强市场"及"江苏省十佳市场"等称号，是全国八大纺织品市场之一，是全国灯芯绒、色织布、牛仔布最大的交易中心，辐射力达到我国 28 个省（自治区、直辖市），以及东南亚和欧美等地区和国家。

（二）文献回顾及研究假设

由于产业集群知识系统中的知识传播研究的是在地理、关系及制度上具有较强临近性的组织结构间的传播行为，因此国内外学者结合自己的研究领域和专长多维度的探索集群知识传播绩效的课题。主要可以概括为四类：第一，基于地理邻近的产业集群内知识传播绩效的研究。由于知识尤其是隐性知识的传播需要面对面的互动和形象地演示，而产业集群的地理邻近为这种交流提供了便利，可以促进企业与其他已经拥有某些新技术企业的互动 Gertler(2003)，并进一步推动了区域创新，Feldman(2000)研究发现区域的知识创新成果受到本地创新网络的重要影响，集群对于企业的创新绩效、成长速度均有着重要影响。第二，基于地域根植性的产业集群内知识传播绩效的研究。Malmberg 和 Maskell(2002)认为集群企业有集体学习的动机，而集体学习是一个由拥有共同文化价值观企业形成的领地。在这个领地中企业间的知识传播与集体学习促进了集群中非结构化的、一致均匀的知识传播。Saxenian(1994)通过对硅谷和波士顿 128 公路的研究指出，政治的、社会的、制度的和其他非经济因素对促进集群内部企业间知识传播发挥了重大的作用。Brown 和 Duguid(2001)指出，在同一环境下相互联系的个体将形成共同的社会情境和身份认同，当这些个体的实践形成共同的关于系统运行的知识及其代表的意义与情境时，知识在这些个体间能够实现更好地传播。第三，基于集群企业特性的产业集群内知识传播绩效的研究。集群内的企业在知识基础、嵌入性程度和经济地位等维度存在高度的异质性（Giuliani and Bell，2005）。Tallman等（2004）指出集群企业的架构知识决定了企业对于部件知识关系的独特认识和对新部件知识的识别理解和吸收，集群中不同企业的架构知识禀赋决定了企业不同的知识传播和吸收能力。第四，基于网络结构的产业集群内知识传播绩效的研究。从网络结构的视角研究产业集群内的知识传播，Giuliani 和Bell（2005）从企业知识基础出发，研究发现智利葡萄酒产业集群中的知识传播是异质的、不均匀的，不同知识基础的企业在集群知识传播网络中的网络定位是不同，那些领导性企业在集群中将作为集点，而那些较弱的企业将被逐渐隔离出集群的知识网络。Boschma 和 ter Wal（2007）认为集群中的知识传播不是集体的、无差异的，而是由其中企业的知识基础所决定和结构化的。除集群企业的知识基础的差异外，经济地位差异对知识传播网络也具有重要的影响。

　　企业知识活动的基础既是企业自身从事知识管理活动的根本保障，也是企业参与集群知识传播的基础。特别是产业集群内的知识守门者，能够有效地将外部知识转译为集群内企业能识别并吸收的集群知识并将这些知识扩散至整个集群，使整个集群上空"弥漫着知识的空气"（Giuliani，2011），集群中"知识守门者"的知识吸收、转译、扩散等行为将对产业集群的知识存量、知识结构和知识分布产生直接的积极影响（郑准等，2014）。通常情况下认为，一方面，企业知识活动基础越扎实，越有利于企业从外界获取知识；另一方面，企业知识活动基础越扎实，知识在企业内的共享水平越高，知识越有可能通过各种正式的或非正式的与外界交流活动溢出。反映企业知识活动基础的内容可以从企业知识活动的文化环境、员工素质和物质支持等三个方面讨论，集群企业在这三个方面建设越完善，企业的知识获取、知识再创造和知识溢出能力越强，本章在此提出如下两点假设。

　　H1：集群企业的知识活动基础越雄厚，企业的知识获取能力也越强。

　　H2：集群企业的知识活动基础越雄厚，企业的知识溢出能力也越强。

　　由于产业集群是介于市场与科层组织之间的新型产业组织形态，因此比市场稳定，比科层组织灵活。在产业集群的发展过程中地方政府将承担重要的组织与协调角色，政府和中介组织的活动是影响 R_0 的重要因素，进而知识传播的动态平衡点（胡绪华等，2015）。对于集群企业来说，政府的组织与协调机制可以促进企业对外的知识交流和员工流动，不仅有利于企业获取集群知识，同时也推动了企业的知识溢出，本章在此提出以下两点假设。

　　H3：地方政府推动集群知识传播的干预越多，企业的知识获取能力也越强。

H4：地方政府推动集群知识传播的干预越多，企业的知识溢出能力也越强。

企业作为集群知识传播的基本介质，从所在的产业集群内获取知识是其参与集群知识传播的基本环节。企业知识获取能力越强，企业参与集群知识传播的程度越深，集群知识传播绩效越高，由此提出以下假设。

H5：集群企业的知识获取能力越强，企业的知识溢出能力也越强。

集群企业间员工流动能对知识转移产生积极的促进作用，员工流入的规模越大，知识转移绩效越好(于海云，2012)。集群竞争能力与集群规模及集群内企业知识创新能力紧密相关(应洪斌和邵慰，2013)。集群内个体企业知识活动(吸收和溢出)是集群知识传播系统的基本组成单元，因此个体企业知识活动的活跃性直接决定了集群知识系统的传播绩效。对于知识保守型的企业来说，其与集群内其他企业共享知识的意愿较弱，这类企业的知识行为会导致集群知识传播绩效下降；反之，对于知识开放型的企业来说，其乐于与关联企业分享知识，关联企业知识学习的满意度较高，集群知识传播绩效也将提高，因此提出以下两点假设：

H6：集群企业的知识获取能力越强，集群知识传播绩效越高。

H7：集群企业的知识溢出能力越强，集群知识传播绩效越高。

二、模型构建及数据采集

(一)概念模型的构建

根据本章的理论分析和 7 条基本假设，本章形成了集群企业参与知识传播绩效分析的概念模型，见图 5.1。由于集群企业内知识活动相关的"文化环境"、"员工素质"和"基础设施"之间不仅具有很强的相关度，而且具有区分效度，出于能够简单而又准确描述数据中各变量关系的目的，可以用一个更普遍的二阶因子来影响各一阶因子的表现(候杰泰等，2004)，因此，本章所构建的概念模型中"企业知识活动基础"是由"文化环境"、"员工素质"和"基础设施"三个一阶潜变量组成的二阶潜变量。

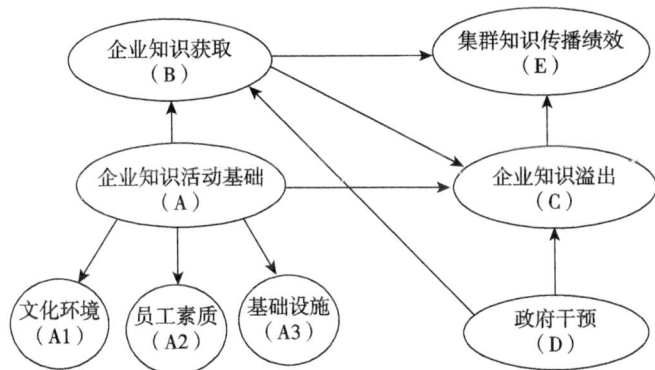

图 5.1　企业知识活动与政府激励对集群知识传播绩效作用的概念模型

(二)调查问卷的设计

问卷调查是实证研究中经常采用的第一手数据获取方法。为确保本次问卷调查程序的标准化和统一化,提高数据收集的完整性和准确性,本章在参阅相关学者关于调查问卷设计和量表设计的研究的基础上,在调查问卷设计中尽量避免带有倾向性问题、互斥问题和未尽举问题,而是尽量用词简洁易懂,问题由简到难。调查问卷按照经济管理问题研究的通用格式设计,采用多个指标反映同一个潜在变量,并采用 Liken-10 级量表打分法。

与以往不同,本章从集群内部知识活动流程的角度来讨论企业在产业集群知识传播中的作用,国内外可供直接借鉴的同类研究较少,缺少成熟的量表可供参考。本章在量表开放过程中,主要根据企业参与集群知识传播机理模型(图5.1)和基本的研究假设,以及在湖塘纺织产业集群访谈的直观感受,经过 3 次集中讨论和 3 轮专家意见调查,形成调查问卷初稿。为提高调查问卷的科学性及语言表达的简洁性,使调查问卷的内容更切合湖塘纺织产业集群的实际,在进行大规模调查问卷发放前,有必要进行小样本的调查问卷测试。小样本测试是在湖塘纺织产业集群内选择了 20 家中小企业实施,测试过程中通过与填答调查问卷者的沟通,认真听取了他们的改进意见,结合试调研过程中提出的再次讨论,形成调查问卷终稿,具体内容见本书附录(调查问卷)。

(三)调研活动的组织

本次调研活动进行主要依托于国家自然科学基金研究课题"产业集群知识系统:基于网络与企业行为分析"和"集群式产业转移驱动的国内价值链重构与产业集群升级研究",以及与中国人民银行常州市中心支行合作课题《常州产业集群发展及中小企业融资状况实证研究》。调研工作分两个阶段进行,第一阶段,主要围绕湖塘纺织产业集群政府、行业协会及金融结构开展调研;第二阶段,主要围绕湖塘纺织产业集群内的代表企业开展调研。

在湖塘纺织产业集群调研过程中,本章研究得到中国人民银行常州市中心支行、农业银行、工商银行和武进农村商业银行的支持和帮助,不仅召开了多次课题调研会,而且深入企业调研,共面向湖塘镇纺织企业的主要管理人员发放并回收调查问卷 208 份,其中 96 份现场回收,另外 112 份由中国人民银行常州市中心支行发放回收。

三、数据的描述性统计

为了保证回收调查问卷的质量,调查问卷的发放与回收工作都有专人跟踪负责。即便如此,也还有少量问卷因为填答不完整或者填答不认真(答案呈"Z"形排列、所有条款同一选项)等原因而被判定为无效,并删除。在湖塘镇回收的

208 份调查问卷中，有 46 份调查问卷被判定为无效问卷，有效调查问卷为 162 份，有效率为 77.88%。由于大多数结构方程模型需要至少 100～200 个样本(候杰泰等，2004)，可知本章的样本数量是适合于做结构方程模型分析的。

1. 调研企业的描述性统计

下面对本次调研的 162 个有效样本的基本情况做简要统计性描述，如表 5.1 所示。从企业的性质来看，民营企业数量占被调查企业的 88.27%，这与纺织产业的低技术含量和劳动密集型的特征相符，国有企业虽然占比较低，但一般规模较大，历史较长，是产业集群发展的源泉和基础；外商独资企业和中外合资企业累计占 8.03%，它们通常能够从集群外带来新的技术和创新理念。从企业类别来看，纺织企业(包括棉纺、绢纺、化纺)与针织服装企业占比基本平衡，这与近几年地方政府注重完善区域产业链、加强实施产业集群发展战略密切关联。从员工规模来看，员工数量在 100～500 人的企业占 37.65%，在 50～100 人的企业占 32.72%，说明这个产业集群以中小企业为主，当然也不乏少量大型企业。从企业创新的基础来看，大专以上技术员工占比在 10% 以下的企业占 87.04%，说明企业创新的员工基础不高。

表 5.1　调研企业基本情况统计表

企业分类标准	分类	企业数量/个	百分比/%
企业性质	国有企业	6	3.70
	民营企业	143	88.27
	外商独资	4	2.47
	中外合资	9	5.56
企业类别	棉纺企业	47	29.00
	绢纺企业	8	4.94
	化纺企业	26	16.05
	服装企业	53	32.72
	针织企业	16	9.88
	其他企业	12	7.41
员工规模	500 人以上	27	16.67
	100～500 人	61	37.65
	50～100 人	53	32.72
	50 人以下	21	12.96
创新基础 (大专以上技术员工占比)	10% 以上	21	12.96
	5%～10%	118	72.84
	5% 以下	23	14.20

资料来源：根据调查问卷整理

2. 测量条款评价值的描述性统计

根据调查问卷的数据统计，本章对变量测量项目的样本值、最大值、最小值、均值和标准差等进行描述性统计，具体见表 5.2。题项编号与调查问卷编号一致。

表 5.2　变量测量项目的描述性统计

变量	样本值	最小值	最大值	均值	标准差
A11	162	1	10	6.22	1.41
A12	162	1	10	6.04	1.66
A13	162	2	10	7.35	1.36
A14	162	1	10	6.42	2.41
A15	162	1	10	7.01	1.37
A16	162	1	10	7.62	1.61
A21	162	1	10	6.43	2.25
A22	162	1	10	6.05	2.73
A23	162	1	10	6.51	1.71
A24	162	1	10	6.12	1.85
A25	162	1	10	6.16	1.81
A26	162	1	10	6.07	2.56
A31	162	1	10	6.54	1.63
A32	162	1	10	6.51	1.56
A33	162	1	10	6.44	1.65
A34	162	1	10	7.53	1.28
A35	162	1	10	7.39	1.35
B1	162	1	10	7.61	1.13
B2	162	2	10	7.45	1.29
B3	162	1	10	6.08	2.69
B4	162	1	10	6.15	2.29
B5	162	1	10	6.18	2.36
B6	162	1	10	6.21	2.43
C1	162	1	10	6.42	1.79
C2	162	1	10	6.51	1.60
C3	162	1	10	6.61	1.59
C4	162	1	10	6.72	1.43

续表

题项	样本值	最小值	最大值	均值	标准差
C5	162	1	10	6.83	1.38
C6	162	1	10	6.41	1.57
D1	162	1	10	6.19	2.43
D2	162	1	10	6.35	2.33
D3	162	1	10	6.23	2.02
D4	162	1	10	6.15	1.87
D5	162	1	10	6.19	1.79
E1	162	1	10	6.25	1.74
E2	162	1	10	6.39	1.80
E3	162	1	10	6.07	2.53
E4	162	1	10	6.27	2.01
E5	162	1	10	6.56	1.76
E6	162	1	10	7.65	1.28

资料来源：根据调查问卷整理

四、模型的数据分析

根据调查问卷所获得的数据资料，本章在此首先对所获取的数据进行描述性统计分析，考察样本数据是否与实际情况相符，是否具有代表性。其次在此基础上对数据的信度（reliability）和效度（validity）进行检验，为结构方程模型分析奠定数据基础。

（一）信度和效度检验

在进行数据的实证检验前，为保证测量数据的准确性与可靠性，还要对调查问卷中所获得的数据进行信度和效度检验。

信度是指测量数据一致性或稳定性的程度。其中一致性主要反映内部题目之间的关系，调查问卷中各个题目是否测量了相同的内容或特质。稳定性是指同一份调查问卷对同一群体在不同时间上重复测量结果间的具有较高的相关系数。在本章中，主要采用反映内部一致性的指标测量数据的信度。测量一致性的信度类型主要有折半信度（split-half reliability）和 Chronbach's α 系数两种。折半信度是将测量工具中的条目按奇偶数或前后分成两半，采用 Spearman-brown 公式估计相关系数，相关系数高，表明内部一致性好，这种测量办法要求建立在两边问题条目分数的方差相等这一假设下，而这通常情况下难以满足。Chronbach's α 系数法（Classics Chronbach，1951）将测量工具中任一条目结果同其他所有条目作比较，对量表内部一致性估计更加慎重，弥补了折半信度的不足。本章在研究中根据总项相关系数（corrected-item-total-correlation，CITC）对题项进行纯化，如果CITC小于0.5，则该题项将被删除，然后采用Chronbach's α系数测量量表信度。问卷内部的相关信度由Chronbach's α系数的大小决定，系数越大，信度越高，通常认为Chronbach's α系数应该大于0.80才能满足量表内部的信度要求（Nunnally，1978）。

效度表示能够正确测量出所要测量对象的特质的程度。通常效度可以分为三类：内容效度（content validity）、效标效度（criterion validity）和结构效度（construct validity）。内容效度也称为表面效度或逻辑效度，是指测量目标与测量内容之间的适合性与相符性。效标效度又称准则效度、实证效度、统计效度、预测效度或标准关联效度，是指用几种不同的测量方式或不同的指标对同一变量进行测量，并将其中的一种方式作为准则（效标），用其他的方式或指标与这个准则作比较，如果其他方式或指标也有效，则这个测量即具备效标效度。结构效度也称构想效度、建构效度或理论效度，是指测量工具反映概念或命题的程度，如果问卷调查结果能够测量其理论特征，调查结果与理论预期一致，则认为数据具有较高的结构效度（易丹辉，2008）。其中，结构效度又可以分为收敛效度和区别效度（Shook et al.，2004），收敛效度是指相同概念里的项目彼此之间具有显著的相关性；区别效度是指不同概念里的项目彼此相关度低。一般认为内容效度是定性的主观判定，效标效度也存在着标准的确定和可靠性难以把握的困难，而构造效度可以利用可测变量的相关系数来测度。因此，本章将对测量变量进行结构效度的检验。

本章借助于Spss 17.0，采用探索性因子分析样本的收敛效度进行评价，通常认为，因子分析的结果显示潜变量对同一量表测量题项的解释方差（variance extracted，VE）大于0.5时，可以说明这些测量题项对于该潜变量具有相当程度的代表性，而同一量表所有测量题项对潜变量的因子载荷均大于0.5时，说明测量具有较高的内部一致性。在进行因子分析前需要对变量之间的相关性进行检验，通常采用KMO样本测度和Bartlett球体检验来实现，通过检验后才可以做因子分析，其中KMO的判断标准如表5.3所示。巴特莱特（Bartlett）球体检验的统计值的显著性概率要求小于显著性水平。

表5.3 KMO的判断标准

KMO值	大于0.9	0.8～0.9	0.7～0.8	0.6～0.7	0.5～0.6	小于0.5
判断结果	非常好	很好	好	一般	差	不能接受

资料来源：Kaider，2005

下面就本章涉及的五个量表分别进行探索性因子分析，以纯化分析题项，并进行信度和效度的识别。

1. 企业知识活动基础

在本章中，企业知识活动基础包括 3 个一阶因子，即企业知识活动的文化环境、企业知识活动的员工基础、企业知识活动的物质基础，每个一阶因子又对应若干个测量条款。下面分别对其进行评估。

1）企业知识活动的文化环境

在调查问卷中，反映企业知识活动的文化环境的题项有 6 个，为符合探索性因子分析的要求，首先对样本数据做 KMO 和 Bartlett 球体检验，得到结果：KMO 系数为 0.847、Bartlett 球体检验显著（显著概率为 0.000），因此可以认为该样本适合做因子分析。信度和效度的初步分析结果如表 5.4 所示，从表 5.4 中可以看出所有题项的 CITC 均大于 0.5，整体 α 值为 0.887，大于 0.7，且"删除该项后的 α 值"一栏内的数据不大于整体 α 值，说明测量量表符合信度要求。因子分析仅得到一个特征值大于 1 的因子，该因子的解释方差为 70.832%，大于50%，且测量量表中所有题项的因子载荷均大于 0.5，说明测量量表具有很好的收敛效度。因此可以认为，6 项文化环境的测量数据具有很好的信度和效度。

表 5.4　企业知识活动的文化环境的信度和效度初步分析结果

题项	CITC	删除该项后的 α 值	整体 α 值	因子载荷	解释方差/%	KMO
A11	0.652	0.838		0.806		
A12	0.761	0.821		0.759		
A13	0.833	0.860	0.887	0.708	70.832	0.847
A14	0.732	0.862		0.786		
A15	0.710	0.849		0.793		
A16	0.745	0.859		0.787		

注：主成份分析法，提取 1 个公因子

2）企业知识活动的员工素质

在调查问卷中，反映企业知识活动的员工素质的题项有 6 个，同样对样本数据做 KMO 和 Bartlett 球体检验，得到结果：KMO 系数为 0.871、Bartlett 球体检验显著（显著概率为 0.000），因此可以认为该样本适合做因子分析。信度和效度的初步分析结果如表 5.5 所示，从表 5.5 中可以看出所有题项的 CITC 均大于0.5，整体 α 值为 0.846，大于 0.7，且"删除该项后的 α 值"一栏内的数据不大于整体 α 值，说明测量量表符合信度要求。另外，因子分析仅得到一个特征值大于1 的因子，该因子的解释方差为 67.621%，大于 50%，且测量量表中所有题项的因子载荷均大于 0.5，说明测量量表具有很好的收敛效度。因此可以认为，6

项员工素质的测量数据具有很好的信度和效度。

表5.5　企业知识活动的员工素质的信度和效度最终分析结果

题项	CITC	删除该项后的 α 值	整体 α 值	因子载荷	解释方差/%	KMO
A21	0.749	0.836		0.694		
A22	0.832	0.764		0.712		
A23	0.759	0.818	0.846	0.737	67.621	0.871
A24	0.782	0.819		0.706		
A25	0.826	0.827		0.743		
A26	0.792	0.846		0.767		

注：主成份分析法，提取1个公因子

3）企业知识活动的物质基础

在调查问卷中，反映企业知识活动的员工素质的题项有5个，同样对样本数据做 KMO 和 Bartlett 球体检验，得到结果：KMO 系数为 0.851、Bartlett 球体检验显著（显著概率为 0.000），因此可以认为该样本适合做因子分析。信度和效度的初步分析结果如表 5.6 所示，从表 5.6 中可以看出所有题项的 CITC 均大于 0.5，整体 α 值为 0.859，大于 0.7，且"删除该项后的 α 值"一栏内的数据均小于整体 α 值，说明测量量表符合信度要求。另外，因子分析仅得到一个特征值大于 1 的因子，该因子的解释方差为 65.639%，大于 50%，且测量量表中所有题项的因子载荷均大于 0.5，说明测量量表具有很好的收敛效度。因此可以认为，5 项企业知识活动物质基础的测量数据具有很好的信度和效度。

表5.6　企业知识活动的物质基础的信度和效度最终分析结果

题项	CITC	删除该项后的 α 值	整体 α 值	因子载荷	解释方差/%	KMO
A31	0.851	0.841		0.716		
A32	0.852	0.798		0.736		
A33	0.823	0.828	0.859	0.712	65.639	0.851
A34	0.736	0.805		0.697		
A35	0.782	0.846		0.805		

注：主成份分析法，提取1个公因子

2. 企业知识获取

在调查问卷中，反映企业知识获取情况的题项有 6 个，同样对样本数据做 KMO 和 Bartlett 球体检验，得到结果：KMO 系数为 0.871、Bartlett 球体检验显著（显著概率为 0.000），因此可以认为该样本适合做因子分析。信度和效度的初步分析结果如表 5.7 所示，从表 5.7 中可以看出所有题项的

CITC 均大于 0.5，整体 α 值为 0.826，大于 0.7，且"删除该项后的 α 值"一栏内的数据均小于整体 α 值，说明测量量表符合信度要求。另外，因子分析仅得到一个特征值大于 1 的因子，该因子的解释方差为 69.834%，大于 50%，且测量量表中所有题项的因子载荷均大于 0.5，说明测量量表具有很好的收敛效度。因此可以认为，6 项企业知识获取的测量数据具有很好的信度和效度。

表 5.7　企业知识获取的信度和效度最终分析结果

题项	CITC	删除该项后的 α 值	整体 α 值	因子载荷	解释方差/%	KMO
B1	0.773	0.781		0.712		
B2	0.845	0.838		0.772		
B3	0.731	0.832	0.862	0.706	69.834	0.871
B4	0.812	0.807		0.724		
B5	0.706	0.834		0.779		
B6	0.813	0.798		0.746		

注：主成份分析法，提取 1 个公因子

3. 企业知识溢出

在调查问卷中，反映企业知识溢出情况的题项有 6 个，同样对样本数据做 KMO 和 Bartlett 球体检验，得到结果：KMO 系数为 0.891、Bartlett 球体检验显著（显著概率为 0.000），因此可以认为该样本适合做因子分析。信度和效度的初步分析结果如表 5.8 所示，从表 5.8 中可以看出所有题项的 CITC 均大于 0.5，整体 α 值为 0.859，大于 0.7，且"删除该项后的 α 值"一栏内的数据均小于整体 α 值，说明测量量表符合信度要求。另外，因子分析仅得到一个特征值大于 1 的因子，该因子的解释方差为 70.803%，大于 50%，且测量量表中所有题项的因子载荷均大于 0.5，说明测量量表具有很好的收敛效度。因此可以认为，6 项企业知识溢出的测量数据具有很好的信度和效度。

表 5.8　企业知识溢出的信度和效度最终分析结果

题项	CITC	删除该项后的 α 值	整体 α 值	因子载荷	解释方差/%	KMO
C1	0.783	0.782		0.745		
C2	0.802	0.870		0.791		
C3	0.836	0.825	0.859	0.708	70.803	0.891
C4	0.819	0.807		0.716		
C5	0.691	0.780		0.689		
C6	0.742	0.859		0.780		

注：主成份分析法，提取 1 个公因子

4. 政府干预

在调查问卷中，反映政府干预情况的题项有 5 个，同样对样本数据做 KMO 和 Bartlett 球体检验，得到结果：KMO 系数为 0.823、Bartlett 球体检验显著（显著概率为 0.000），因此可以认为该样本适合做因子分析。信度和效度的初步分析结果如表 5.9 所示，从表 5.9 中可以看出所有题项的 CITC 均大于 0.5，整体 α 值为 0.841，大于 0.7，且"删除该项后的 α 值"一栏内的数据均小于整体 α 值，说明测量量表符合信度要求。另外，因子分析仅得到一个特征值大于 1 的因子，该因子的解释方差为 63.429%，大于 50%，且测量量表中所有题项的因子载荷均大于 0.5，说明测量量表具有很好的收敛效度。因此可以认为，5 项政府干预的测量数据具有很好的信度和效度。

表 5.9　政府干预的信度和效度最终分析结果

题项	CITC	删除该项后的 α 值	整体 α 值	因子载荷	解释方差/%	KMO
D1	0.786	0.792		0.724		
D2	0.814	0.837		0.769		
D3	0.829	0.817	0.841	0.697	63.429	0.823
D4	0.792	0.798		0.731		
D5	0.683	0.773		0.668		

注：主成份分析法，提取 1 个公因子

5. 企业对集群知识传播绩效

在调查问卷中，反映企业对集群知识传播绩效的题项有 6 个，同样对样本数据做 KMO 和 Bartlett 球体检验，得到结果：KMO 系数为 0.892、Bartlett 球体检验显著（显著概率为 0.000），因此可以认为该样本适合做因子分析。信度和效度的初步分析结果如表 5.10 所示，从表 5.10 中可以看出所有题项的 CITC 均大于 0.5，整体 α 值为 0.853，大于 0.7，且"删除该项后的 α 值"一栏内的数据均小于整体 α 值，说明测量量表符合信度要求。另外，因子分析仅得到一个特征值大于 1 的因子，该因子的解释方差为 64.673%，大于 50%，且测量量表中所有题项的因子载荷均大于 0.5，说明测量量表具有很好的收敛效度。因此可以认为，6 项企业对集群知识传播绩效的测量数据具有很好的信度和效度。

表 5.10 集群知识传播绩效的信度和效度最终分析结果

题项	CITC	删除该项后的 α 值	整体 α 值	因子载荷	解释方差/%	KMO
E1	0.869	0.820		0.762		
E2	0.761	0.789		0.829		
E3	0.780	0.801	0.853	0.775	64.673	0.892
E4	0.865	0.843		0.673		
E5	0.808	0.798		0.586		
E6	0.786	0.792		0.618		

注：主成份分析法，提取 1 个公因子

6. 整体测量量表的探索性因子分析

为进一步明确本章所评价数据的单纬度性和不同变量测量项目的差异性，本章在此对整体测量量表的数据进行探索性因子分析。同样为符合因子分析的要求，首先对数据做 KMO 和 Bartlett 球体检验，得到结果：KMO 系数为 0.816、Bartlett 球体检验显著（显著概率为 0.000），因此可以认为该样本适合做因子分析。探索性因子分析结果如表 5.11 所示。从表中可以看出，所有测量项目的最大负荷数均大于 0.5，且同一变量的测量项目的最大负荷系数归属于同一因子，不存在同一测量项目在两个或两个以上的因子中负荷系数大于 0.5 的情况。由此可以认为，本章所使用的调查数据，具有较为显著的区分效度，可以做验证性因子分析。

表 5.11 整体测量量表的探索性因子分析结果

变量	题项	主因子						
		1	2	3	4	5	6	7
文化环境	A11	0.661						
	A12	0.736						
	A13	0.581						
	A14	0.629						
	A16	0.753						
	A17	0.812						
员工素质	A21		0.769					
	A22		0.634					
	A23		0.581					
	A24		0.761					
	A25		0.826					
	A26		0.591					

续表

变量	题项	主因子						
		1	2	3	4	5	6	7
物质基础	A31			0.753				
	A32			0.796				
	A33			0.771				
	A34			0.872				
	A35			0.797				
知识获取	B1				0.735			
	B2				0.644			
	B3				0.793			
	B4				0.887			
	B5				0.885			
	B6				0.732			
知识溢出	C1					0.877		
	C2					0.777		
	C3					0.774		
	C4					0.875		
	C5					0.668		
	C6					0.634		
政府干预	D1						0.874	
	D2						0.686	
	D3						0.866	
	D4						0.768	
	D5						0.861	
集群知识传播贡献绩效	E1							0.710
	E2							0.741
	E3							0.700
	E4							0.692
	E5							0.765
	E6							0.797

注：采用了具有 Kaiser 标准化的正交旋转法

(二)假设检验

在对结构方程进行优度拟合之前，需要经过三层次的违规估计检验：各子测量量表中各题项是否存在误差变异数；标准化系数是否超过或者接近1(以 <0.95 为标准)；是否有太大的标准误差。在此基础上再进行理论预测模型与数据之间的适配程度评价。在研究中，通常采用拟合指数对适配程度进行评价，各拟合指数的具体评价标准见表 5.12，如果模型拟合不好，需要根据相关知识和模型修正指标进行修正。

在结构模型方程构建之前需要先对每个测量模型进行检验，然后再检验因子之间的关系(候杰泰等，2004)。本章在此根据本章信度和效度的检验情况，分别对各测度项的违规估计和拟合效果进行检验。检验结果如表 5.13、表 5.14 所示。从表 5.13 中可以看出，各子测量量表中各题项均没有负的误差变异数；标准化系数没有超过或者接近1(以 <0.95 为标准)；因此可以认为各测度项均无违规估计现象。从表 5.14 中各测度项 CFA(confirmative factor analysis，即验证性因子分析)模型拟合效果的统计值可以看出，各子测量量表 CFA 模型的 χ^2 显著性都大于 0.05；χ^2/df 值符合小于 2 的标准；AGFI 都大于推荐的标准值 0.8；GFI、IFI、NFI、CFI 都大于推荐的标准值 0.9；RMSEA 都小于推荐的标准值 0.1。各项测度指标都比较理想，说明各子测量量表构成的测度模型具有良好的拟合效果。

表 5.12　结构方程常见拟合指标及建议值

指标	评价标准
χ^2/df	小于 5，小于 2 更佳
显著性概率(P)	大于 0.05
拟合优度指数(GFI)	大于 0.9，越大越好(大于 0.85 也可以接受)
调整拟合优度(AGFI)	大于 0.9，越大越好(大于 0.85 也可以接受)
近似误差均方根残差(RMSEA)	小于 0.1，小于 0.05 更佳
规范拟合指数(NFI)	大于 0.9，越接近 1 越好
比较拟合优度指数(CFI)	大于 0.9，越接近 1 越好
增值拟合优度指数(IFI)	大于 0.9，越接近 1 越好

资料来源：根据易丹辉(2008)整理

表 5.13　各测度项 CFA 模型的回归参数估计

结构方程模型路径	标准化系数	标准误差(S. E.)	临界比(C. R.)	显著性概率
A1←A	0.762	0.096	8.627	<0.001
A2←A	0.836	0.057	10.603	<0.001

续表

结构方程模型路径	标准化系数	标准误差(S.E.)	临界比(C.R.)	显著性概率
A3←A	0.743	0.134	8.435	<0.001
A11←A1	0.731	0.149	9.324	<0.001
A12←A1	0.765	0.091	9.528	<0.001
A13←A1	0.628	0.087	7.351	<0.001
A14←A1	0.698	0.064	7.961	<0.001
A16←A1	0.801	0.079	11.349	<0.001
A21←A2	0.649	0.063	8.427	<0.001
A22←A2	0.679	0.152	8.659	<0.001
A23←A2	0.703	0.128	9.658	<0.001
A24←A2	0.739	0.091	9.981	<0.001
A25←A2	0.668	0.095	7.234	<0.001
A26←A2	0.598	0.148	6.506	<0.001
A31←A3	0.901	0.103	11.327	<0.001
A32←A3	0.756	0.158	8.052	<0.001
A33←A3	0.634	0.065	7.241	<0.001
A34←A3	0.765	0.076	8.692	<0.001
A35←A3	0.783	0.072	9.432	<0.001
B1←B	0.685	0.139	8.240	<0.001
B2←B	0.672	0.064	7.206	<0.001
B3←B	0.746	0.083	9.847	<0.001
B4←B	0.629	0.129	6.203	<0.001
B5←B	0.733	0.077	9.106	<0.001
B6←B	0.651	0.148	6.977	<0.001
C1←C	0.709	0.106	7.206	<0.001
C2←C	0.624	0.156	6.726	<0.001
C3←C	0.768	0.091	9.431	<0.001
C4←C	0.791	0.053	9.876	<0.001
C5←C	0.515	0.069	5.978	<0.001
C6←C	0.728	0.057	8.450	<0.001
D1←D	0.687	0.067	8.084	<0.001
D2←D	0.703	0.063	8.562	<0.001
D3←D	0.739	0.128	10.038	<0.001

续表

结构方程模型路径	标准化系数	标准误差(S.E.)	临界比(C.R.)	显著性概率
D4←D	0.725	0.094	9.431	<0.001
D5←D	0.602	0.098	7.613	<0.001
E1←E	0.684	0.086	9.876	<0.001
E2←E	0.705	0.073	10.203	<0.001
E3←E	0.734	0.134	11.853	<0.001
E4←E	0.802	0.082	16.328	<0.001
E5←E	0.736	0.071	13.978	<0.001
E6←E	0.709	0.084	10.482	<0.001

表 5.14　各测度项 CFA 模型的拟合效果

测度项	χ^2/df	GFI	AGFI	RMSEA	NFI	CFI	IFI
A	1.873	0.986	0.965	0.047	0.975	0.963	0.945
B	1.926	0.992	0.972	0.076	0.964	0.982	0.951
C	1.459	0.961	0.954	0.082	0.986	0.967	0.953
D	1.876	0.934	0.933	0.098	0.948	0.956	0.972
E	1.209	0.993	0.973	0.064	0.962	0.954	0.933

1. 初始模型检验

根据本章提出的研究假设和图 5.1 的概念模型,借助 AMOS 7.0 分析软件,建构的初始结构方程模型,如图 5.2 所示。对初始结构方程模型进行初步的估计和检验,参数估计结果及拟合的结果见表 5.15。从表 5.15 中可以看出,$\chi^2/df=1.71$,小于 2;RMSEA$=0.060$,小于 0.1;另外,GFI、NNFI、CFI、IFI 均在大于 0.9 的范围内,表明初始模型的优度拟合基本符合要求。

但从路径的拟合程度来看,初始模型中的大部分假设获得了支持(表 5.15),但企业知识获取对企业知识溢出的影响并不显著($P=0.254>0.1$),因此可以认为企业知识获取与企业知识溢出之间的因果关系并不显著,需要对初始模型进行修改,剔除路径"企业知识溢出←企业知识获取",并对修正后的模型重新估计和检验。

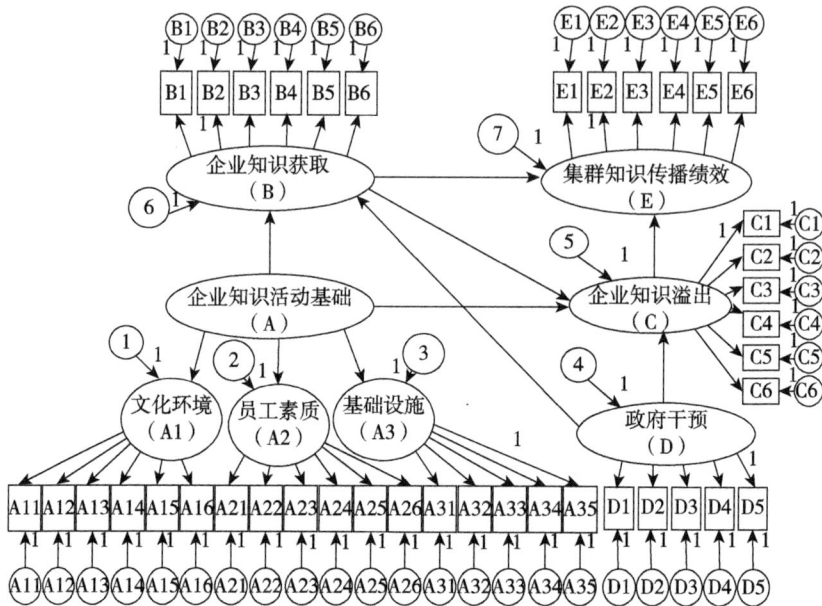

图 5.2　初始结构方程模型路径图

表 5.15　初始 SEM 模型参数估计

结构方程模型路径	标准化系数	标准误差（S. E.）	临界比（C. R.）	显著性概率
H1：企业知识获取←企业知识活动基础	0.567	0.091	6.721	0.000
H2：企业知识溢出←企业知识活动基础	0.433	0.115	5.487	0.000
H3：企业知识获取←政府干预	0.543	0.076	5.123	0.000
H4：企业知识溢出←政府干预	0.539	0.141	5.431	0.000
H5：企业知识溢出←企业知识获取	0.031	0.133	0.529	0.254
H6：集群知识传播绩效←企业知识获取	0.463	0.087	4.841	0.000
H7：集群知识传播绩效←企业知识溢出	0.492	0.089	4.283	0.000
优度拟合指标	$\chi^2/df=1.71$，GFI$=0.938$，NNFI$=0.921$，CFI$=0.973$，IFI$=0.962$，RMSEA$=0.060$			

2. 修正后的模型

根据表 5.15 的结果分析，剔除"企业知识溢出←企业知识获取"路径后建立修正后的 SEM 模型，修正后的模型如图 5.3 所示，参数估计结果如表 5.16 所示。从表 5.16 中可以看出，路径系数在 $p=0.001$ 的水平下具有统计显著性。修正拟合指标均在标准参考值内，说明修正后的 SEM 模型拟合良好。

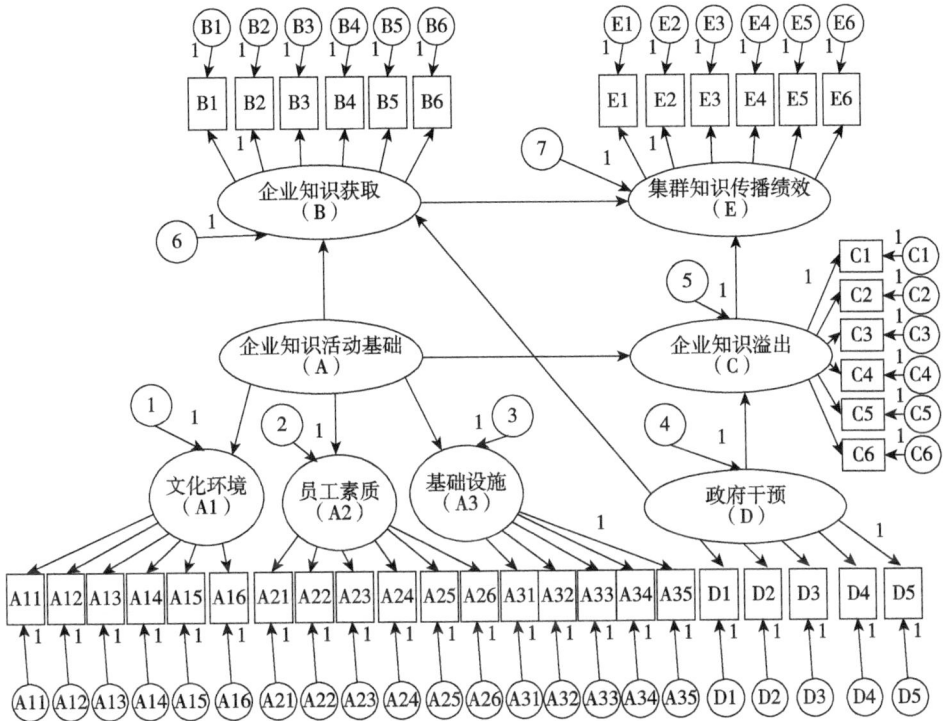

图 5.3 修正后结构方程模型路径图

表 5.16 修正后 SEM 模型参数估计

结构方程模型路径	标准化系数	标准误差(S. E.)	临界比(C. R.)	显著性概率
H1：企业知识获取←企业知识活动基础	0.568	0.087	5.659	0.000
H2：企业知识溢出←企业知识活动基础	0.428	0.963	6.532	0.000
H3：企业知识获取←政府干预	0.561	0.187	5.087	0.000
H4：企业知识溢出←政府干预	0.543	0.175	5.529	0.000
H6：集群知识传播绩效←企业知识获取	0.490	0.069	4.955	0.000
H7：集群知识传播绩效←企业知识溢出	0.521	0.078	4.293	0.000
优度拟合指标	$\chi^2/df=1.359$，GFI$=0.931$，NNFI$=0.901$，CFI$=0.977$，IFI$=0.929$，RMSEA$=0.061$			

(三)假设检验结果

根据对初始模型和修正模型的假设检验，本章研究假设的检验结果如下。

H1：从表 5.16 中可以看出，企业知识活动基础与企业知识获取之间的路径系数的标准化系数为 0.568，临界比为 5.659，显著性概率小于 0.001，说明路径系数在 0.001 显著性水平显著，假设 H1 成立。企业知识活动基础越雄厚企业知识获取能力越强。

H2：从表5.16中可以看出，企业知识活动基础与企业知识溢出之间的路径系数的标准化估计值为0.428，临界比为6.532，显著性概率小于0.001，说明路径系数在0.001显著性水平下显著，假设H2成立。企业知识活动基础越雄厚，企业知识溢出能力越强。另外，在表5.15和表5.16中可以看出，假设H1的路径系数均大于假设H2的路径系数，说明企业知识活动基础对知识吸收的影响效果更为显著。

H3：从表5.16中可以看出，政府促进知识传播的干预与企业知识获取的路径系数的标准化估计值为0.561，临界比为5.087，显著性概率小于0.001，说明路径系数在0.001显著性水平下显著，假设H3成立。政府促进知识传播的干预越大，企业知识获取越多。

H4：从表5.16中可以看出，政府促进知识传播的干预与企业知识溢出的路径系数的标准化估计值为0.543，临界比为5.529，显著性概率小于0.001，说明路径系数在0.001显著性水平下显著，假设H4成立。政府促进知识传播的干预越大，企业知识获取越多。另外，在表5.15和表5.16中可以看出，假设H3的路径系数均大于假设H4的路径系数，说明政府促进知识传播的干预对知识吸收的影响效果更为显著。

H5：从表5.15中可以看出，企业知识获取与企业知识溢出的路径系数的标准化估计值为0.031，临界比为0.528，显著性概率为0.279，说明路径系数不显著，路径关系不明显，假设H5不成立。企业知识吸收能力的强弱与企业知识溢出之间没有明确的直接因果关系。

H6：从表5.16中可以看出，企业对集群知识传播的贡献与企业知识获取的路径系数的标准化估计值为0.490，临界比为4.955，显著性概率小于0.001，说明路径系数在0.001显著性水平下显著，假设H6成立。企业知识获取越多，企业对集群知识传播的贡献越大。

H7：从表5.16中可以看出，企业知识获取与企业对集群知识传播的贡献的路径系数的标准化估计值为0.521，临界比为4.293，显著性概率小于0.001，说明路径系数在0.001显著性水平下显著，假设H7成立。企业知识溢出越多，企业对集群知识传播的贡献越大。另外，在表5.15和表5.16中可以看出，假设H7的路径系数均大于假设H6的路径系数，说明企业知识溢出对集群知识传播绩效的影响效果更为显著。

五、本章小结

在产业集群知识传播过程中，企业承担着传播介质的角色。企业既要从集群吸收知识，又要向集群溢出经过再创造的新知识，参与了集群知识传播的基本环节。因此本章通过对企业的集群知识传播贡献的研究来考察集群内企业间知识传播的关联。

通过研究发现，企业的知识活动基础和政府干预对企业知识吸收和知识溢出均存在正向影响，其中对企业知识吸收的正向影响更为显著；企业知识吸收和知识溢出对集群知识传播贡献也均存在正向影响，其中知识溢出对知识传播绩效的影响更为显著；知识吸收与知识溢出之间不存在直接的因果关系。另外，由于企业知识活动基础是参与集群知识传播的根本，本章还设计了集群企业知识管理水平评价系统，从集群企业知识活动的内部优势和集群环境两个角度对集群企业知识管理水平进行了考察，有利于集群企业寻找知识管理活动中的不足，明确后期的改进方向。

第六章

集群企业知识管理综合评价

　　对集群企业知识管理水平进行科学准确的评价是集群企业知识管理过程中急需解决的重要问题之一。随着全球经济一体化进程的加速，一些地区产生了产业"极化效应"。这些区域通过产业集群的不断成长促进地方经济的发展，并取得地区竞争优势，成为产业发展的领先者，如意大利中部和东北部的艾米利亚产业区、美国加利福尼亚的硅谷、中国广东专业镇和浙江块状经济等。这些地区产业的成长不仅依托区域内外的物质、资金资源，更依赖于本地产业专有知识的积累、带动。能否进行知识的快速积累、转移、扩散、创新，已经成为衡量产业集群发展潜力大小的重要标准。集群企业作为产业集群的基本组成单元，其有效的知识管理活动不仅决定着企业自身的竞争优势（Hansen et al.，1999），而且直接影响其所在集群的知识系统运作状态。对集群企业知识管理水平科学客观的评价具有举足轻重的作用（Aim，2002），通过评价可以使企业认知自身的知识管理水平，发现知识活动中存在的问题及主要影响因素，帮助企业寻找有效的措施促进知识管理水平的提高，同时也有助于推动整个集群知识系统的成长。

　　近年来，关于知识管理评价方法的研究引起了许多专家和学者的关注。例如，颜光华和李伟进（2001）运用层次分析法和模糊数学建立知识管理的绩效评价模型，李顺才等（2001）运用灰色关联系统对企业知识存量的评价，王军霞和官建成（2002）借助复合 DEA（data envelope analysis，即数据包络分析）方法对企业知识管理绩效的测度，Fairchild（2002）运用平衡积分卡对企业知识管理进行测度，朱启红和张钢（2003）采用人工神经网络对企业知识管理进行综合评价，Tiwana（2001）从客户知识管理的角度探讨了绩效评估的问题，王君和樊治平（2004）将模糊多指标决策方法引入知识管理绩效分析。以上这些研究成果对企业知识管理的评价研究起到了积极的助推作用。然而，上述研究都是对独立企业进行的，没有考虑产业集群知识系统对企业知识管理的影响。本章在前人研究的基础上，结合

江苏省常州市湖塘纺织产业集群和苏州市吴江纺织产业集群的特征，从集群知识
环境和企业内部知识管理优势两个角度进行评价，并借用王建华和王方华（2003）
的企业竞争力评价函数，建立了一套能反应集群特性的企业知识管理评价系统
（胡绪华和胡汉辉，2008）。

一、集群企业知识管理评价指标的建立

　　影响集群企业知识管理水平的因素主要来自于企业所在的集群知识环境和企
业内部的知识管理优势两个方面。

　　一方面，因为集群为企业的知识管理营造了一个超越企业本身的大知识环
境，这一环境的优劣直接影响了集群企业知识管理活动能力的高低，因此集群知
识环境成为企业知识管理评价不可或缺的外部指标之一。

　　另一方面，企业内部的知识管理优势主要取决于企业内部的知识创新能力和
知识管理资源建设状况。

　　首先，芮明杰等（2004）在对野中郁次郎 SECI 批判修正的基础上，提出了基
于动态知识价值链的知识创新模式，并将知识的创造和共享两个环节确定为知识
创新的核心环节，主导着知识价值链的其他环节。本章讨论的是集群企业的知识
管理活动，集群本身是介于市场和企业间的一种准市场或准科层组织形式，企业
间存在着密切相互依存、相互协作的关系，集群中的知识具有很强的共享性，企
业从所在集群获取知识能力的高低成为企业知识创新活动的重要影响因素。因
此，本章将集群企业知识创新活动的战略环节确定为知识获取、知识创造和知识
共享三个环节。

　　其次，企业的知识创新活动是建立在企业内部知识管理资源建设的基础上进
行的，因此企业知识管理活动的组织资源和基础设施资源也将作为评价的重要内
容。图 6.1 描述了集群企业知识创新过程。

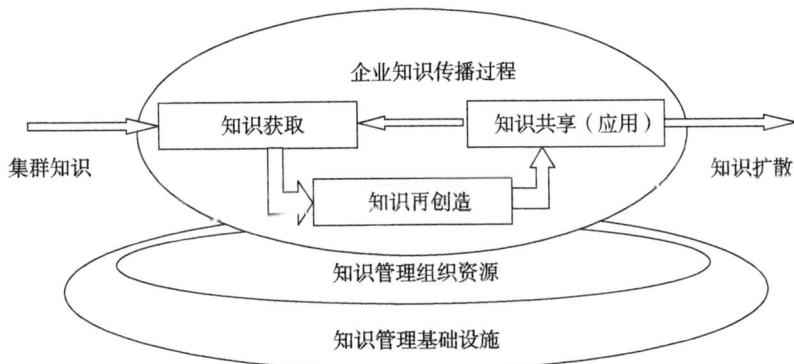

图 6.1　集群企业知识创新过程

最后，本章从集群知识环境、知识获得能力、知识创造能力、知识共享能力、组织资源和基础设施 6 个纬度建立集群企业知识管理评价框架，并在借鉴国内外专家学者对企业知识管理评价指标体系研究成果的基础上，本着科学性、系统性、可比性和可操作性的原则，吸纳修订了相关文献中的部分评价指标，并增添了能够反应集群特性的新指标，经过 3 轮专家意见调查，最终建立集群企业知识管理水平评价的 6 个一级指标，对应 23 个二级指标。本章选择的单个指标，虽然只反应集群企业知识管理水平的某一方面，但整个评价指标体系能够反应集群企业知识管理水平的真实状况，具体内容如表 6.1 所示。

表 6.1　集群企业知识管理水平评价指标

指标	一级指标	二级指标
外部环境	集群知识环境	集群相关生产企业数 X_1
		集群发明专利数 X_2
		集群研发机构数 X_3
		集群科技人员比例 X_4
		集群 R&D 投入占总投入的比例 X_5
内部优势	知识获得能力	知识型员工的流入数 X_6
		参与的企业间交流活动数 X_7
		合作开发的项目数 X_8
		专利转让成交金额 X_9
	知识创造能力	科技活动人员比例 X_{10}
		员工年均创造成果总数 X_{11}
		R&D 投入增长率 X_{12}
	知识共享能力	共享奖励机制与实施状况 X_{13}
		团队学习和协同工作机制 X_{14}
		年均员工培训的成本 X_{15}
		年均员工培训的次数 X_{16}
	组织资源	知识管理战略和预算的制定 X_{17}
		知识管理机构的设置 X_{18}
		知识管理工作最高领导者地位 X_{19}
	基础设施	电脑联网率 X_{20}
		管理信息系统应用覆盖率 X_{21}
		企业知识门户网站的建设 X_{22}
		企业思想库、学习论坛的建设 X_{23}

（1）集群知识环境。其反映产业集群内知识活动的整体状况，对企业内部知识管理影响深刻，成熟的集群知识环境能够有效推进和带动集群企业内部的知识

活动。考虑指标的可获得性和可度量性，本章从集群规模、研发单位的数量、科技活动人员比例、R&D 投入和发明专利数 5 个方面考察集群知识环境的状况。集群规模与集群知识环境的成熟度相关性较强，在此用集群相关生产企业的数量来描述集群规模；科技人员比例、研发机构数和 R&D 投入分别从人力、研究机构和资金三个角度考察集群知识活动的投入状况；发明专利数从最终成果的表现形式上反映集群知识活动的效果。

(2) 知识获得能力。其反映企业从外部获取知识的能力，表现为企业对外部知识的搜寻、购置、员工招募和对外的交流学习等方面，知识获取能力越强，企业获取知识的流量越大。本章从知识型员工的流入、企业间的交流活动、合作开发的项目和专利转让的成交情况 4 个方面考察。知识型员工主要是指管理人员和科技人员，拥有丰富的专业知识，他们的流入成为企业获取知识的重要途径之一；企业间的交流活动是指有组织的交流活动，不包括私下的非正式交流；合作开发的项目主要体现为在项目的联合开发过程中从对方获取知识能力；专利转让体现企业正式的从外界购买知识的活动。

(3) 知识创造能力。其反映企业创造新知识的能力，是知识创新活动的核心环节，也即野中郁次郎的 SECI 模型所描述的隐性知识的创造能力，知识创造的能力越强，企业拥有的原始创新知识越多。本章从科技人员的比例、员工年均创造成果总数和 R&D 投入增长率 3 个方面进行评价。科技人员的比例反映企业知识创造活动人员投入的状况；创新成果的总数反映知识创造活动的效果；R&D 投入增长率反映知识创造活动的资金保障。

(4) 知识共享能力。其反映知识在企业内部传递的能力，表现为知识通过教育培训、解读和应用在企业内部普及的能力和知识社区的建设水平，知识共享水平越高，企业内部的知识存量越大。本章从共享奖励机制与实施状况、团队协作状况、企业员工培训的成本和次数 4 个方面进行评价。知识社区的建设反映企业知识共享的环境状况；共享奖励情况反映知识共享的管理机制；团队协作和员工培训反映知识共享的方式。

(5) 知识管理的组织资源。其反映企业知识管理的组织机构的建设情况，是知识创新活动存在的组织基础，是实施知识管理的关键因素。组织资源越丰富，企业的知识管理活动越受重视。本章在此从知识管理战略和预算的制定、机构的设置、最高领导者的地位 3 个方面考查。

(6) 知识管理的基础设施。其建设是企业进行知识管理活动的基本条件，是运用技术手段支持企业知识管理的核心问题，也是企业推行知识管理活动最容易着手的地方。本章主要从电脑联网、信息系统的应用、企业知识门户网站的建设、思想库的建设等方面评价。

二、集群企业知识管理评价模型的构造

(一)评价模型的构建

集群企业知识管理评价是一项复杂的多层次、多目标的活动，本章从集群知识环境和企业内部知识管理优势两个角度构建知识管理水平评价模型，具体如式(6.1)所示。

$$KML = \sqrt{\theta\pi} \qquad\qquad (6.1)$$

其中，π 为集群企业知识管理内部优势的度量；θ 为企业外部集群知识环境的度量，在公式中表达为内部优势的调整系数，隐含的意义是企业知识管理内部优势的发挥受企业所在集群知识环境的影响，当集群特有的知识创新环境失去时，企业将因为不能正常的从外界获取知识创造的活力与动力，从而导致原有的内部优势难以表现出来，即 π 变小，因此要准确的评价 KML，需要通过 θ 对其调整。

建立集群企业知识管理评价模型后，就可以根据该模型对集群企业的知识管理水平进行评价。评价的主要目的是为集群企业提高知识管理水平指明方向，因此对集群企业知识管理水平评价进一步区分为实际知识管理水平和相对知识管理水平，具体运算公式如式(6.2)和式(6.3)所示，以便企业根据当前知识管理的实际情况进行相应的调整。

实际知识管理水平

$$KML_A = \sqrt{\theta_A\pi_A} \qquad\qquad (6.2)$$

相对知识管理水平

$$KML_B = \sqrt{\theta_B\pi_A} \qquad\qquad (6.3)$$

其中，企业的实际知识管理水平 KML_A 为集群企业知识管理实际内部优势和实际外部集群知识环境的总效应；相对知识管理水平 KML_B 为企业以现有的内部优势处于其他企业的集群环境中，所得到的知识管理评价水平；θ_A 为企业 A 的集群知识环境系数；θ_B 为企业 B 的集群知识环境系数；π_A 为企业 A 的知识管理内部优势水平。

(二)评价过程的实施

在上述 23 个评价指标中，有定性指标和定量指标之分。为了最终评价的结果客观合理，必须对各个指标进行预处理，即进行定性指标定量化、指标类型一致化和归一化处理。从集群企业知识管理评价模型可以看出，计算一个企业的知识管理水平关键是确定各项参数的值。具体评价过程如下。

第一步，定性指标定量化。定性指标由专家或调查得到结果，指标的评价分为 5 个刻度，按照表 6.2 的对应关系分别给出各指标的对应评估值。

表 6.2　定性评价指标的评价标准

评价结果	好	较好	一般	较差	差
对应分数	5	4	3	2	1

第二步，指标的一致化处理。从指标的组成来看，包括正向指标和逆向指标。评价过程中，集群知识环境属于逆向指标，即企业所处的环境越好，企业的实际知识管理水平应该比其在知识创新过程中表现的评价低，θ 越小。在此使用公式 $X = \dfrac{1}{x}$ 将逆向指标转化为正向指标。企业内部优势使用正向指标。

第三步，指标的归一化处理。指标归一化处理的方法有级差化处理、均值化处理、中心化处理、极大化处理、极小化处理。本章在此采用了应用相对广泛的级差化处理方式，具体处理公式见式(6.4)。

$$g(x_i) = \frac{x_i - m}{M - m} \tag{6.4}$$

其中，M 和 m 分别为行业各指标观测值的最大值和最小值(通常由行业分析专家给出)。

第四步，计算系数 θ 和指数 π。首先，通过专家咨询法确定各一级指标所对应的二级指标的权重，并根据二级指标归一化处理后的数值采用加权平均法计算出各一级指标的值；其次，同样通过专家咨询法确定集群知识环境和企业知识管理内部优势所分别对应的一级指标评价权重；最后，采用加权平均法计算出集群知识环境系数 θ 和内部优势指数 π。

第五步，根据公式计算集群企业的实际知识管理水平和相对管理水平。

三、评价模型的验证

为了使集群企业知识管理评价过程更清晰，本章在江苏省两个纺织产业集群内分别选取了一个纺织企业作为实例进行评价分析，一家是常州武进湖塘纺织企业 A，另一家是苏州吴江纺织企业 B，2006 年 A 企业全年销售额为 2 300 余万元，B 企业全年销售额为 7 000 余万元。其各项指标的原始数据通过行业协会及其企业的现场调查和行业年鉴获得。首先对原始数据进行一致化、归一化处理，其次计算出各一级评价指标的值，在本章计算过程中，需要通过专家咨询法确定评价指标权重的均假设权重相等。计算结果如表 6.3 所示。

表 6.3　一级评价指标值

指标值	企业 A	企业 B	A/B
集群知识环境	0.415 267	0.085 934	4.832 395
知识获得能力	0.490 643	0.472 807	1.037 724

续表

指标值	企业 A	企业 B	A/B
知识创造能力	0.490 476	0.300 000	1.634 920
知识共享能力	0.490 278	0.258 333	1.897 853
组织资源	0.666 667	0.583 333	1.142 858
基础设施	0.541 667	0.694 445	0.780 000

根据表 6.3 的指标值计算集群知识环境系数 θ 和内部优势指数 π，集群知识环境所对应的一级指标只有一个，其权重为 1，因此系数 θ 可以从表 6.3 中直接获得，内部优势对应的 5 个一级指标按等权重加权平均，由此计算出指数 π，计算结果如表 6.4 所示。

表 6.4   集群企业知识管理评价指数（单位：%）

指标值	企业 A	企业 B
集群环境系数 θ	41.526 7	8.599 34
内部优势指数 π	53.594 6	47.889 5

根据式(6.2)和式(6.3)可以计算得到 A、B 两个企业的实际知识管理水平和相对知识管理水平，如表 6.5 所示。

表 6.5   集群企业知识管理的评价结果（单位：%）

知识管理水平	企业 A	企业 B
实际知识管理水平	47.176 34	20.293 30
相对知识管理水平	21.468 07	44.594 76

由计算结果可见，企业 A 的集群环境系数远远大于企业 B，说明 B 企业所在的集群是一个成熟的产业集群，集群知识环境运行良好，而 A 企业所在的集群知识环境相对较差。从表 6.5 中可以看出，企业 A 不仅实际知识管理水平高于企业 B 的相对知识管理水平，而且其相对管理水平也高于企业 B 的实际知识管理水平，也就是说，即使两个企业处于同一产业集群时，企业 A 的管理水平将领先于 B。另外从表 6.3 中还可以看出，A 企业在知识共享、知识创造、知识共享和软环境建设方面优势明显，而相比之下，B 企业只有硬环境建设方面稍有优势。

四、本章小结

本章所讨论的集群企业知识管理评价系统充分考虑了集群的特性，不仅考察了企业知识管理活动的内部优势（包括企业的知识创新能力和知识管理资源状况），而且考察了企业所在集群的知识环境。本章通过相对知识管理水平的计算，增强了处于不同产业集群的企业知识管理活动的可比性，而且在评估过程中对企业内部优势的五个方面分别进行了评价比较，有利于企业寻找知识管理活动中的不足，明确后期的改进方向。可见，本章提出的评价框架和评价方法是具有较强科学性、可操作性和实用性的。本章在二级评价指标的设定上还有诸多不完善，有待日后进一步研究。

第七章

基于知识异质性的本地企业升级机理分析

在当前全球价值链日趋完善的背景下，综合实力较强的跨国公司雄踞全球价值链的核心环节，而发展中国家却被锁定在全球价值链的低附加值环节。在此背景下，如何发挥发展中国家资源要素优势、促进产业集群升级、破解跨国公司全球价值链阴谋，缓解全球经济非均衡演化的态势，已经成为我国经济发展过程中亟待解决的重要问题之一。企业升级与全球价值链治理模式的动态性息息相关，是影响企业升级的重要因素，如果把企业升级所需的知识能力积累视为内生因素，则全球价值链治理模式可以作为企业升级的外生因素，应根据企业所处产业链环节的发展规模、技术水平和升级动力，探讨其在国际分工中的地位和升级模式，并且将产业的技术系统与发达国家的先进技术体系对接，融入全球技术链，不断进行渐进性技术创新，国内部分学者虽然已经从不同的角度探讨了企业的升级问题，但很少有具体涉及我国本地企业在全球价值链背景下的升级研究。本章将在已有研究成果的基础上，对本地企业进行分类，分别判断其所具备核心升级能力的差异，分别探寻其升级路径。

一、本地企业分类及知识特征分析

作为全球价值链的重要组成部分，我国集群企业不同程度地参与了全球价值链的分工体系，但从本地企业在全球价值链中所参与的环节和增长模式来看，却备受诟病，大多附着于全球价值链的低端环节且依靠大量的投资和环境消耗来维持增长，对现有生产模式进行变革成为必然。从已有研究成果来看，集群内本地企业获取知识、整合知识、溢出知识的能力均存在很大的差异，特别是企业在集群内地位的差异导致集群本地企业的知识特征不同。本章根据本地企业知识管理层次的差异将本地企业所拥有的知识划分为四类：生产再造知识、产品更新知识、功能变迁知识和价值链管理知识。这四类知识存在严格的递进关系，即只有具备了前一种知识才有可能具备后一种知识，依照企业所具有知识类别的差异，进一步将企业划分为四种类型：制造型Ⅰ企业、制造型Ⅱ企业、创新型企业和知识型企业。不同类型的企业及其所具备的知识类型之间的关系，如图7.1所示。

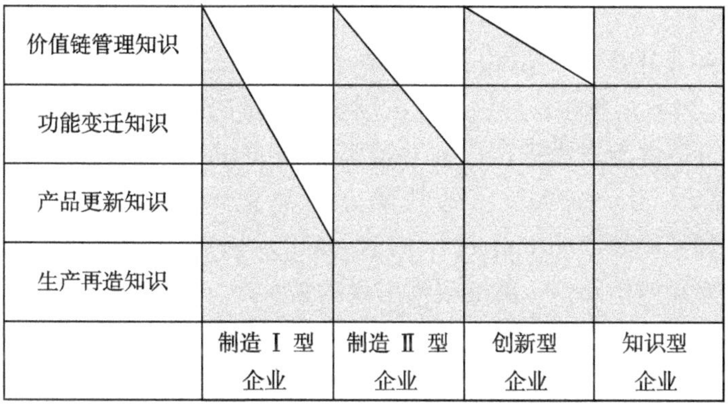

图7.1　不同类型企业知识差异分布图

1. 基于生产再造知识的制造Ⅰ型企业

制造Ⅰ型企业的知识活动主要围绕生产再造展开，其知识储藏分布情况如图7.1所示。制造Ⅰ型企业能够依赖于集群内生产再造知识的管理活动，是实现业务流程重组或引进使用先进技术设备，提高企业的工艺水平、产品质量与生产效率的企业。制造Ⅰ型企业的核心知识是生产再造，可以通过生产流程的再造优化生产管理、节约生产要素、提高生产效率，降低单位产品的制造成本，在产品市场价格不变的情形下，提高单位产品的增值幅度。其主要的生产流程再造活动包括提高生产技术装备水平和引进先进生产管理模式等。

2. 基于产品更新知识的制造Ⅱ型企业

制造Ⅱ型企业拥有丰富的生产再造知识和产品更新知识，如图7.1所示。制造Ⅱ型企业在集群内的知识活动主要围绕产品升级展开，是能够运用新技术开发新产品或提升现有产品品质、提高产品质量与附加值的企业。制造Ⅱ型企业的核心知识是产品升级，同时也具备较强的生产再造能力。制造Ⅱ型企业通过产品升级活动可以实现产品差异化战略，推动产品向品质优、品种新、品牌响的方向升级，提高市场销售价格，放大增值空间。其主要的产品升级活动包括开发高端产品、提供差异化产品供给和转变国际竞争方式等。

3. 基于功能变迁知识的创新型企业

创新型企业在产业集群内的主要知识活动聚焦在功能变迁，其知识储备情况见图7.1。该类企业能够借助功能变迁知识将战略生产环节从低附加值环节向高附加值环节变迁。创新型企业的核心知识为功能变迁，当然其也具备较强的生产再造能力和产品创新能力，能够根据市场的实际变化适时将企业所介入的价值链环节从低附加值点向高附加值点调整。该类企业功能变迁的主要途径包括业务外包、创建自主品牌、创新销售网络等。

4. 基于价值链管理知识的知识型企业

知识型企业在产业集群内的知识活动最活跃，拥有丰富的各类知识，如图 7.1 所示。该类企业能够根据国际市场的变化随时将企业的知识资源系统化整合以适应新价值链生产需求的企业。该类企业的核心知识为价值链管理，结合Henderson 和 Clark（1990）对知识划分的类别［包括组件知识（component knowledge）和架构知识（architectural knowledge）两类］来看，知识型企业拥有丰富的组件知识和架构知识，能够根据市场的需求对拥有的组件知识进行系统化重组和构架，可以生产出具有较大差别的产品和服务，能够将战略生产环节从低增值的价值链向高增值的价值链跃迁。

二、基于知识异质性的本地企业升级模型分析

Gereffi（1999）比较早的从资源配置角度认识到产业升级层次问题，并将升级分成四个层次，即企业内部升级、企业之间升级、本地或国家内部升级和国际性区域升级。Humphrey 和 Schmitz（2002）在此基础上进一步提出了以企业为中心、由低级到高级的四层次升级分类方法：工艺流程升级（process upgrading）、产品升级（product upgrading）、功能升级（functional upgrading）和跨产业升级（inter-sector upgrading）。本章在对相关文献系统梳理的基础上，借鉴、吸收、整合已有研究成果，结合我国企业的特性从价值链的视角构建了基于知识异质性的我国本地企业升级的机理模型（图 7.2）。

在模型构建中，将影响企业升级的主要知识分为四种内在因素（生产再造知识、产品更新知识、功能变迁知识和价值链管理知识）和一种外在因素（价值链的嵌入）；不同类型的企业拥有的核心知识存在差异，所对应的升级的本质与外在表现形式也不相同。在融入全球价值链的背景下，制造Ⅰ型企业拥有的核心知识是生产再造，升级的本质特征是基于价值链的横向扩张，虽然产品不变，但企业通过生产工艺的升级降低生产成本；制造Ⅱ型企业拥有的核心知识是产品升级，升级的本质特征也是基于全球价值链的横向扩张，企业通过生产更高端的同类产品，提高企业的市场效益；创新型企业拥有的核心知识是功能变迁，升级的本质特征是基于全球价值链的纵向延伸，企业通过创新活动向价值链的两端延伸，实现增值；知识型企业拥有的核心知识是价值链管理，升级的本质特征是基于全球价值链的阶梯跃迁，此时企业借助于自己的知识优势可以根据市场变化转换生产领域。

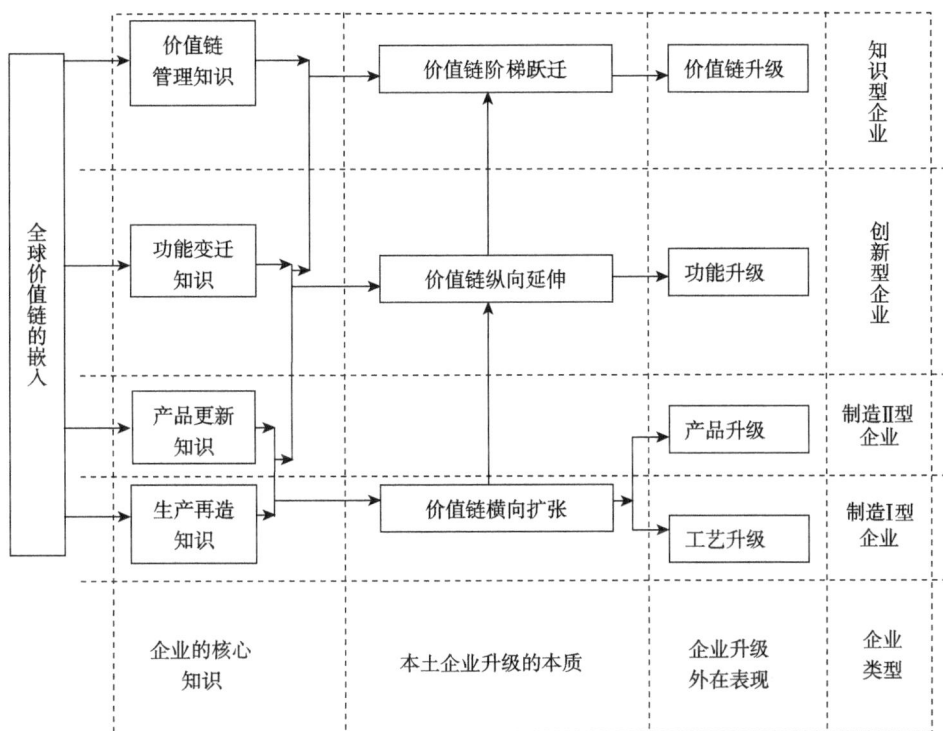

图 7.2 基于知识异质性的本地企业升级模型

三、基于知识异质性的本地企业升级路径分析

由于不同类别的本地企业（低级制造型、高级制造型、创新型、知识型）所具备核心升级能力的存在差异，在嵌入全球价值链的情景下企业升级表现为三种形式：基于全球价值链的横向扩张、基于全球价值链的纵向渗透、基于全球价值的阶梯跃迁。为更能直观感性的揭示基于全球价值链的我国本地企业的升级机理，本章借用微笑曲线来揭示升级的内在规律。微笑曲线解释了各个行业不同企业长期发展的策略方向，从产业附加值的角度分析企业竞争力的高低，在微笑曲线上企业只有不断从一个产业低附加值环节向高附加值环节转移，才能获得持续发展的机会。

在对我国具有一定代表性的本地企业升级活动调研后发现，企业类型、企业知识、企业升级本质特征、企业升级外在表现之间具有很强的对应关系，具体内容如表 7.1 所示。

表7.1　本地企业升级一览表

企业类型	核心升级能力	升级本质特征	升级的外在表现
制造I型企业	生产再造能力	价值链横向扩张	工艺升级
制造II型企业	产品升级能力	价值链横向扩张	产品升级
创新型企业	功能变迁能力	价值链纵向延伸	功能升级
知识型企业	知识管理能力	价值链阶梯跃迁	价值链升级

资料来源：根据相关调研资料整理

(一)基于全球价值链横向扩张式升级

随着世界经济一体化趋势的加快，参与全球价值链的分工已经成为企业升级活动的趋势。我国企业的升级路线首先是考虑嵌入全球价值链的分工，而后是沿低级向高级的路线升级。制造I型企业首先依赖生产再造知识融入全球价值链，借助生产再造知识对工艺流程升级，节约投入要素，提高生产效率，降低制造成本，扩大增值空间。例如，手工作业生产方式的服装企业，单件衬衣成本为70元，市场售价为100元，增值30元，通过生产流程再造企业采用半自动化生产方式，单件衬衣成本降为60元，市场售价不变的情况下即可实现增值40元。其次制造I型企业再通过在本地集群内获取、创造、共享等知识活动逐步提高自己的知识等级，其升级路线如图7.3曲线 a 所示。制造II型企业则首先依赖产品更新知识对接全球价值链，借助产品创新知识升级产品质量，提高产品的市场售价，扩大增值空间。例如，通过产品创新活动，电视机生产企业将产品从原来的黑白电视机升级为彩色电视机，虽然产品同为电视机，但单件产品增值空间大幅上升。其次制造II型企业再借助集群知识活动进一步提高自己的知识等级，其升级路线如图7.3曲线 b 所示。

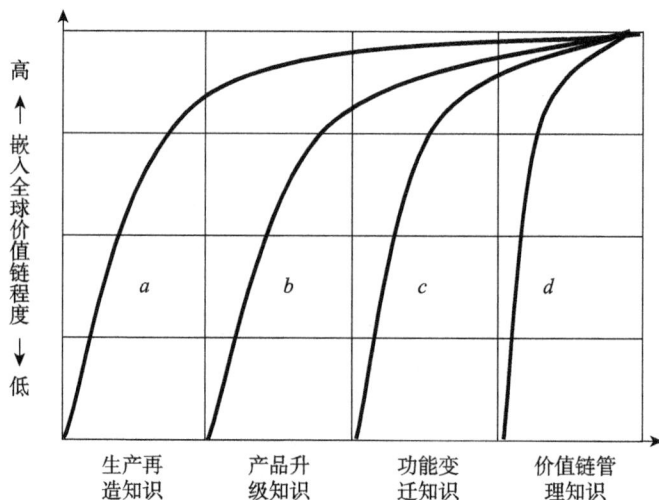

图7.3　我国本地企业升级能力变迁图

　　制造Ⅰ型企业和制造Ⅱ型企业的升级第一步均依赖现有的知识储备在原价值链的原有环节上进行，升级的结果是企业扩大增值幅度，即基于全球价值链横向扩张式升级。全球价值链各生产环节均聚集有大量的生产企业，在同一生产环节，不同企业由于自身知识能力、生产流程或产品质量的差异而存在较大的增值空间差异，因此可以认为全球价值链视角下所对应的增值曲线不是一条微笑曲线，而是许多微笑曲线的集合（微笑曲线带），如图 7.4 中阴影部分所示（曲线Ⅰ和曲线Ⅱ是其中两条微笑曲线，曲线Ⅰ狭窄、曲线Ⅱ平坦）。A 点和 B 点在全球价值链同一环节，A 点在曲线Ⅰ上，B 点在曲线Ⅱ上，企业升级后，增值空间从 A 点扩大到 B 点，该变化过程体现为微笑曲线的扁平化。

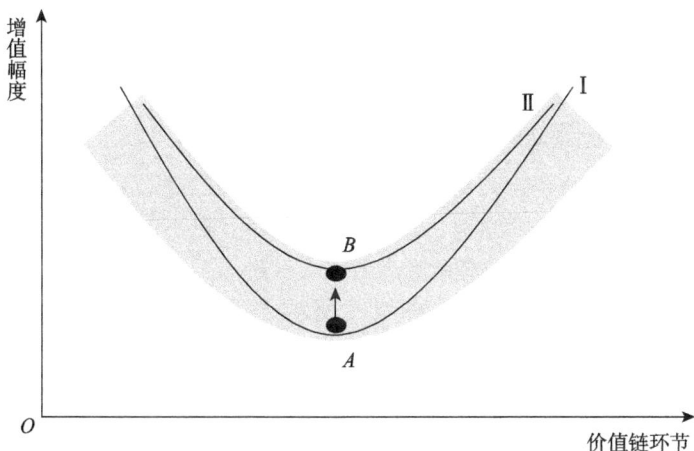

图 7.4　基于全球价值链的横向扩张

（二）基于全球价值链纵向渗透式升级

　　创新型企业除具备生产再造知识和产品更新知识外，还具备较强的功能变迁知识，其主要参与本地集群内企业的研发、设计、品牌创建等方面的知识传播活动。创新型企业在融入全球价值链前提下，变迁原有生产功能并向更高级演进，如图 7.3 曲线 c 所示。例如，我国部分为国外代工企业在生产环节中具备全球领先的优势，一旦这类企业具备了功能变迁知识，即可从事研发设计、创建品牌或者构建营销渠道等方面的活动。

　　创新型企业升级路径是在嵌入全球价值链分工后沿全球价值链从低增值环节向高增值环节渗透，即基于全球价值链纵向延伸式升级。该类升级体现为企业在全球价值链上战略生产环节的转移，如图 7.5 所示。C 点为全球价值链的生产环节，增值空间较低，D 点为全球价值链研发设计或销售环节，增值空间较高。企业掌握了功能变迁知识后，战略生产环节在原微笑曲线上从 C 点转换到 D 点，向微笑曲线的高增值空间纵向渗透。

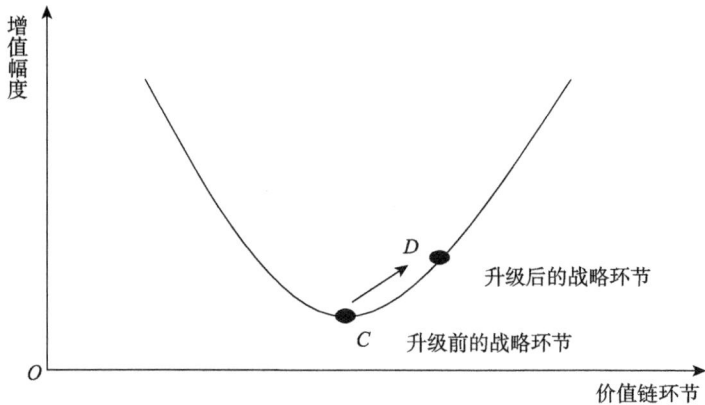

图 7.5　基于全球价值链的纵向渗透

(三)基于全球价值链阶梯跃迁式升级

知识型企业的核心知识是能够根据市场需求的变化创造与整合企业知识,将企业现有知识架构到不同价值链上的相关生产环节,在不同的价值链上转换战略生产环节,即基于全球价值链阶梯跃迁式升级。在融入全球价值链的分工体系后,该类企业升级路径的变化如图 7.3 中曲线 d 所示。例如,某企业原是生产机电产品的企业,当其具备了较强的价值链管理知识后,可以根据市场需求的变化对现有的企业知识进行再创造,及时进军太阳能发电设备制造行业,提高增值空间。

从图 7.3 中曲线 d 的变化中可以看出,知识型企业在具备了价值链管理知识后,迅速融入全球价值链,并从低增值的价值链向高增值的价值链转换,即基于全球价值链的阶梯跃迁。如图 7.6 所示,E 点在低级微笑曲线Ⅲ上,F 点在高级微笑曲线Ⅳ上,企业的战略生产环节将从 E 点向 F 点转换,从低增值空间的微笑曲线向高增值空间的微笑曲线跃迁。

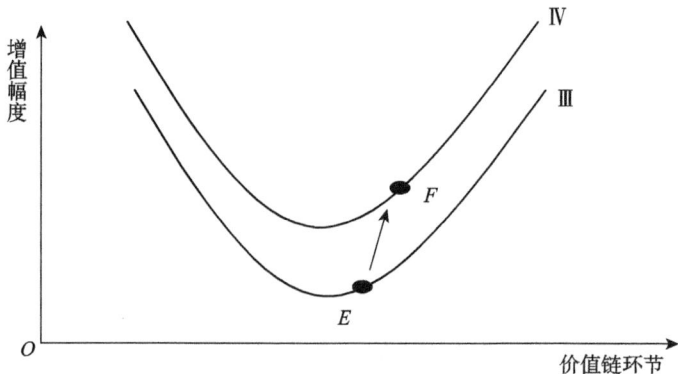

图 7.6　基于全球价值链的阶梯跃迁

四、本章小结

本章从知识属性和全球价值链治理的角度梳理了企业升级的基本机理，并进一步结合本地企业的知识异质性，探讨了在当前全球价值链背景下企业升级的一般方式。本章在一定程度上理顺了我国企业的类型、核心知识类型和升级路径之间的逻辑关系。本章首先根据我国本地企业知识储备的异质性将本地企业划分为制造Ⅰ型企业、制造Ⅱ型企业、创新型企业和知识型企业四种类型。然后进一步分析了四类企业所具备的异质性知识的特征，四类异质性知识分别为生产再造知识、产品更新知识、功能创新知识和价值链管理知识，且四类知识逐层递进，即只有具备了前一类知识的本地企业才有可能参与后一类知识的活动。由于企业所具备核心知识的存在差异，企业的升级路径也不相同。制造Ⅰ型企业升级的方向是以生产流程的再造为特征的低成本策略，制造Ⅱ型企业升级的方向是以产品创新为特征的高价格策略，两种制造型企业的升级本质特征是基于全球价值链的横向扩张，体现为微笑曲线的扁平化；创新型企业升级的方向是转换全球价值链上的战略生产环节，向高增值空间的战略生产环节渗透，即基于全球价值链的纵向渗透，体现为在同一微笑曲线上战略点的转换；知识型企业改造升级的方向是转换企业所在的价值链，从低增值幅度的价值链向高增值幅度的价值链转换，即基于全球价值链的阶梯跃迁，体现为企业战略生产点从低级微笑曲线向高级微笑曲线的转换。本章所取得的研究成果不仅从理论上探讨了我国制造型企业升级的机理，而且在实践中对我国制造型企业知识活动、升级能力的自我判断和升级路径选择也具有一定的指导意义。

第八章

基于知识异质性的本地企业升级能力评价及路径选择

本章将根据前文的理论分析，建立一套基于知识异质性的本地企业升级能力评价指标体系，借助于层次分析法确定各评价指标在评价系统中的权重，并计算出基于知识异质性的本地企业升级评价的综合隶属度，同时结合专家意见评价法和实证数据的统计分析，确定企业所处的不同综合隶属度区间与可能的升级方式之间的对应关系。

"升级"一词近年来被广泛应用，关于企业升级路径的研究已经引起了众多国内外专家学者的关注，其中代表性的学者与观点包括：Porter(1990)认为升级是指为制造更好的产品、更有效率地制造产品或者从事需要更多技能的活动。Humphrey 和 Schmitz(2002)将升级定义为通过创新来增加附加值，最终提高竞争力或者从事附加值更高的活动。过程升级、产品升级、功能升级和价值链升级是企业升级的一般路径，其中功能升级通常能带来更加持久和稳定的竞争优势(Giuliani 和 Bell，2005)。而 Gereffi(1999)关于发展中国家的研究证实存在一条从 OAM 到 OEM、再到 ODM、最终到 OBM 的发展轨迹，其背后所对应的产业发展基本表现为工艺流程升级、产品升级、功能升级和价值链升级四种形式的升级。但是，在一些特殊情况下，特别是在农业领域，要把产品升级和工艺流程升级明确区分开来，是非常困难的(Gibbon，2003)。

企业升级所需要的能力包括内生与外生两种。外生能力的获得离不开知识转移，而知识转移的效率取决于知识的特征，并且影响企业知识的获取与构建。发展中国家链上企业要提高自己的知识吸收能力，积极主动地吸收转移来的知识，才能从全球价值链中获益，并且最终实现自身的升级。而由于企业的特性不同、所处的成长阶段不同，其企业的知识获取、创造、扩散的能力不同，均会导致其可能的升级路径的存在差异。如何准确的判断所讨论企业的特征，有针对性地提出切实可行升级方向将成为本章的重要内容之一。

在关于我国本地企业升级机理研究的论述中，本书第七章认为我国本地企业在国际市场中竞争优势的来源主要包括生产再造知识、产品更新知识、功能变迁知识、价值链管理知识等，各企业由于特性及成长阶段的差异，所具有的四类知识的侧重各不相同，如图 7.1 所示，知识的差异决定了各企业可能的升级机理也各不相同(横向扩张、纵向渗透、阶梯跃迁)。为明晰不同知识能力的企业与可能的升级路径选择之间的关系，本章基于知识异质性的角度从本地企业的生产再造知识、产品更新知识、功能变迁知识、价值链管理知识 4 个方面构建了一套能够反映企业知识特征的评价指标体系(包括 34 个关键特征指标)，并借助于层次分析法确定了各指标的综合权重，明确了各综合权重区间与企业可能的升级路径之间的对应关系。

一、本地企业升级能力评价指标体系的构建

根据本书第七章关于 4 种影响我国本地企业知识能力的论述，本章将进一步探讨其所对应的主要评价指标，并以此为基础构建相对应的评价指标体系。

(一)本地企业升级能力主要影响要素分析

本章将分别从本地企业的生产再造知识、产品更新知识、功能变迁知识和价值链管理知识 4 个方面分别就其主要影响因素进行探讨。

1. 生产再造知识

生产流程再造(production process reangineering，PPR)是一种全面提高企业整体竞争能力的变革模式。业务流程再造以企业流程为核心对企业流程进行根本反思，从企业整体上确认作业流程，追求全局最优。1993 年，哈默(Hammer)和 CSC 顾问公司的杰姆斯·钱皮(JamesChampy)联名出版了《企业再造：公司管理革命宣言》(Reengineering the Corporation：A Manifesto for Business Revolution)，并对 BPR 做了全面的阐述。定义企业流程再造为"对企业的业务流程作根本性的重新思考和彻底的重新设计，使企业在成本、质量、服务和速度等方面取得显著的改善"。流程再造的核心指导原则是以市场和顾客为导向设计企业的各项业务流程，然后以流程为核心设计企业的管理模式和组织结构。因此，所谓流程再造，是指从顾客的需求出发，以企业流程为改造对象，对企业流程进行根本性的思考和分析，通过对流程的构成要素重新组合，产生出更为有价值的结果，实现企业流程彻底的重新设计，从而获得企业绩效的巨大改善。

根据生产流程再造的基本方向和业务特征，本章在参照国内外专家学者研究成果的基础上(Ulrich and Eppinger，1995；Martinsons 和 Hempel，1998；王田

苗和胡耀光，2002；贾国柱和王峰，2005），从企业生产制造系统、组织成员配备、组织结构设置和信息技术应用等方面来思考影响生产流程再造的知识要素具体包括：①生产制造知识系统。主要考察企业生产人员和生产装备是否能够适应企业生产再造的知识需求，通常生产能力越强，生产制造知识的储备越多，越利于企业业务流程再造的实现。②组织成员配备。组织的工作模式在流程再造后需要实现的是"弹性配置工作人员"，而不是一贯的"定员制"。这就要求作业人员要适应这种变更，最理想的是使全体作业人员都成为熟悉各种工作的多面手，这就需要具有复合知识的综合人才，以适应多种业务的知识需要。③组织结构设置知识。以顾客和市场为导向，根据企业流程来设计具有较好的适应性、创新性、学习性和对环境变化敏锐性的组织模式。④信息技术应用。信息技术的发展缩小了时间和空间的约束能力，应用信息技术可以减少处理中的延迟、数据冗余，改善信息的可达性，能够减少整个知识活动环节，从而改变企业组织间及组织内部的知识流程。

根据本章关于企业生产再造知识的综合分析，最终形成企业生产制造知识的评价指标体系，如表8.1所示。

表 8.1   本地企业生产再造知识评价指标体系

生产制造系统	生产设备装备水平
	计量、测试与标准化水平
	生产工艺的储备
组织成员配备	生产人员比例
	生产人员水平
	管理人员水平
组织结构设置	组织结构的完善程度
	组织结构的治理能力
信息技术应用	信息化投入占固定资产比重
	每百人计算机拥有量
	生产自动化系统应用程度
	管理信息化的应用水平

2. 产品更新知识

产品更新是新产品的识别与开发活动，是为了满足顾客需求而引入新产品或新服务的活动，而且这种新产品或新服务与老的产品或服务有着明显的不同，由于产品质量和需求档次的上升，通常能够为企业带来更大的增值幅度，因此成为企业升级的一个重要的渠道。产品更新主要涉及外部市场需求的满足，是企业相关资源的知识属性、价值特征与不断变化的顾客需求相结合的产物。以往的研究认为，有关产品更新的知识往往各自独立且在总体方面缺乏系统性，需要新知识、新资源或者新的资源整合机制，产品更新具有较高风险，创新过程管理更为复杂，在整个过程中具有较高的不确定性。

为相对准确地反映在产品更新知识，本章在参照了李琪(2004)、王国进和王其潘(2004)及张朝阳和赵涛(2007)等学者研究成果的基础上，从产品更新投入强度和产品更新管理能力等两个方面进行了考察：①新产品开发的投入。主要考察企业在创新方面所投入的资金、人员情况和技术引进情况，通常投入强度越高企业产品更新知识越丰富。②新产品开发的管理。主要考察企业组织管理机构对产品更新的激励机制和自身管理能力的高低，通常激励机制越强烈、组织协调机制越科学企业产品更新知识越强，如表 8.2 所示。

表 8.2　本地企业产品更新知识评价指标体系

新产品开发的投入	新产品开发资金投入
	新产品开发人员投入
	引进技术改进率
新产品开发的管理	信息收集与分析处理能力
	新产品开发机构设置状况
	新产品开发激励机制
	新产品开发的组织协调交流程度

3. 功能变迁知识

功能变迁知识是指企业重新定位价值链环节，从低附加值环节向高附加值环节攀升的知识，如通过自主设计与品牌运作提升附加值。根据第七章的论述，创新型企业因具备功能变迁知识而可以选择将战略生产环节从低附加值向高附加值调整的升级方式。我国企业的功能变迁，一方面要加大自身在研发、销售等高端价值环节的投入，另一方面要在全球范围内积极搜寻市场渠道，同时要积极利用地方贸易协会和行业协会提供的市场情报，拓宽自己产品的市场，有意识地使产品供给和销售的客户实现多元化。这样地方产业集群内企业，不仅可以提升自身产品的竞争力，还可以通过分享多元外部联系所带来的广阔的学习通道，实现"功能升级"，从而能在所嵌入的价值链中重新定位。梅述恩和聂鸣(2007)在研究产业集群升级时提出我国产业集群升级主要是通过提高市场拓展能力和技术能力沿着全球价值链攀升的观点。UNIDO(2002)研究强调产业的创新和学习系统对升级的重要性，认为升级是支持机构(技术中心、中介机构等)、产业战略和产业政策、框架条件(完善的法律法规、良好的教育体系等)作用的结果。这些产业层面升级的研究成果虽然不能简单移植应用到企业层面的升级，但为本章关于企业升级与转型的研究提供了一定的借鉴。

本章在参照了各相关学者研究成果的基础上，从技术创新能力、市场开拓能力和品牌创建能力3个方面提出了评价企业功能变迁知识的指标体系：①技术创新能力。企业技术创新能力是指以企业学习为基础，以支持企业创新能力提高为目的，嵌入在企业创新系统内部人力资源要素、信息要素、固定性资产要素和成员组织要素中的所有内化知识存量的创新能力。②市场开拓能力。市场开拓能力涉及市场定位、营销网络的构建、广告策划等。企业的升级需要市场的支撑。企业通过参与全球价值链的国际分工体系，寻找市场机会和市场空隙，形成专业化的细分市场，培育差异化的创新能力，获得细分市场的竞争优势。通过嵌入全球价值链，使企业纳入国际生产体系，进入全球的营销网络，拓展销售渠道，扩大市场份额。③品牌创建能力。其包括品牌的创建、运作和维护，品牌是对顾客的品质承诺，一经创立则具有持续吸引顾客的效果。品牌推广运作的前提是良好的产品品质，而品质要达到顾客动态满意取决于企业持续创新能力。在品牌推广方面，企业可以自建渠道或收购国外现有品牌以利用其渠道网络。根据本章关于企业功能变迁知识的评价分析，最终形成企业功能变迁知识的评价指标体系，如表8.3所示。

表8.3　　本地企业功能变迁知识的评价指标体系

技术创新能力	产业链各环节知识储备情况
	技术开发人员知识储备情况
	企业内部知识交流制度的完善程度
市场开拓能力	市场调查研究能力
	市场的渗透能力
	广告策划能力
品牌创建能力	品牌创建能力
	品牌运作机制的完善程度
	品牌维护机制的完善程度

4. 价值链管理知识

在过去的20年中，企业战略的研究者开始关注企业的内部资源，并将其作为提高企业绩效和获得持续竞争优势的源泉（Barney，1991；Grant，1996）。尤其是企业的无形资产，因为其不易被辨认、模仿，被认为是企业获得持续竞争优势的源泉。价值链管理知识能使企业更快地适应市场和技术的变化，使企业保持创新，维持和扩展长期的战略优势（Grant，1996），具备了价值链管理知识企业可以根据国际市场的需求将企业储备的知识及时地进行创新整合，从企业所处的原价值链的某一环节跃迁到具有更大增值空间、更广阔前景的新价值链的能力。

知识型企业已成为国内外管理学界关注的焦点，并被视为企业获得竞争优势和可持续发展的关键环节。在企业价值链管理知识的评价方面，中外管理学界已经取得了一定的成果。本章借鉴了其中部分研究成果，并分别从组织专业系统知识和个人知识两个层面，就企业价值链管理知识进行评价：
①组织专业系统知识。组织知识是复杂的系统，新知识的产生需要在继承已
有知识的基础上，在适当的环境中发酵而成。组织专业系统知识是指支持与
培训组织的专业知识与能力的软组织环境系统。主要包括：企业已有内部知识
成果（知识产权和专有技术）；对特定知识进行收集、分类、存储、查询并
可随时更新维护的知识库，知识库的价值体现为其使用价值，可以通过知识
库与公司战略匹配度来考察；将知识专家、知识员工聚焦在一起，自愿交
流、共同学习的企业软件环境设施的知识社群有效性，通过知识社群中问题
解决比率来考察。②员工个人知识。员工个人知识是知识型企业知识的首要
知识。企业中知识员工的个人知识，包括一般知识、专业知识和公司知识，
其中，一般知识是与本职工作没有直接关系的社会通用知识，虽然这些知识
一般不直接形成企业的竞争优势，但却是组织内外部及员工专业与公司知识
的基础。专业知识是指与公司的业务一致或者密切相关的专业。公司知识是
个人头脑中对所在企业本身的了解、认识情况，通常在公司工作时间久的老
员工比公司的新来者拥有更多的公司知识。本章通过员工平均受教育年限来
考察一般知识，通过高级专家员工的占比来考察专业知识，通过员工平均入
职年限考察企业的个人公司知识。根据本章关于企业价值链管理知识的评价
分析，最终形成企业价值链管理知识的评价体系，如表 8.4 所示。

表 8.4　本地企业价值链管理知识的评价指标体系

组织专业系统知识	知识产权和专有技术拥有数量
	知识库与公司战略匹配度
	知识社群中问题解决比率
员工个人知识	员工平均受教育年限
	高级专家员工的占比
	员工平均入职年限

（二）本地企业升级能力评价指标体系

根据本章关于我国产业集群内本地企业生产再造知识、产品更新知识、
功能变迁知识和价值链管理知识等影响因素的分析，本章最终构建了一套包
含 4 个一级指标、12 个二级指标、34 个三级指标的我国地方产业集群内本
地企业升级能力评价体系。本章选择的单个指标，虽然只反映我国本地企业
升级能力的某一方面，但整个评价指标体系基本能够反映我国本地企业升级
能力的真实状况，具体内容如表 8.5 所示。

表 8.5 我国地方产业集群内本地企业升级能力评价体系

目标层	一级指标	二级指标	三级指标
我国本地企业升级能力评价(A)	生产再造知识(B_1)	生产制造系统(C_1)	生产设备装备水平(D_{11})
			计量、测试与标准化水平(D_{12})
			生产工艺的储备(D_{13})
		组织成员配备(C_2)	化生产人员比例(D_{21})
			生产人员水平(D_{22})
			管理人员水平(D_{23})
		组织结构设置(C_3)	组织结构的完善程度(D_{31})
			组织结构的治理能力(D_{32})
		信息技术应用(C_4)	信息化投入占固定资产比重(D_{41})
			每百人计算机拥有量(D_{42})
			生产自动化系统应用程度(D_{43})
			管理信息化的应用水平(D_{44})
	产品更新知识(B_2)	新产品开发的投入(C_5)	新产品开发资金投入(D_{51})
			新产品开发人员投入(D_{52})
			引进技术改进率(D_{53})
		新产品开发的管理(C_6)	信息收集与分析处理能力(D_{61})
			新产品开发机构设置状况(D_{62})
			新产品开发激励机制(D_{63})
			新产品开发的组织协调交流制度(D_{64})
	功能转型知识(B_3)	技术的创新(C_7)	产业链各环节知识储备情况(D_{71})
			技术开发人员知识储备情况(D_{72})
			内部知识交流制度的完善程度(D_{73})
		市场的开拓(C_8)	市场调查研究能力(D_{81})
			市场的渗透能力(D_{82})
			广告策划能力(D_{83})
		品牌的创建(C_9)	品牌创建能力(D_{91})
			品牌运作机制的完善程度(D_{92})
			品牌维护机制的完善程度(D_{93})
	知识创造知识(B_4)	组织专业系统知识(C_{10})	知识产权和专有技术量(D_{101})
			知识库与公司战略匹配度(D_{102})
			知识社群中问题解决比率(D_{103})
		员工个人知识(C_{11})	员工平均受教育年限(D_{111})
			高级专家员工的占比(D_{112})
			员工平均入职年限(D_{113})

二、本地企业升级能力评价指标的处理

在本章问题中，所设立的指标既包括主观的定性指标，也包括客观的定量指标，各自具有不同的量纲。为给出本地企业升级能力的一个综合评价结果，以提高不同企业最终评价结果的可比较价值和实务操作中的参考价值，本章将进一步考察表 8.5 中所涉及的各指标的综合隶属度的计算，借用层次分析法的基本思路，经过对定性指标的量化处理和统一化处理，明确各指标在评价体系中的基本权重，进而得出本地企业升级能力的特定评价结果。

(一)定性指标的量化处理

为减少主观判断所引起的失误，增加定性指标的准确性，可采用语义差别隶属度赋值方法。语义差别隶属度赋值是将因素指标分为：很好、较好、一般、差、很差 5 个等级，并对每个档次内容所反映指标的趋向程度提出明确、具体的要求——赋值原则，根据赋值原则由评分人员(一般是专家)根据每档指标内容的趋向程度对相应指标进行评分。评分采用 5 级标度法，即指标对应很好、较好、一般、差、很差 5 个等级分别取值 9、7、5、3、1，中间部分根据符合程度来进行具体的修正。对于非专家评定的定性指标，处理方法为根据以上赋值原则设计相应的市场调研表，通过对典型样本的调研来统计相应的数值。

(二)指标的归一化处理

指标的归一化处理。从指标的组成来看，其包括正向指标和逆向指标。评价过程中，正向指标取值越大，对本地企业升级能力的评价目标越优；逆向指标取值越小，对本地企业升级能力的评价目标越优。指标归一化处理的要求是，处理后的指标值对评价结果的作用方向应相同。本章在此对于可能出现的逆向指标采用公式 $X = \dfrac{1}{x}$ 将其转化为正向指标。

经过指标属性值量化和归一化处理后，各项指标的都呈现同向数据值，但是由于各指标单位和量纲不同，难以聚合出综合评价结果，因此应对指标再进行归一化处理。指标归一化处理的方法有级差化处理、均值化处理、中心化处理、极大化处理、极小化处理 5 类方法。本章在此采用了应用相对广泛的级差化处理方法，具体处理如式(8.1)所示。

$$g(x_i) = \frac{x_i - m}{M - m} \qquad (8.1)$$

其中，M 和 m 分别为行业各指标观测值的最大值和最小值(通常由行业分析专家给出)。

三、本地企业升级能力评价指标权重的确定

(一)确定指标权重的方法

关于指标权重的确定方法，主要有主观赋权法和客观赋权法两类。客观赋权法，即完全根据指标所依赖的实际统计数据进行一系列的计算和评价，最终确定权重。这种方法虽然避免了人为的主观因素带来的偏差，但确定的权重有时会与指标实际的相对重要程度有较大的偏差。本章考虑研究特殊性的基础上，拟采用主观赋权法对指标进行赋值。主观赋值法是采用咨询评分的方式，即指标权重的确定由专家根据经验打分得到。这类方法主观性很强，往往会夸大或降低一些指标的作用，致使排序的结果不能完全真实地反映经济主体间的现实关系。常用的主观赋值法主要有层次分析法、德尔菲(Delphi)法等，其中德尔菲法是以匿名方式向专家们函询，并进行多次反复，直至专家的意见趋向一致。层次分析法是指美国运筹学家萨蒂最早提出的一种多目标评价决策法。该方法的基本思想是把复杂的系统分解成若干层次和因素，将同层次中的各要素进行简单的比较、判断和计算，以获得不同因素和备选方案的权重。因此本章首先借助德尔菲法获取评价体系所对应的评价数据，而后采用层次分析法来进行指标权重分析。

1. 层次分析法的原理和步骤

首先对层次分析法的原理和步骤简要阐述。根据对拟评价主体的分析和了解，将主体所包含的因素按照是否具有某些共同的特性归纳成组，并把它们之间的共同特性看做系统新的层次中的一些因素，而这些因素本身也按照另外一组特性组合起来，最终形成单一的最高层次因素。这样就构成了由最高层、若干中间层和最低层组合而成的全排列层次分析结构模型。层次分析法的步骤如下。

第一步，建立判断矩阵。

判断矩阵表示针对上一层次单元(元素)，本层次与之有关单位之间相对重要性的比较。假定 C 层次元素中C_k与下一层次中 D_1，D_2，…，D_n 有联系，则通过对它们两两进行评比，其中，C_k 是上层次中的一个元素，它是 D_1，D_2，…，D_n 诸元素两两比较判断矩阵的准则；D_1，D_2，…，D_n 是下层次中与C_k有关的诸元素；d_{ij}是针对元素C_k之下层次中元素 D_i 与元素D_j相对重要性的比较判断的标度值。由此，可构造成判断矩阵，通常将判断矩阵记为 $\boldsymbol{B}$。

C_k	D_1	D_2	…	D_n
D_1	d_{11}	d_{12}	…	d_{1n}
D_2	d_{21}	d_{22}	…	d_{2n}
⋮	⋮	⋮		⋮
D_n	d_{n1}	d_{n2}	…	d_{nn}

$$\boldsymbol{B} = \begin{pmatrix} d_{11} & \cdots & d_{1n} \\ \vdots & & \vdots \\ d_{n1} & \cdots & d_{nn} \end{pmatrix} \tag{8.2}$$

关于如何确定 d_{ij} 的值，萨蒂等建议引用数字 1～9 及其倒数作为标度（表 8.6）。

表 8.6　层次分析法标度值

标度	含义
1	表示两个因素相比，具有相同重要性
3	表示两个因素相比，前者比后者稍重要
5	表示两个因素相比，前者比后者明显重要
7	表示两个因素相比，前者比后者强烈重要
9	表示两个因素相比，前者比后者极端重要
2 4 6 8	表示上述相邻判断的中间值
倒数	若 D_i 与 D_j 的重要性之比为 d_{ij}，则 D_i 与 D_j 的重要性之比为 $1/d_{ij}$

由此，对于矩阵 $\boldsymbol{B}$，有

$$d_{ij} \cdot d_{ji} = 1; \ d_{ji} = 1/d_{ij}$$

其中，$i = 1, 2, \cdots, n$；$j = 1, 2, \cdots, n$。

如果有 $S \cdot d_{jk} = d_{ik}$（$i, j, k = 1, 2, \cdots, n$），则说明矩阵 $\boldsymbol{B}$ 具有完全的一致性。

第二步，相对重要程度的计算。

理论上，对同级要素之间的相对重要程度可以由计算判断矩阵 $\boldsymbol{B}$ 的特征值获得，但因其计算方法较为复杂，而且实际上只能获得对矩阵 $\boldsymbol{B}$ 的粗略估计，从评价值的尺度上（如 1、3、5、7、9）可以看出这一点。因此，计算其精确的特征值是没有必要的，实践中可以采用求和法或求根法来计算近似的特征值。

（1）求和法。

将判断矩阵 $\boldsymbol{B}$ 的每一列进行归一化

$$\overline{d}_{ij} = \frac{d_{ij}}{\sum_{k=1}^{n} d_{kj}} \tag{8.3}$$

对归一化后的判断矩阵按行相加

$$\overline{W}_i = \sum_{j=1}^{n} \overline{d}_{ij} \tag{8.4}$$

再对向量 $\overline{W} = [\overline{W}_1, \overline{W}_2, \cdots, \overline{W}_n]^{\mathrm{T}}$ 进行归一化

$$W_i = \frac{\overline{W}_i}{\sum_{i=1}^{n} \overline{W}_i} \tag{8.5}$$

得出向量

$$\boldsymbol{W}=[\begin{array}{cccc} W_1, & W_2, & \cdots, & W_n \end{array}]^{\mathrm{T}} \tag{8.6}$$

其中，各分量W_i就是表明D_1，D_2，$\cdots$，D_n各个指标的权重。

（2）求根法。

将判断矩阵$\boldsymbol{B}$按行求

$$V_i = \sqrt[n]{\prod_{j=1}^{n} d_{ij}} \tag{8.7}$$

归一化

$$W_i = \frac{V_i}{\sum_{i=1}^{n} V_i} \tag{8.8}$$

得出向量

$$\boldsymbol{W}=[\begin{array}{cccc} W_1, & W_2, & \cdots, & W_n \end{array}]^{\mathrm{T}} \tag{8.9}$$

其中，各分量W_i就是表明D_1，D_2，$\cdots$，D_n各个指标的权重。

第三步，一致性检验。

在实际评价中，评价者只能对矩阵$\boldsymbol{B}$进行粗略判断，甚至有时会犯不一致的错误。例如，D_1比D_2重要，D_2比D_3较重要，那么D_1比D_3更重要；如果判断D_3比D_1较重要或同样重要，就犯了逻辑错误。为了检验判断矩阵$\boldsymbol{B}$的一致性，根据层次分析法的原理，可以利用$\lambda_{\max}$与n之差检验一致性。

$\lambda_{\max}$可以由式（8.10）求出

$$\lambda_{\max} = \frac{1}{n} \sum_{i=1}^{n} \left[\frac{(\boldsymbol{B}\boldsymbol{W})_i}{W_i} \right] \tag{8.10}$$

一致性指标由式（8.11）求出

$$C.I. = \frac{\lambda_{\max} - n}{n-1} \tag{8.11}$$

计算随机一致性比值

$$C.R. = \frac{C.I.}{R.I.} \tag{8.12}$$

当$C.R. < 0.1$时，矩阵判断$\boldsymbol{B}$的一致性是可以接受的。

其中，R.I.为平均随机一致性指标，可查表得到（表8.7），根据判断矩阵的阶数n，在表中查找相应判断矩阵的平均随机一致性指标R.I.。

表8.7　1～10阶的判断矩阵的R.I.值

阶数	1	2	3	4	5	6	7	8	9	10
R.I.	0.00	0.00	0.58	0.90	1.12	1.24	1.32	1.14	1.45	1.49

(二)指标权重的确定

为明确表 8.5 中各指标在评价体系中的权重,一个由 11 人组成的"我国本地企业升级能力评价委员会"被组建。其中包括 4 名委员经历过企业升级改造的企业高层管理(分别为江苏某五金工具出口企业总经理、上海某船舶制造企业副总经理、浙江某电子产品生产企业总经理、山东某家电生产企业副总经理),3 名委员是管理咨询公司咨询师(新华信、原策、夏斯分别有一名管理咨询师参与),4 名委员分别是来自东南大学、江苏大学和浙江大学的管理学教授。

指标权重的确定分三个阶段实施,第一阶段运用德尔菲法通过 Email 与 11 名专家进行了三轮交流,并将交流结果整理汇总;第二阶段在某五金工具公司组织了一次专家讨论会,形成了各级指标相对重要性判断矩阵;第三阶段借用层次分析法对各级指标相对重要性判断矩阵进行计算,得出各指标的最终权重。其中第三阶段层次分析法的主要环节如下。

1. 一级指标权重的确定

(1)由专家征询结果整理出一级评价指标的相对重要性判断矩阵,如表 8.8 所示。根据表 8.8 得出一级指标相对重要性评判矩阵记为 A。

表 8.8　本地企业升级能力的一级指标相对重要性判断矩阵

企业升级能力	生产再造能力	产品更新能力	功能转型能力	知识创造能力
生产再造能力	1	3	5	6
产品更新能力	1/3	1	3	5
功能转型能力	1/5	1/3	1	2
知识创造能力	1/6	1/5	1/2	1

$$A = \begin{pmatrix} 1 & 3 & 5 & 6 \\ 1/3 & 1 & 3 & 5 \\ 1/5 & 1/3 & 1 & 2 \\ 1/6 & 1/5 & 1/2 & 1 \end{pmatrix}$$

(2)求判断矩阵 A 每行元素的几何平均数,得向量 $\overline{W}$。

$$\overline{W} = \begin{pmatrix} \overline{W_1} \\ \overline{W_2} \\ \overline{W_3} \\ \overline{W_4} \end{pmatrix} = \begin{pmatrix} \sqrt[4]{1 \times 3 \times 5 \times 6} \\ \sqrt[4]{\frac{1}{3} \times 1 \times 3 \times 5} \\ \sqrt[4]{\frac{1}{5} \times \frac{1}{3} \times 1 \times 2} \\ \sqrt[4]{\frac{1}{6} \times \frac{1}{5} \times \frac{1}{2} \times 1} \end{pmatrix} = \begin{pmatrix} 3.08 \\ 1.50 \\ 0.60 \\ 0.36 \end{pmatrix}$$

(3)将向量 $\overline{W}$ 归一化得到矩阵 A 的特征向量 W(即所求的权重向量)。

$$W=\begin{pmatrix}W_1\\W_2\\W_3\\W_4\end{pmatrix}=\begin{pmatrix}3.08/(3.08+1.50+0.60+0.36)\\1.50/(3.08+1.50+0.60+0.36)\\0.60/(3.08+1.50+0.60+0.36)\\0.36/(3.08+1.50+0.60+0.36)\end{pmatrix}=\begin{pmatrix}0.556\\0.271\\0.108\\0.065\end{pmatrix}$$

(4)求矩阵 A 的最大特征根。

$$\lambda_{\max}=\sum_{i=1}^{5}\frac{(AW)_i}{(nW)_i}$$

其中，

$$AW=\begin{pmatrix}1&3&5&6\\1/3&1&3&5\\1/5&1/3&1&2\\1/6&1/5&1/2&1\end{pmatrix}\times\begin{pmatrix}0.556\\0.271\\0.108\\0.065\end{pmatrix}=\begin{pmatrix}2.299\\1.105\\0.439\\0.266\end{pmatrix}$$

$$nW=n\begin{pmatrix}W_1\\W_2\\W_3\\W_4\end{pmatrix}=4\times\begin{pmatrix}0.556\\0.271\\0.108\\0.065\end{pmatrix}=\begin{pmatrix}2.224\\1.084\\0.432\\0.260\end{pmatrix}$$

最终其最大特征根为

$$\lambda_{\max}=\sum_{i=1}^{5}\frac{(AW)_i}{(nW)_i}=\frac{2.299}{2.224}+\frac{1.105}{1.084}+\frac{0.439}{0.432}+\frac{0.266}{0.260}=4.092$$

(5)计算矩阵 A 的一致性指标和相对一致性。

$$C.I.=\frac{\lambda_{\max}-n}{n-1}=\frac{4.092-4}{4-1}=0.031$$

$$C.R.=\frac{C.I.}{R.I.}=\frac{0.031}{0.9}=0.034<0.10。$$

C.R.<0.100，说明本次运算所用的判断矩阵具有较好的一致性，所得结果符合评价要求，第(3)步所得的特征向量即为一级评价指标各分量的权重。记为

$$W=\begin{pmatrix}W_1\\W_2\\W_3\\W_4\end{pmatrix}=\begin{pmatrix}0.556\\0.271\\0.108\\0.065\end{pmatrix}$$

2. 生产再造知识各层次权重的确定

参照一阶指标权重计算的步骤，进一步计算本地企业升级的生产再造知识各层次的权重，计算结果见表 8.9～表 8.13。

表 8.9　生产再造知识(B_1)权重的确定

生产再造知识	C_1	C_2	C_3	C_4	权重	C.R.
C_1	1	1/2	2	3	0.278	
C_2	2	1	3	4	0.467	0.011<0.10
C_3	1/2	1/3	1	2	0.160	一致性通过检验
C_4	1/3	1/4	1/2	1	0.095	

表 8.10　生产制造系统(C_1)权重的确定

生产制造系统	D_{11}	D_{12}	D_{13}	权重	C.R.
D_{11}	1	2	3	0.540	
D_{12}	1/2	1	2	0.297	0.009<0.10
D_{13}	1/3	1/2	1	0.163	一致性通过检验

表 8.11　组织成员配备(C_2)权重的确定

组织成员配备	D_{21}	D_{22}	D_{23}	权重	C.R.
D_{21}	1	1/2	1/3	0.163	
D_{22}	2	1	1/2	0.297	0.009<0.10
D_{23}	3	2	1	0.540	一致性通过检验

表 8.12　组织结构设置(C_3)权重的确定

组织结构设置	D_{31}	D_{32}	权重	C.R.
D_{31}	1	1/2	0.333	0.000<0.10
D_{32}	2	1	0.667	一致性通过检验

表 8.13　信息技术应用(C_4)权重的确定

信息技术应用	D_{41}	D_{42}	D_{43}	D_{44}	权重	C.R.
D_{41}	1	4	2	3	0.477	
D_{42}	1/4	1	1/2	3/4	0.119	0.003<0.10
D_{43}	1/2	2	1	2	0.256	一致性通过检验
D_{44}	1/3	4/3	1/2	1	0.148	

3. 产品更新知识各层次权重的确定

参照一阶指标权重计算的步骤，进一步计算本地企业产品更新知识各层次指标的权重，计算结果如表 8.14～表 8.16 所示。

表 8.14 产品更新知识 (B_2) 权重的确定

产品更新知识	C_5	C_6	权重	C.R.
C_5	1	2	0.667	0.000＜0.10
C_6	1/2	1	0.333	一致性通过检验

表 8.15 新产品开发投入 (C_5) 权重的确定

新产品研发投入	D_{51}	D_{52}	D_{53}	权重	C.R.
D_{51}	1	2	3	0.540	
D_{52}	1/2	1	2	0.297	0.009＜0.10
D_{53}	1/3	1/2	1	0.163	一致性通过检验

表 8.16 新产品开发管理 (C_6) 权重的确定

新产品开发管理	D_{61}	D_{62}	D_{63}	D_{64}	权重	C.R.
D_{61}	1	2	3	4	0.463	
D_{62}	1/2	1	2	3	0.275	0.032＜0.10
D_{63}	1/3	1/2	1	2	0.176	一致性通过检验
D_{64}	1/4	1/3	1/2	1	0.085	

4. 功能变迁知识各层次权重的确定

参照一阶指标权重计算的步骤，进一步计算本地企业功能变迁知识各层次指标的权重，计算结果如表 8.17～8.20 所示。

表 8.17 功能变迁知识 (B_3) 权重的确定

功能变迁知识	C_7	C_8	C_9	权重	C.R.
C_7	1	2	4	0.558	
C_8	1/2	1	3	0.320	0.016＜0.1
C_9	1/4	1/3	1	0.122	一致性通过检验

表 8.18 技术创新能力 (C_7) 权重的确定

技术创新能力	D_{71}	D_{72}	D_{73}	权重	C.R.
D_{71}	1	2	3	0.540	
D_{72}	1/2	1	2	0.297	0.009＜0.10
D_{73}	1/3	1/2	1	0.163	一致性通过检验

表 8.19　市场开拓能力(C_8)权重的确定

市场开拓能力	D_{81}	D_{82}	D_{83}	权重	C. R.
D_{81}	1	2	4	0.571	0.000＜0.1 一致性通过检验
D_{82}	1/2	1	2	0.286	
D_{83}	1/4	1/2	1	0.143	

表 8.20　品牌创建能力(C_9)权重的确定

品牌创建能力	D_{91}	D_{92}	D_{93}	权重	C. R.
D_{91}	1	2	3	0.540	0.032＜0.10 一致性通过检验
D_{92}	1/2	1	2	0.297	
D_{93}	1/3	1/2	1	0.163	

5. 价值链管理知识各层次权重的确定

参照一阶指标权重计算的步骤，进一步计算本地企业价值链管理知识各层次指标的权重，计算结果如表 8.21～表 8.23 所示。

表 8.21　价值链管理知识(B_4)权重的确定

价值链管理能力	C_{10}	C_{11}	权重	C. R.
C_{10}	1	2	0.667	0.000＜0.1 一致性通过检验
C_{11}	1/2	1	0.333	

表 8.22　组织专业系统知识(C_{10})权重的确定

组织专业体统知识	D_{101}	D_{102}	D_{103}	权重	C. R.
D_{101}	1	1/2	2	0.297	0.000＜0.1 一致性通过检验
D_{102}	2	1	3	0.540	
D_{103}	1/2	1/3	1	0.163	

表 8.23　员工个人专业知识(C_{11})权重的确定

员工个人专业知识	D_{111}	D_{112}	D_{113}	权重	C. R.
D_{111}	1	2	4	0.558	0.016＜0.1 一致性通过检验
D_{112}	1/2	1	3	0.320	
D_{113}	1/4	1/3	1	0.122	

(三)评价指标权重汇总

通过上节计算，得到了本地企业升级能力一级评价指标权重、二级评价指标和三级评价指标本层的权重。而后再根据上一级评价指标权重对二级、三级评价指标的各层权重进行修订，一般按本层权重乘以与之相对应的上一级指标权重的方法进行修订，从而得出二级、三级评价指标的综合权重。最终权重整理如表 8.24 所示。

表 8.24　我国本地企业升级能力评价指标权重

指标名称	指标权重	指标名称	本级权重	综合权重	指标名称	本级权重	综合权重
生产再造知识 (B_1)	0.556	生产制造系统 (C_1)	0.278	0.157	生产设备装备水平(D_{11})	0.540	0.085
					测试与标准水平(D_{12})	0.297	0.047
					生产工艺的储备(D_{13})	0.163	0.026
		组织成员配备 (C_2)	0.467	0.264	生产人员比例(D_{21})	0.163	0.043
					生产人员水平(D_{22})	0.297	0.079
					管理人员水平(D_{23})	0.540	0.143
		组织结构设置 (C_3)	0.160	0.091	组织结构的完善程度(D_{31})	0.333	0.030
					组织结构的治理能力(D_{32})	0.667	0.060
		信息技术应用 (C_4)	0.095	0.054	信息化投入占固定资产比重(D_{41})	0.477	0.026
					每百人计算机拥有量(D_{42})	0.119	0.006
					生产自动化系统应用程度(D_{43})	0.256	0.014
					管理信息化的应用水平(D_{44})	0.148	0.008
产品更新知识 (B_2)	0.271	新产品开发投入 (C_5)	0.667	0.181	新产品开发资金投入(D_{51})	0.540	0.098
					新产品开发人员投入(D_{52})	0.297	0.054
					引进技术改进率(D_{53})	0.163	0.029
		新产品开发的管理(C_6)	0.333	0.090	信息收集与分析能力(D_{61})	0.463	0.042
					产品开发机构设置状况(D_{62})	0.275	0.025
					产品开发激励机制(D_{63})	0.176	0.016
					产品开发组织协调程度(D_{64})	0.085	0.008
功能变迁知识 (B_3)	0.108	技术的创新 (C_7)	0.558	0.060	产业链各环节知识储备(D_{71})	0.540	0.033
					技术开发人员知识储备(D_{72})	0.297	0.018
					内部知识交流制度的完善(D_{73})	0.163	0.010
		市场的开拓 (C_8)	0.320	0.035	市场调查研究能力善(D_{81})	0.571	0.020
					市场的渗透能力(D_{82})	0.286	0.010
					广告策划能力(D_{83})	0.143	0.005
		品牌的创建 (C_9)	0.122	0.013	品牌创建能力(D_{91})	0.540	0.007
					品牌运作机制完善程度(D_{92})	0.297	0.004
					品牌维护机制完善程度(D_{93})	0.163	0.002

指标名称	指标权重	指标名称	本级权重	综合权重	指标名称	本级权重	综合权重
价值链管理知识（B_4）	0.065	组织专业知识（C_{10}）	0.667	0.043	知识产权和专有技术量（D_{101}）	0.297	0.013
					知识库与公司战略匹配度（D_{102}）	0.540	0.023
					知识社群中问题解决比率（D_{103}）	0.163	0.007
		员工个人知识（C_{11}）	0.333	0.022	员工平均受教育年限（D_{111}）	0.558	0.012
					高级专家员工的占比（D_{112}）	0.320	0.007
					员工平均入职年限（D_{113}）	0.122	0.003

注：所有 C.R 值小于 0.10，具有令人满意的一致性

在对我国本地企业升级能力进行评价时，首先要将所获得的某企业评价数据（表 8.5）进行一致化处理（具体处理方式见本章第二节），处理后的指标值对评价结果的作用方向均为正向，即指标取值越大对企业升级能力越强，然后将各指标的标准化数值乘上各指标的综合权重就可以得到各指标的最终隶属度，最后再将各指标的最终隶属度求和，即可得到综合隶属度。综合隶属度越高说明企业升级能力越强；反之，企业升级能力越低。

四、本地企业升级路径选择分析

根据前文的论述，企业所具备的升级知识具有向下兼容性，即具备了高级升级知识的企业一定具备低级升级知识。因此企业所具备的升级知识等级越高，企业升级能力综合评价的隶属度越高，所对应的企业类型也越高级，其升级路径也越高级。

（一）企业升级知识与本地企业升级路径的对应关系

本书第七章中我国本地企业被划分为制造Ⅰ型企业、制造Ⅱ型企业、创新型企业和知识型企业 4 种类别，而且分别分析了这 4 种类型企业因所具备升级能力高低的不同而具有的不同升级方式。因此一旦明确了我国本地企业升级能力评价的综合隶属度与企业类型之间的对应关系，即可根据评价结果进一步确定该企业后期可能的升级路径。

在对我国本地企业升级能力综合隶属度与企业类型之间对应关系确定的过程中，经过我国本地企业升级能力评价委员会的 3 轮书面意见征集和一轮现场座谈，最终确定我国本地企业升级能力综合隶属度与企业类型之间的对应关系，如表 8.25 所示。

表 8.25　各综合隶属度与开发档次之间的对应关系

隶属度	0.00~0.30	0.31~0.60	0.61~0.80	0.81~1.00
企业类型	制造 I 型企业	制造 II 型企业	创新型企业	知识型企业
升级路径	横向扩张		纵向延伸	阶梯跃迁

(二)本地企业升级的案例研究

在本章前半部分理论研究成果的基础上,结合调研中所获得的实证数据与切身感受,对本章所取得的研究成果进行实证性研究。本章所实施的实证研究对象是进行了多次深度调查与访谈的江苏某五金工具集团公司与江苏某五金股份公司。

1. 江苏某五金工具集团公司概况

五金机电产业作为江苏某五金集团公司重要的支柱产业之一,历经 30 余年的发展,所经营的产品不断升级更新,经营业绩不断攀升;2008 年出口总额达到 5.21 亿美元,经营产品包括电动工具、园林工具、动力机械等 8 大类、数十个系列,同时在新能源产品上开展积极探索,并取得了突破和丰硕的成果,2008年出口额达 1.27 亿美元。电动工具、园林工具、动力机械等多个产品系列有着突出的行业地位和市场份额,其中汽油发电机组出口排名全国第一,汽油发动机出口排名全国第四。

江苏某五金工具集团公司坚持"贸、工、技"相结合的发展模式,从传统外贸企业的纯贸易模式向以贸易为主导、贸工技结合的发展模式转型,在已有的贸易和商务核心能力基础上,向产业链的上游或下游领域延伸,初步形成一定的技术研发能力和产品制造能力,扩充了能力体系,具备了较强的市场竞争力。但随着市场环境、客户需求、供应商发展等外部环境的不断变化,某五金机电产业面临着诸多挑战,如研发设计必须更加关注、研究、满足最终消费者的需求,技术上既要满足不断提升的产品的需求,也要更好地应对日趋严重的非贸易壁垒,营销环境、营销模式上在不同发展程度的国家表现出了巨大的差异等,从长期、可持续发展的角度看,要应对这些挑战并逐步做到领先市场、领先行业,某五金机电产业必须重新审视所在全球价值链的位置,明确自身的核心竞争能力扬长避短加速推动自身的升级。基于上述研究目标,开展一系列的调研工作:一是在江苏某五金工具集团公司内部开展深入的研讨和行业水平进行对比,客观的评判了江苏某五金工具集团公司所拥有的优劣势、所具备的各项能力和存在的问题。二是针对江苏某五金工具集团公司开展广泛的客户调研,从客户发展的角度及客户需求的角度,探寻某目前所提供的客户价值和亟待改进的方面。三是开展供应商调研,站在供应商的角度看某在技术研发和制造能力方面的优劣势及如何进行能力的互补。四是开展优秀竞争对手的调研，从优秀对手身上学习经验和成功之处，尤其是竞争对手的经营模式、突出的优势及实现这些优势的路径。在调研的基础上，结合所收集的信息和资料，组织销售、市场、技术、制造、管理等各部门人员集中进行广泛的讨论和研究，以进一步明确江苏某五金工具集团公司各核心升级能力的可能评价结果。

2. 江苏某五金工具集团公司升级的外部环境

外部环境的变化是江苏某五金工具集团公司升级战略实施的第一诱因。外部环境的变化既对某传统的体制和经营模式提出了严峻地挑战，同时也蕴含了进一步发展壮大的机遇和空间。因此，对某外部环境变化的分析是江苏某五金工具集团公司升级战略规划的第一步。对某外部环境变化的分析可以归纳为以下几个方面。

1）贸易行业增长迅速

经济增长本身会带动国际贸易的增长，而国际间贸易壁垒的逐步降低则为贸易增长提供了更多的契机，整个国际市场显现明显的阶梯状态，因此，贸易的机会也大大增加。应该看到的是，贸易总额上升的同时，国营外贸企业上升有限，而其他所有制形式企业及上、下游企业自营贸易所占的比例较大，因此可以断定江苏某五金工具集团公司面临着激烈的竞争压力。江苏某五金工具集团公司现有业务中轻纺、五金及 DIY 工具类产品均比较适合传统贸易模式要求，江苏某五金工具集团公司正对这一部分业务进行业务模式和管理体制的创新，强化现有市场地位，在规模和总量上求得更大发展。

2）国际产业转移提供了更多的产业机会

总体表现为制造业向第三世界的转移，而我国将首当其冲成为世界众多制造业承接基地，其中代表性的产业包括船舶行业和机电产品。由于多年的竞争和发展，我国的部分产品在国际市场上的竞争能力明显提高。江苏以其优越的产业政策和地域特点分享了国际产业转移的丰硕成果。结合国际产业转移趋势，江苏某五金工具集团公司制定了产业延伸策略，如船舶向上行业游及下游的延伸和机电类产品制造能力的建设等。

3）商务能力逐渐由关键能力蜕变为一般能力

产品的买方和卖方在本质上要求缩短环节，降低成本。从历史上看，国际商务能力曾经为一般中国企业所缺乏，加上外贸资格的垄断，一度是外贸企业的核心能力。开放的环境使贸易的成本大为下降，而快捷的信息流通则提供了直接进行交易的条件。由于信息传播更为便捷，而且体制的限制逐渐消除，因此建立商务能力的代价逐渐降低。由于建设周期长，投入大，技术能力、制造能力、品牌、网络资源不易效仿而获得支配性地位。江苏某五金工具集团公司所处的贸易环节对其他环节的制约能力明显下降。在整个的产业链上，在与拥有技术能力、制造能力、品牌和网络资源的上游及下游的谈判中处于被动地位。由于优质客户和供应商不断提高交易的代价，江苏某五金工具集团公司不得不在较低的定位上寻求目标客户和供应商。利润的大小取决于核心能力的大小。商务能力蜕变为一般能力，必然导致该项能力所带来的利润的下降。交易条件越来越恶劣，利差降低，因此很容易产生低层次的竞争。

为摆脱目前单一的贸易定位，江苏某五金工具集团公司开始沿产业链进行上下延伸，并依此建立新的能力体系。在继续强化商务能力的同时，培养公司的制造能力、技术创新能力、品牌资源和网络资源。贸易行业所具备的特点决定了大规模企业以贸易为核心业务是不可行的。其现有业务中的船舶、机电对制造能力的需求已十分迫切，正向制造领域延伸。

4)竞争加剧导致行业利润降低

虽然随着经济的增长，我国进出口贸易总额在增加，但国有外贸企业的份额增加相对缓慢。在竞争者中，国外竞争者多具备较好的资金实力和渠道、网络资源，而国内竞争者则多具备体制上的优势，具有较为灵活的经营政策。近年来，江苏某五金工具集团公司也不断学习竞争对手的先进经验，进行体制和机制创新，在运营管理、激励和分配等方面建立更加合理的制度体系。体制和机制不但对经营者起着激励的作用，而且也对丰富经营手段至关重要。目前而言，江苏某五金工具集团公司的体制创新尚有许多瓶颈因素，正在通过各种变通的手段加以解决，而且在机制创新方面江苏某五金工具集团公司则有较大的空间和灵活性。

5)外贸行业的波动性较大

外贸行业不但受产业及产品自身的变化影响，在很大程度上还取决于国际国内环境的变化。在国际金融危机的冲击下，江苏某五金工具集团公司的主要产业在近年内均经历了较大的波动过程。外贸行业的波动不利于企业的规模形成，对于已有一定规模的企业来说，外贸行业不能起到稳定的作用，这要求企业战略保持高度的灵活性。为减少这种波动性，江苏某五金工具集团公司在产业体系中引入周期较长、风险较低的产业，以保持整体业务的稳定性，如船舶制造、机电研发与制造等。

6)外部环境分析小结

江苏某五金工具集团公司升级的外部环境中既有机遇，又有挑战，而且在特定的条件下，机遇和挑战呈相互转化的态势，对外部环境的分析，就是要使江苏某五金工具集团公司抓住机遇，迎接挑战，从而在新的环境里探索发展的空间。对外部环境的分析可以汇总如图8.1所示。

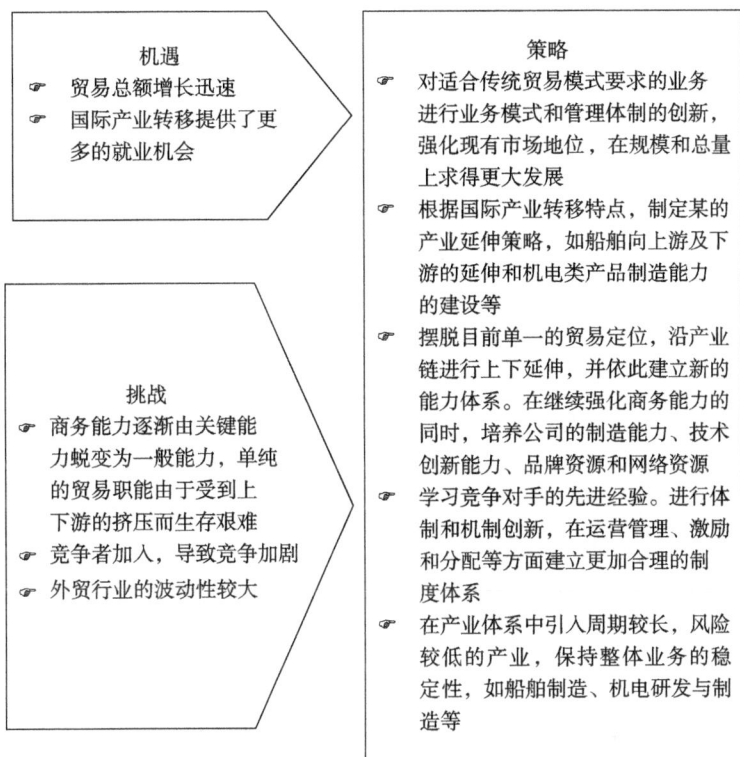

图 8.1　江苏某五金工具集团公司外部机遇与挑战汇总

3. 江苏某五金工具集团公司的内部战略条件分析

外部环境包含了江苏某五金工具集团公司升级战略拓展的机遇和空间，而决定实现升级战略目标的诸多因素则存在于企业的内部。通过对江苏某五金工具集团公司内部状况的分析，可以得出以下结论。

1) 积累了丰富的资源

多年的成功运作，使江苏某五金工具集团公司积累了丰富的内部资源，主要体现为：资产存量巨大，迄今为止，其净资产总额已达到目前的 3.4 亿元；其还拥有良好的信用资本；出色的商务能力及渠道。对国际市场的成功经营使其具备了较强的商务能力，并建设了广泛的商务渠道。围绕外贸经营，其建设了属于自己的制造能力和技术能力。

江苏某五金工具集团公司所积攒的丰富资源为产业延伸、业务转型和塑造企业品牌，提高市场地位奠定了物质基础。其可以以此为依托，运用现有实力，向产业的两端延伸，并实行多元化经营，增加长线业务分量，确保公司的长期稳定发展。

2)公司拥有强大的商务能力

江苏某五金工具集团公司拥有强大的商务能力，以及与此有关的信用能力和商务品牌。江苏某五金工具集团公司的商务能力主要包括：贸易领域的经营，使江苏某五金工具集团公司具备了强大的信息收集能力和商务活动组织能力；拥有良好的商业信用、优秀的商务人才和技术人才。江苏某五金工具集团公司良好的商务品牌为业务运作提供了可靠的支持。由于贸易的空间依然巨大，因此公司正借助强大的商务能力将轻纺、五金等业务进行模式创新和规模扩张，优秀的信用能力为公司进行产业拓展提供很好的资金保证，优秀的人才资源为公司的业务拓展提供成功保证。

3)公司内产业互补性关联度不高

江苏某五金工具集团公司虽有多种产业，但产业间互补性、关联度不高。江苏某五金工具集团公司有6个子公司，所经营的产品品种达数十类，它们分别对应不同的区域、目标客户，需采用不同的运作模式。产品和市场的差异性，致使技术、网络和人力资源等方面的关联度不高，难以实现共享。直接的后果是公司大而不强，即使在与小规模的对手竞争时，也没有明显的优势。分子公司的差异性给总公司的协调管理带来较大的困难。由于难以明确业务之间的支撑关系，经常会产生对资源的争抢。

4)难以摆脱体制和机制的约束

江苏某五金工具集团公司所遭受的体制约束主要表现为：国有股权在集团公司占相当大的比例。虽然采用了持股会机制，但由于持股会自身的局限性，决定了它只能起到变通的作用。国有股权对公司的重大决策有最终的决策权，导致公司在进行体制创新时的难度较大，即使在二级公司也难以建立现代公司制度，对关键人员的激励不能到位，经营政策较为古板，难以适应市场需要，业务创新迟滞，反应周期长。当前进行体制和机制创新，理顺投资主体关系，并真正实现现代公司治理，已经成为江苏某五金工具集团公司需要迫切解决的难题之一。

5)公司的观念与文化相对滞后

江苏某五金工具集团公司观念与文化滞后成分的主要表现包括：①风险理念。公司职工持股会自身的缺陷使之趋于注重短期效益，因此公司对于需要长期投资和积累的项目持保守态度。②分配理念。目前的分配仍受制于体制和传统理念，没有充分体现员工在工作中的贡献。行业定位的理念。始终把自己定位为贸易企业，从而把其他产业只是作为一种陪衬，这种理念直接影响了公司其他方面能力的建设及人才的培养。③理念问题所导致的效应：偏好短期、低风险投资，容易过滤掉一些风险较高，但前景较好的项目。由于员工共同持股，且份额分散，因此在分配上追求短期，不注重无形资产积累，不注重长期积累。旧有的体制中二元化的用人机制及对关键员工在激励上的保守将会导致激励效用被削弱。

由于对自己的行业定位限于贸易领域，因此对其他拓展产业，难以有正确的认识。

6）缺少坚实的制造基础和技术创新能力

江苏某五金工具集团公司能力相对单一，过分倚重商务能力，缺少坚实的制造基础和技术创新能力。一方面，江苏某五金工具集团公司有强大的信息收集能力、商务活动能力和信用支持能力；另一方面，江苏某五金工具集团公司在各行业的制造能力却处于从属地位，且多由合作方控制。公司也曾进行过若干合作尝试，但多以参股形式进入，没有取得实际的控制权，实业仅对贸易起支撑和渲染作用，不是主要的利润来源。江苏某五金工具集团公司所具有的商务品牌和技术能力，仅限于少数类别的商品，仅在少数地区拥有自己的分销网络和分销设施。能力单一导致江苏某五金工具集团公司的主要业务流程、管理体制及人员配置等均体现出明显的商务性特点，限制了其他能力的培养（如制造能力、品牌及网络渠道等）。商务能力在产业链中地位的下降直接导致了公司的谈判劣势及利润率的下降。由于对制造的定位不够高，企业的制造职能一直停留在附庸的地位。以上定位使公司虽然有多年的制造努力，但没有积累起相应的人才和管理经验。由于控制权旁落，江苏某五金工具集团公司除分红外，并不能真正分享实业成长带来的好处。在缺乏品牌支持的情况下，渠道很容易被替代。

7）集团组织和职能定位问题突出

江苏某五金工具集团公司组织和职能定位问题突出。在现场调研中发现，大多数人认为集团总部的职能应定位于共享资源的管理、业务平台建设及投资等方面。但当前的集团总部职能定位过于强调控制职能。各分子公司对集团总部的管理费用收取方面有意见。其对各分子公司的管理仍然是行政命令式的，而不是通过董事会进行。这导致的后果是，集团职能定位偏差使分子公司产生不满，在分子公司不能建立起真正的责任制度，各分子公司只关心自己的业务，很少关心整个集团的运作情况。

8）内部分析小结

对内部条件的分析可以发现，江苏某五金工具集团公司有着丰富的战略资源，这些资源是江苏某五金工具集团公司实现产业升级的基本保障。但是也存在一些能力上的不足，如何发挥既有优势，培养新环境下所需要的核心技能，是江苏某五金工具集团公司升级战略本身的重要组成部分。对内部战略的分析可以汇总如图8.2所示。

4. 江苏某五金工具集团公司升级能力评价与路径选择

根据对江苏某五金工具集团公司调研数据和访谈资料的整理，经过多次与江苏某五金工具集团公司高层管理团队的沟通，明确了本章所确定的我国本地企业升级能力各三级评价指标的得分。归一化后的评价结果及其所对应的评价权重，

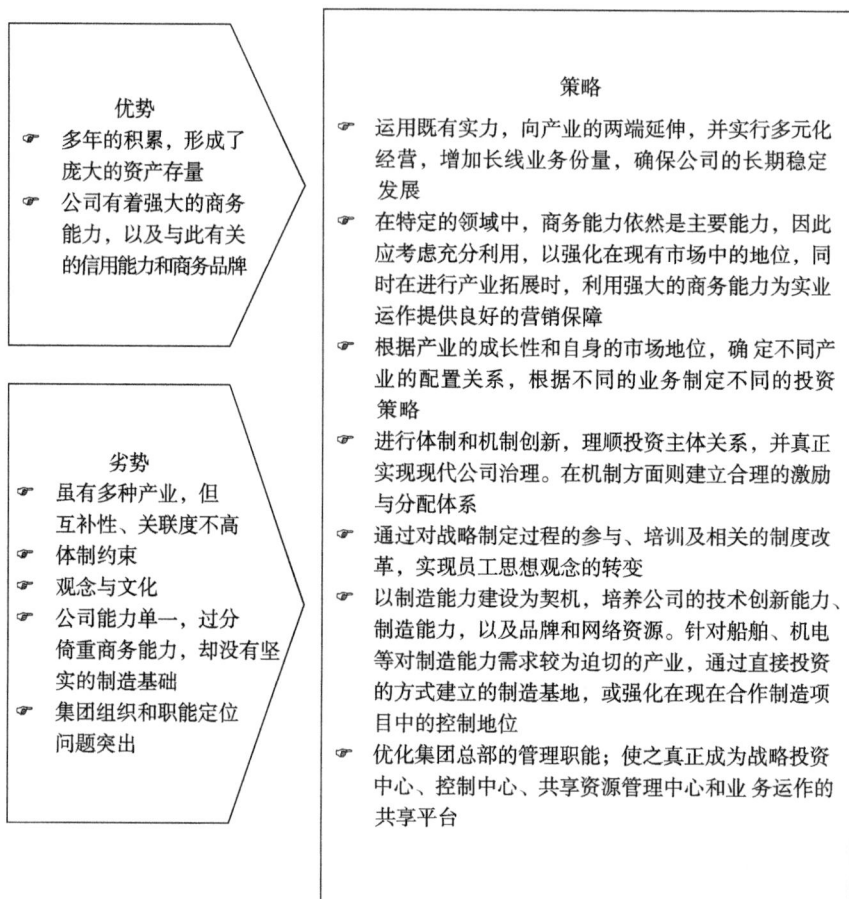

图 8.2　江苏某五金工具集团公司内部优势与劣势汇总

如表 8.25 所示。

表 8.25　江苏某五金工具集团公司升级能力评价指标

三级指标名称	三级指标综合权重	归一化评价结果
生产设备装备水平(D_{11})	0.085	0.521
计量、测试与标准水平(D_{12})	0.047	0.326
生产工艺的储备(D_{13})	0.026	0.410
生产人员比例(D_{21})	0.043	0.690
生产人员水平(D_{22})	0.079	0.778
管理人员水平(D_{23})	0.143	0.778
组织结构的完善程度(D_{31})	0.030	0.556

三级指标名称	三级指标综合权重	归一化评价结果
组织结构的治理能力（D_{32}）	0.060	0.778
信息化投入占固定资产比重（D_{41}）	0.026	0.778
每百人计算机拥有量（D_{42}）	0.006	0.556
生产自动化系统应用程度（D_{43}）	0.014	0.778
管理信息化的应用水平（D_{44}）	0.008	0.556
新产品开发资金投入（D_{51}）	0.098	0.778
新产品开发人员投入（D_{52}）	0.054	0.778
引进技术改进率（D_{53}）	0.029	0.556
信息收集与分析处理能力（D_{61}）	0.042	0.333
新产品开发机构设置状况（D_{62}）	0.025	0.556
新产品开发激励机制（D_{63}）	0.016	0.778
新产品开发的组织协调程度（D_{64}）	0.008	0.556
产业链各环节知识储备情况（D_{71}）	0.033	0.778
技术开发人员知识储备情况（D_{72}）	0.018	0.333
内部知识交流制度的完善程度（D_{73}）	0.010	0.556
市场调查研究能力善（D_{81}）	0.020	0.778
市场的渗透能力（D_{82}）	0.010	0.556
广告策划能力（D_{83}）	0.005	0.778
品牌创建能力（D_{91}）	0.007	0.556
品牌运作机制的完善程度（D_{92}）	0.004	0.556
品牌维护机制的完善程度（D_{93}）	0.002	0.333
知识产权和专有技术量（D_{101}）	0.013	0.556
知识库与公司战略匹配度（D_{102}）	0.023	0.778
知识社群中问题解决比率（D_{103}）	0.007	0.556
员工平均受教育年限（D_{111}）	0.012	0.778
高级专家员工的占比（D_{112}）	0.007	0.556
员工平均入职年限（D_{113}）	0.003	0.333

根据表 8.25 可知，将各三级指标的评价结果与所对应的权重相乘后求和，得到综合评价结果为 0.666 3。对照本章各综合隶属度与本地企业升级方式之间的对应关系表，可以得到，江苏某五金工具集团公司应该属于创新型企业，此类企业可以采取基于全球价值链纵向渗透的方式升级。江苏某五金工具集团公司在原有 OEM 的方式进行五金电动工具生产与销售的基础上，向五金电动工具产业

链的两端延伸，一方面加强设计与研发；另一方面注重品牌塑造，加强自我品牌营销渠道的构建与完善。

另外，虽然根据江苏某五金工具集团公司的综合得分将其判定为创新型企业，但在此得分区间内江苏某五金工具集团公司得分又相对较高，特别是江苏某五金工具集团公司在价值链管理知识评价指标部分的分值也相对较高，结合当前该公司的发展状况，可以认为江苏某五金工具集团公司的升级可以考虑采用基于价值链的纵向渗透与阶梯跃迁相结合的混合升级方式，即既要加大向具有高增值幅度的产业链环节延伸，又要适当寻找并切入新兴产业链。

从表8.25的评价结果中还可以看出，江苏某五金工具集团公司在基于全球价值链的升级知识的储备方面整体效果良好。在本书所确定的34个评价指标中，国际化管理人员水平和国际新产品开发资金投入两项指标的评价权重最高，其所对应的评价结果的值也最大；国际化生产人员水平、国际组织结构的治理能力和国际新产品开发人员投入等三项指标的评价权重分别处于第四、五、六位，其所对应的评价结果也较高。这说明江苏某五金工具集团公司在前期的生产经营活动中已经有意识的做好基于价值链的升级准备。当然，江苏某五金工具集团公司在基于全球价值链升级的准备中也还存在部分急需加强完善的内容，生产设备装备国际化水平和计量、测试与标准国际化水平这两项指标在评价体系中的权重比较靠前，但其评价后的得分却相对较低，这也明确了江苏某五金工具集团公司后期可能的工作重点。

五、本章小结

由于不同类型企业所对应升级能力评价结果的综合隶属度也存在差异，而本书第七章中将我国地方产业集群内的本地企业划分为制造Ⅰ型、制造Ⅱ型、创新型和知识型4种企业类型，不同类型的企业可能的升级路径也各不相同。本章在对已有研究成果综述的基础上，构建了一套我国地方产业集群内本地企业升级能力的评价指标体系，并成立了一个由专家、企业管理者和咨询师组成的11人本地企业升级能力的评价委员会，明确了各评价指标之间的相对重要性。通过对专家委员会意见的三轮书面意见征集和一次座谈，借助于层次分析法计算出了各评价指标所对应的综合权重，并明确了本地企业升级能力评价的综合隶属度与企业类型之间的对应关系。

苏南地区机械制造业比较发达，具备了机械制造产业集群的基本特征，企业之间的知识交流活动活跃。本章选取了在苏南机械制造业产业集群内具有较强代表性的企业，结合本章的研究成果分析基于知识异质性的企业升级能力。通过对江苏某五金工具集团公司的验证性分析发现：经过多年的发展和积攒，江苏某五金工具集团公司基于全球价值链的企业升级能力评价的综合得分为 6.666 34，处于该档得分的高分部分。根据所确定的得分与企业类型之间的关系，江苏某五金工具集团公司应该被判定为创新型企业，因此，其企业的升级方式应该是：基于全球价值链的纵向渗透与阶梯跃迁相融合的模式，即既要加大产业链纵向品牌创建和研发设计，又要适度尝试介入新兴产业环节。例证结果与在该集团公司调研时的实际感觉基本一致，这也进一步验证了本书研究结果的实际价值。

参考文献

白宪阵，曹军海，王绪智．2012. 面向复杂系统可靠性仿真的 agent 设计与验证．系统仿真学报，24(10)：2193-2196.

包玉泽，谭力文，刘林青．2009. 全球价值链背景下的企业升级研究——基于企业技术能力视角．外国经济与管理.(4)：37-43.

蔡宁，杨闩柱，吴结兵．2003. 企业集群风险的研究：一个基于网络的视角．中国工业经济，(4)：59-64.

蔡卫民，武德昆．2006. 企业知识传播规律研究综述．科技进步与对策，(6)：33-36.

陈莞，谢富纪．2007. 协同定位对高科技产业集群内合作创新的影响与分析．研究与发展管理，3：17-23.

陈娟，芮明杰．2004. 高技术企业知识员工间的知识传播模型．研究与发展管理，(10)：46-52.

陈守明．2003. 知识互动共享与企业簇群的创新优势．同济大学学报：社会科学版，(14)：48-51.

戴健华，薛恒新．2004. 基于 Shapley 值法的动态联盟伙伴企业利益分配策略．中国管理科学(4)：33-36.

邓俊荣．2012. 从知识科层到知识共同体的产业集群升级研究．改革与战略，(6)：124-126.

董小英．2002. 企业信息化过程中的知识转移：联想集团案例分析．中外管理导报，(11)：28-35.

符正平．2004. 中小企业集群生成机制研究．广州：中山大学出版社.

盖文启，朱华晟．2001. 产业的柔性集聚及其区域竞争力．经济理论与经济管理，(10)：25-30.

何明升，徐占忱．2007. 区域集群创新：一个基于生成式的分析框架．自然辩证法研究，(4)：54-58.

候杰泰，温忠麟，成子娟．2004. 结构方程模型及其应用．北京：教育科学出版社.

胡汉辉，潘安成．2006. 组织知识转移与学习能力的系统研究，(3)：81-87.

胡绪华，陈丽珍，吕魁．2015. 基于传染病模型的集群内异质企业间知识传播机理分析与仿真．运筹与管理，(3)：248-257.

胡绪华，胡汉辉．2008. 集群企业联合应对国际贸易摩擦的实证分析——基于修正 shapley 值法的利益分配．国际贸易问题，(11)：111-115.

胡绪华，胡汉辉，吕魁．2008. 集群企业知识管理评价系统及应用．科学学与科学技术管理，(12)：101-104.

黄勇．1999. 浙江"块状经济"现状分析．中国工业经济，(5)：58-60.

贾国柱，王峰．2005. 基于约束理论的生产系统再造方法．管理学报，(6)：712-718.

贾先文，黄正泉．2008. 制度倒逼下产业结构升级与农村劳动力转移困境．现代经济探讨，(8)：62-66.

江建平．2011. 全民宽裕：基本现代化进程中的民生指向．江海学刊，(5)：101-106.

蒋日富，霍国庆，郭传杰．2006．现代知识管理流派研究．管理评论，(10)：23-29＋53＋63.

靳祯．2001．在脉冲作用下的生态和流行病模型的研究．西安交通大学博士学位论文．

郎咸平．2008．产业链阴谋———一场没有硝烟的战争．北京：东方出版社．

李琪．2004．企业技术创新能力评价指标体系及评价模型研究．科学学与科学技术管理，(8)：96-100.

李顺才，常荔，邹珊刚．2001．企业知识存量的多层次灰关联评价．科研管理，(3)：73-78.

梁琦．2004．产业集聚论．北京：商务印书馆．

梁启华，何晓红．2006．空间集聚：隐性知识转移与共享机理与途径．管理世界，(3)：146-147.

林东清．2005．知识管理理论与实务．北京：电子工业出版社．

刘厚俊，王丹利．2011．劳动力成本上升对中国国际竞争比较优势的影响．世界经济研究，(3)：9-13＋33＋87.

刘应麟．1997．传染病学．北京：人民卫生出版社．

刘志彪．2011．重构国家价值链：转变中国制造业发展方式的思考．世界经济与政治论坛，(4)：1-14.

鲁国强．2011．中国经济：以扩大内需为基本发展路径．理论探索，(5)：66-70＋90.

陆大道．1979．工业区的工业企业成组布局类型及其技术经济效果．地理学报，(3)：248-264.

陆大道．1986．二〇〇〇年我国工业生产力布局总图的科学基础．地理科学，2：110-118.

罗珉，王雎．2008．组织间关系的拓展与演进：基于组之间知识互动的研究．中国工业经济，1：40-49.

马铭波，王缉慈．2012．制造业知识通道的建立及地方政府的作用——以国内乐器制造业为例．经济地理，(1)：85-89.

马知恩，周义仓．2004．传染病动力学的数学建模与研究．北京：科学出版社．

梅述恩，聂鸣．2007．嵌入全球价值链的企业集群升级路径研究———以晋江鞋企业集群为例．科研管理，(28)：30-35.

欧光军，孙骞．2012．知识共同体：高技术企业集群创新集成新范式．科技和产业，6：92-95.

邱均平，段宇峰．2000．论知识管理与竞争情报．图书情报工作，(4)：11-14.

邱均平，段宇峰．2006．知识管理学．北京：科学技术文献出版社．

仇保兴．1999．小企业集群研究．上海：复旦大学出版社．

芮明杰，李鑫，任洪波．2004．高技术企业知识创新模式研究——对野中郁次郎知识创造模型的修正与扩展．外国经济与管理，(5)：8-12.

沈小平．1987．试论工业区工业企业成组布局的效果和最佳规模的确定．地理学报，(1)：51-61.

盛小平．2007a．知识管理流派浅析．国家图书馆学刊，(1)：55-61.

盛小平．2007b．知识管理流派浅析(续)，国家图书馆学刊，(2)：53-57.

施振荣．2005．再造宏碁：开创、成长与挑战．北京：中信出版社．

孙冉．2005．论知识传播的生态模式．现代情报，(5)：62-64.

孙巍，杨帅．2011．劳动力成本、要素替代与制造业产品出厂价格．中国物价，(9)：19-23.

王国进, 王其藩. 2004. 企业技术创新能力评价研究的新进展. 科研管理, (2): 37-39.

王缉慈. 2002. 地方产业战略. 中国工业经济, (3): 47-54.

王缉慈. 2010. 超越集群. 北京: 科学出版社.

王缉慈. 2011. 创新的空间. 北京: 北京大学出版社.

王建华, 王方华. 2003. 企业竞争力评价系统及应用研究. 管理科学学报, (2): 47-53.

王军霞, 官建成. 2002. 复合 DEA 方法在测度企业知识管理绩效中的应用. 科学学研究, (20): 84-88.

王君, 樊治平. 2004. 组织知识管理绩效的一种综合评价法. 管理工程学报, (2): 44-48.

王珺. 2000. 论专业镇经济的发展. 南方经济, (12): 9-11.

王其藩. 1988. 系统动力学. 北京: 清华大学出版社.

王田苗, 胡耀光. 2002. 基于价值链的企业流程再造与信息集成. 北京: 清华大学出版社.

王燕武, 李文溥, 李晓静. 2011. 基于单位劳动力成本的中国制造业国际竞争力研究. 统计研究, (10): 60-67.

魏江. 2003. 产业集群——创新系统与技术学习. 北京: 科学出版社.

魏心镇. 1981. 矿产资源区域组合类型与地域工业综合体. 地理学报, (4): 358-368.

乌家培. 1998. 正确认识信息与知识及其相关问题的关系. 浙江经济, (11): 4-6.

吴波, 贾生华. 2009. 网络开放, 战略先行与及集群企业吸收能力构建——基于浙江产业集群的实证研究. 科学学研究, 12: 1845-1852.

吴金希. 2005. 用知识赢得优势: 中国企业知识管理模式与战略. 北京: 知识产权出版社.

吴俊杰, 盛亚. 2011. 网络强度, 网络开放度对产业集群绩效的影响机制研究——以浙江产业集群为例. 经济地理, 11: 1867-1873.

吴晓波, 耿帅. 2003. 区域集群自稔性风险成因分析. 经济地理, (6): 726-730.

吴晓波, 郑健壮. 2003. 企业集群技术创新环境与主要模式的研究. 研究与发展管理, 15(2): 1-5.

谢识予. 2002. 经济博弈论, 上海: 复旦大学出版社.

徐康宁. 2011. 开放经济中的产业集群与竞争力. 中国工业经济, 11: 22-27.

徐康宁, 王剑. 2006. 要素禀赋, 地理因素与新国际分工. 中国社会科学, (6): 65-77.

徐占忱, 何明升. 2005. 知识转移障碍纾解与集群企业学习能力构成研究. 情报科学, (23): 659-664.

颜光华, 李伟进. 2001. 知识管理绩效开价研究. 南开管理评论, (6): 26-29.

杨敏, 熊则见. 2013. 模型验证——基于主体建模的方法论问题. 系统工程理论与实践, (6): 1458-1470.

杨震宁, 李东红. 2010. 政府监管, 鲶鱼效应与知识产权管理: 企业创新绩效的提升. 中国管理科学, (6): 177-184.

易丹辉. 2008. 结构方程模型方法与应用. 北京: 中国人民大学出版社.

应洪斌, 邵慰. 2013. 集群边界, 知识溢出与集群竞争能力——基于价值链视角的经验研究. 华东经济管理, (4): 114-116.

于海云. 2012. FDI 嵌入型集群中员工流动, 组织文化差异与知识转移绩效——基于内外资企业间知识转移的研究视角．科学学与科学技术管理，(11)：88-95.

张朝阳，赵涛．2007. 基于支持向量机的企业产品更新能力评价．西安电子科技大学学报(社科版)，(5)：50-54.

张华伟．2009. 政府在高技术企业集群知识流动中的作用．中国行政管理，3：60-62.

张辉．2003. 产业集群竞争力的内在经济机理．中国软科学，(1)：70-74.

张黎，蓝峻．2005. 知识扩散场的构建、分析与应用．管理科学，(4)：21-26.

张朋柱．2006. 合作博弈理论与应用——非完全共同利益群体合作管理．上海：上海交通大学出版社．

张生太，段兴民．2004. 企业集团的隐性知识传播模型研究．系统工程，(4)：62-65.

张书军，王珺，李新春，等．2007."产业集群、家族企业与中小企业创业国际研讨会"综述．经济研究，(5)：154-158.

张维迎．1996. 博弈论与信息经济学．上海：上海人民出版社．

郑健壮，吴晓波．2004. 论传统产业集群知识转移途径．经济体制改革，(6)：46-50.

郑准，王炳富，程志宇．2014. 知识守门者行为与产业集群升级——基于"微观异质"与"行为导向"的理论视角．科学学研究，(4)：578-584.

朱启红，张钢．2003. 基于人工神经网络的企业知识管理评价模型．科学学与科学技术管理，(8)：32-34.

朱少英，徐渝．2003. 基于组织学习的知识动态传播模型．科研管理，(1)：67-71.

朱希伟，金祥荣，罗德明．2005. 国内市场分割与中国的出口贸易扩张，经济研究，(12)：68-76.

左美云．2000. 国内外企业知识管理研究综述．科学决策，(3)：31-37.

左美云．2006. 知识转移与企业信息化．北京：科学出版社．

Aim J H. 2002. Valuation of knowledge: a business performance oriented methodology. Proceedings of the 35th Hawaii International conference on Systems Science, USA.

Amendola M, Gaffard J L. 1988. The Innovative Choice: An Economic Analysis of the Dynamics of Technology. New York: Basil Blackwell.

Argote L, Ingram P. 2000. Knowledge transfer: a basis for competitive advantage in firms. Organizational Behavior and Human Decision Processes, 82: 150-169.

Arrow K J. 1962. The economic implication of learning by doing. Review of Economic Studies, 29: 155-173.

Arthur M B, DeFillippi R J, Lindsay V J. 2001. Careers, communities and industry evolution: links to complexity theory. International Journal of Innovation Management (Special Issue), 5: 239-256.

Audretsch D B, Feldman M P. 1996. R&D spillovers and the geography of innovation and production. American Economic Review, 86: 630-640.

Bagozzi R P, Yi Y, 1998. On the evaluation of structural equation models. Journal of the Academy of Marketing Science, 16(1): 74-94.

Baptista R. 2000. Do innovations diffuse faster within geographical clusters? International

Journal of Industrial Organization，18：515-535.

Barney J. 1991. Firm resources and sustained competitive advantage. Journal of Management，17：99-120.

Barro R J，Sala-i-Martin X. 1995. Economic Growth，Advanced Series in Economics. New York：McGraw-Hill.

Bartel A P. 1995. Training，wage growth and job performance：evidence from a company database. Journal of Labor Economics，13：401-425.

Bassi L J. 1997. Harnessing the power of intellectual capital. Training and Development，49：309-310.

Becatting G. 1978. The development of light industry in tuscany：an interpretation. Economic Notes，2(3)：107-123.

Becattini G. 1990. The marshallian industrial district as a socio-economicnotin//Pyke F，Beacattini G，Sengenberger W. Industrial Distrcts And Inter-Firm Cooperation in Italy. Geneva：ILS：37-51.

Becattini G，Rullani E. 1996. Sistemas productivos locales y mercado global. Información Comercial Española Ice Revista De Economía，(754)：11-24.

Becker G S. 1975. Human Capital(2nd ed.). Chicago：Chicago University Press.

Beckman T J. 1999. The current state of knowledge management//Liebowitz J. In Knowledge Management Handbook，Florida：CRC Press LLC：1-21.

Belussi B F，University P P. 2000. Learning and innovation by networking within the italian industrial districts：the development of an explorative analytical model. Urbino 7-8 Aprial 2000，4th International Seminar on "Technological Development in Industrial Network".

Bertsimas D，Freund R M. 2004. Data，Models，and Decisions-the Fundamentals of Management Science. Charlestown：Dynamic Ideas.

Blackman D A，Henderson S. 2005. Know ways in knowledge management. The Learning Organization，12：152-168.

Boschma R A，ter Wal A L J. 2007. Knowledge networks and innovative performance in an industrial district：the case of a footwear district in the south of Italy. Industry and Innovation，14(2)：177-199.

Boudeville J R. 1966. Problems of Regional Planning. Edinburgh：Edinburgh University Press.

Bounfour A. 2000. Competitiveness and intangible resources：towards a dynamic view of corporate performance. In：Buigues P，Jacquemin A，Marchipont J F. Competitiveness and the Value of Intangibles. London：Edward Elgar Publishing Ltd. .

Bounfour A，Edvinsson L. 2005. Intellectual Capital for Communities：Nations，Regions，and Cities. London：Butterworth-Heinemann.

Bounfour A. 2003. The management of Intangibles：the Organizations Most Valuable Assets. London&New York：Routledge.

Bowman B J. 2002. Building knowledge management systems. Information systems Management，19：32-40.

Breschi S，Lissoni F．2001．Knowledge spillovers and local innovation systems：a critical survey．Industrial and Corporate Change，10：975-1005.

Brown J，Duguid P．2001．Knowledge and organization：a social practice perspective．Organization Science，12：198-213.

Capello R．1999．Spatial transfer of knowledge in high technology milieu：learning versus collective learning process．Regional Studies，33：353-365.

Capello R，Faggian A．2005．Collective learning and relational capital in local innovation processes．Regional Studies，39：75-87.

Carlsson B，Taymaz E．1991．The role of technological progress and economic competence in economic growth：a micro-to-macro analysis．Working Paper.

Clarke P，Cooper M．2000．Knowledge management and collaboration．In Proceedings of the 3rd congress on practical aspects of knowledge management．Basel，Switzerland.

Classics Chronbach L J．1951．Coefficient alpha and the internal structure of tests．Psychometrika，16：297-334.

Cohen W M，Levinthal D A．1990．Absorptive capacity a new perspective on learning and innovation．Administrative Science Quarterly，35：128-152.

Corno F，Reinmoeller P，Nonaka I．1999．Knowledge creation within industrial system．Journal of Management and Governance，3：379-394.

Crouch C，Farrell H．2001．Great Britain：falling through the holes in the network concept∥Crouch C，Le Gales P，Trogilia C，et al．Local Production System in Europe：Rise or Demise? Oxford：Oxford University Press：161-211.

Darr E，Kurtzberg T．2000．An investigation of partner similarity dimensions on knowledge transfer．Organizational Behavior and Human Decision Processes，82：28-44.

Davenport T H，deLong D W，Beers M C．1998．Successful knowledge management project．Sloan Management Review，39(2)：43-57.

Davenport T H，Prusak L．1998．Working Knowledge：How Organizations Manage What They Know．Cambridge：Harvard Business School Press.

DiBella A，Nevis E．1998．How Organizations Learn：An Integrated Strategy for Building Learning Capability．SanFrancisco：Jossey-bass.

Dixit A K，Pindyck R S．1994．Investment under uncertainty．Princeton：Princeton University Press.

Doeringer P B，Terkla D G．1995．Business strategy and cross-industry clusters．Economic Development Quarterly，9(3)：225-237.

Dong-Gil K ，Kirsch L G，King W R．2005．Antecedents of knowledge transfer from consultants to clients in enterprise system implementations．MIS Quarterly，29：59-85.

Dosi G．1984．Technical Change and Industrial Performance．London：Macmillan.

Dosi G．1988．Sources，procedures and microeconomic effects of innovation．Journal of Economic

Literature，26：1120-1171.

Earl M. 2001. Knowledge management strategies：toward a taxonomy. Journal of Management Information Systems，18：215-233.

Enright M J. 1996. Regional clusters and economic development：a research agenda//Staber U H，Schaefer N，Sharma B. Business Networks：Prospects for Regional Development. New York：Walter de Gruyter：190-213.

Fairchild A. 2002. Knowledge management metrics via a balanced scorecard methodology . Hicss，8：3173-3180.

Feldman M. 2000. Location and Innovation：the New Economic Geography of Innovation，Spillovers，and Agglomeration. Oxford：Oxford University Press.

Feser E J . 1998. Old and new theories of industry clusters//Steiner M. Clusters and Regional Specialization：on Geography，Technology and Networks . London：Pion Limited：18-40.

Forrester J W. 1961. Industrial Dynamics，Cambridge：MIT Press.

Frappuolo C. 1998. Defining knowledge management：four basic functions. Computer World，8：44-60.

Fujita M，Krugman P R，Venables A J. 1999. The Spatial Economy：Cities，Regions，and International Trade. Cambridge：MIT press.

Gallupe B. 2001. Knowledge management systems：surveying the landscape. International Journal of Management Review，3：61-77.

Garavelli A，Gorglione M，Scozzi B. 2002. Management knowledge transfer by knowledge technologies. Technovation，22：269-279.

Gereffi G. 1999. International trade and industrial upgrading in the apparel commodity chains. Journal of International Economics. 48：37-70.

Gertler M S. 2003. Tacit knowledge and the economic geography of context，or the undefinable tacitness of being(there). Journal of Economic Geography，3：75-99.

Gibbon P. 2003. Value-chain governance，public regulation and entry barriers in the global fresh fruit and vegetable chain into the EU. Development Policy Review，21：615-625.

Gilbert B A，McDougall P P，Audretsch D B. 2008. Clusters，knowledge spillovers and new venture performance：an empirical examination. Journal of Business Venturing，23：405-422.

Gilbert M，Cordy-Hayes M. 1996. Understanding the process of knowledge transfer to achieve successful technologic innovation. Technovation，16：301-312.

Giuliani E. 2011. Role of tchnological gatekeepers in the growth of industrial clusters. Regional Studies，(10)：1329-1348.

Giuliani E，Bell M. 2005. The micro-determinants of mesolevel learning and innovation：evidence from a Chilean wine cluster. Research Policy，34：47-68.

Giuliani E，Pietrobelli C，Rabellotti R. 2005. Upgrading global value chains：lesson from Latin American clusters. World Development，33：549-573.

Gordon I R, McCann P. 2000. Industrial clusters: complexes, agglomeration and/or social networks? Urban Studies, 37: 513-532.

Granovettor M S. 1985. Economic action and social structure: the problem of embeddedness. American Journal of Sociology, 91: 481-510.

Grant R M. 1996. Towards a knowledge-based theory of the firm. Strategic Management Journal, 17: 109-122.

Grossman G, Helpman E. 1991. Innovation and Growth in the World Economy. Cambridge: MIT Press.

Hai Z . 2003. A knowledge flow model for peer-to-peer team knowledge sharing and management. Expert Systems with Applications, 23: 23-30.

Hansen M T, Nohria N, Tierney T. 1999. What's your strategy for managing knowledge? Harvard Business Review, 77: 106-116.

Henderson R, Clark K B. 1990. Architectural innovation: the reconfiguration of existing product technologies and the failure of established firms. Administrative Science Quarterly, 35: 1-30.

Henry N L. 1974. Knowledge management: a new concern for public administration. Public Administration Review, 4: 189-196.

Huang C C, Yen C H, Chiu J, et al. 2005. Establishing knowledge sharing in virtual community through trust, self-efficacy and IS success model.

Humphrey J, Schmitz H. 2002. How does insertion in global value chains affect upgrading in industrial clusters? Regional Studies the Journal of the Regional Studies Association, 36: 1017-1027.

Hyman J M, Li J. 2000. An intuitive formulation for the reproductive number for the spread of diseases in heterogeneous populations. Mathematical Biosciences, 167: 65-86.

Hyman J M, Li J. 2005. Differential susceptibility epidemic models. Mathematical Biology, 50: 626-644.

Itami H. 1987. Mobilizing Invisible Assets. Cambridge: Harvard University Press.

Ives W, Torrey B, Gordon C. 1997. Knowledge management: an emerging discipline with a long history. Journal of Knowledge Management, 1: 269-274.

James M, Li H J. 2005. Differential susceptibility epidemic models. Mathematical Biology, 50: 626-644.

Kaiser H F. 1974. An index of factorial simplicity. Psychometrika, 39(1): 31-36.

Kaplinsky R. 2008. Is globalization all it is cracked up to be? Review of International Political Economy, 8: 45-65.

Kermack W O, McKendrick A G. 1927. Contributions to the mathematical theory of epidemics. Proceedings of the Royal Society of London, A115: 700-721.

Kishimoto C. 2003. Upgrading in the Taiwanese computer cluster: transformation of its production and knowledge systems. IDS Working Paper.

Kodama M. 2007. Innovation and knowledge creation through leadership-based strategic community: Case study on high-tech company in Japan. Technovation, 27: 115-132.

Kreng V B, Tsai C M. 2003. The construct and application of knowledge diffusion model. Expert Systems with Applications, 25(2): 177-186.

Krugman P R. 1991. Geography and Trade. Cambridge: MIT Press.

Krugman P R, Venables A J. 1995. Globalization and the inequality of nations. Quarterly Journal of Economics, 110: 857-880.

Kwon T H, Zmud R W. 1987. Unifying the fragmented nodels of information systems inplementation. John Wiley&Sons, Inc..

Lam A, Firm E. 1997. Embedded knowledge: problem of collaboration and knowledge transfer in global cooperative ventures. Organization Studies, 18: 973-996.

Lawson C, Lorenz E. 1999. Collective learning, tacit knowledge and regional innovative capacity. Regional Studies, 33: 305-317.

Lee G, Cole R E. 2003. From a firm-based to a community-based model of knowledge creation: the case of the Linux kernel development. Organization Science, 14(6): 633-649.

Lev B. 2001. Intangibles: Management, Reporting, Measurement. Washington: Brookings institution.

Lucas R E. 1988. On the mechanics of economic development. Journal of Monetary Economics, 22: 3-42.

Lundval B A, Johnson B. 1994. The learning economy. Journal of Industry Studies, 1: 23-42.

Machlup F. 1962. The Production and Distribution of Knowledge in the United States. Princeton: Princeton University Press.

Malhotra Y. 1998. Knowledge management for the new world of business. Asia Strategy Leardship Institute Review, 6: 58-60.

Malipiero A, Munari F, Sobrero M. 2005. Focal firms as technological gatekeepers within industrial districts. Knowledge creation and dissemination in the Italian packaging machinery industry. DRUID Working Paper.

Malmberg A, Maskell P. 2002. The elusive concept of localization economies—towards a knowledge-based theory of spatial clustering. Environment and Planning, 34: 429-449.

Mansfield E. 1968. Industrial Research and Technological Innovation. New York: Norton.

Mansfield E, Rapaport S, Romeo A, et al. 1977. Social and private rate of return from industrial innovation. Quarterly Journal of Economics, 91: 221-40.

Marshall A. 1920. Principles of Economics(8th ed.). London: Macmillan.

Martinsons M G, Hempel P S. 1998. Chinese business process reengineering. International Journal of Information management, 6: 393-407.

Maryam A, Dorothy E L. 2001. Knowledge management and knowledge management systems: conceptual foundations and research issues. Management Information Systems Quarterly, 25: 107-136.

Maskell P. 2001. Towards a knowledge-based theory of the geographic cluster. Industrial and

Corporate Change, 10: 921-943.

Maskell P, Malmberg A. 1999. Localized learning and industrial competitiveness. Cambridge Journal of Economics, 23: 167-186.

McNee R. 1960. Toward a more humanistic economic geography: The geography of enterprise. Tijdschrift voor Economische en Social Geografie, 51: 201-205.

Meso P, Smith R. 2000. A resource-based view of organizational knowledge management system. Journal of Knowledge Management, 4: 224-234.

Mohnen P, Lepine N. 1991. R&D, R&D spillovers and payments for technology: Canadian evidence. Structural Change and Economic Dynamics, 2: 213-28.

Morrison A. 2004. "Gatekeepers of knowledge" within industrial districts: who they are, how they interact. CESPRI Working Paper.

Myers S C. 1977. Determinants of corporate borrowing. Journal of Financial Economics, 5: 147-175.

Nakamura L. 2001. Investing in intangibles: is a trillion dollars missing from GDP? Business Review, First Quarter: 27-36.

Nelson R R, Winter S G. 1982. An Evolutionary Theory of Economic Change. Cambridge: Harvard University Press.

Nonaka I. 1991. The knowledge-creating company. Harvard Business Review, 69: 96-104.

Nonaka I. 1994. A dynamic theory of organizational knowledge creation. Organization Science, 5: 14-37.

Nonaka I, Konno N. 1998. The concept of "BA", building a foundation for knowledge creation. California Management Review, 40: 40-54.

Nonaka I, Takeuchi H. 1995. The Knowledge-Creating Company. Oxford: Oxford University Press.

Nunnally J C. 1978. Psychometric Theory. New York: McGraw-Hill.

OECD. 1999. Boosting innovation: the cluster approach. Paris: Organisation for Economic Cooperation and Development. Group Organization Management, 7: 261-278.

Owen-Smith J, Powell W. 2004. Knowledge networks as channels and conduits: the effects of spillovers in the Boston biotechnology community. Organization Science, 15: 5-21.

Passinetti L L. 1981. Structural Change and Economic Growth, Cambridge: Cambridge University Press.

Perroux F. 1955. A note on the notion of growth pole. Applied Economy, 8: 12-27.

Pinch S, Henry N. 1999. Paul Krugman's geographical economics, industrial clustering and the British motor sport industry. Regional Studies, 33: 815-827.

Piore M, Sabel C. 1984. The Second Industrial Divide: Possibilities for Prosperity. New York: Basic Books.

Polnayi M. 1966. The Tacit Dimension. London: Routledge and Kegan Paul.

Porter M E. 1990. The Competitive Advantage of Nation. New York: The Free Press.

Porter M E. 1998. Clusters and the new economics of competition. Harvard Business Review, 76: 77-90.

Porter M E. 2000. Location, competition, and economic development: local clusters in a global economy. Economic Development Quarterly, 14: 15-34.

Prahalad C K, Hamel G. 1990. The core competence of the corporation. Harvard Business Review, 68: 79-91.

Quinn J B, Anderson P, Finkelstein S. 1996. Managing professional intellect: making the most of the best. Harvard Business Review 74: 71-80

Quintas P, Lefrere P, Jones G. 1997. Knowledge management: a strategic agenda. Long Range Planning, 3: 385-391.

Roelandt T J A, den Hertog P. 1999. Cluster analysis and cluster-based policy making in OECD countries: an introduction to the theme∥Organisation for Economic Co-operation and Development. Boosting Innovation: The Cluster Approach. Paris: Organisation for Economic Co-operation and Development: 9-23.

Romer P M. 1986. Increasing returns and long-run growth. Journal of Political Economy, 94: 1002-1037.

Romer P M . 1990. Endogenous technical change. Journal of Political Economy, 98: 71-102 .

Rosemann M, Chan R. 2000. Structuring and Modeling Knowledge in the Context of Enterprise Resource Planning. Hongkong: Technology Center the Hong Kong University of Science & Technology.

Rosenfeld S A. 1997. Bringing business clusters into the mainstream of economic development. European Planning Studies, 5: 3-23.

Ross R. 1911. The Prevention of Malaria(2nd ed.). London: Murray.

Ruggles R. 1997. Knowledge tools-using technology to manage knowledge better. Working Paper.

Saxenian A. 1994. Regional Advantage: Culture and Competition in Silicon Valley and Route 128. Cambridge: Harvard University Press.

Sawhney M, Prandelli E. 2000. Communities of creation: managing distributed inovation in troublement markets. California Management Review, 42(4): 20-45.

Schramm W. 1954. How Communication Works. The Process and Effects of Mass Communication. Urbana: University of Illinois Press.

Schultz T W. 1961. Investment in human capital. American Economic Review, 51: 1-17.

Schulze A, Hoegl M. 2008. Organizational knowledge creation and the generation of new product ideas: a behavioral approach. Research Policy, 37: 1742-1750.

Scott A J. 1988. Flexible production systems and regional development: the rise of new industrial spaces in North America and West Europe. International Journal of Urban and Regional Research, 12: 86-171.

Senge P. 1990. The Fifth Discipline-the Art and Practice of the Learning Organization . New

York: Bantam Doubleday Deli.

Shannon C, Weaver W. 1949. The Mathematical Theory of Communication. Urbana: University of Illinois Press.

Shapley L S. 1953. A value for n-person games//Kuhn H W, Tucker A W. The Theory of Game Ⅱ. Princeton: Princeton University Press: 307-317.

Shook L, Ketchen J, Hult M, et al. 2004. An assessment of the use of structural equation modeling in strategic management research. Strategic Management Journal, 25: 397-404.

Smith A. 1937. An Inquiry into the Nature and Causes of the Wealth of Nations. New York: Random House.

Solow R. 1957. Technical change and the aggregate production function. Review of Economics and Statistics, 39: 312-320.

Sprague R H. 1980. A framework for the development of decision support systems. MIS Quarterly, 4: 1-26.

Storper M. 1995. The resurgence of regional economies, ten years later: the region as a nexus of untraded interdependencies. European Urban and Regional Studies, 3: 191-221.

Storper M, Walker R. 1989. The Capitalist Imperative: Territory, Technology and Industrial Growth. New York: Basil Blackwell.

Swann G M P, Prevezer M. 1998. The dynamics of industrial clustering: international comparisons in computing and biotechnology. Oxford: Oxford University Press.

Szulanski G. 1996. Exploring internal stickiness: impediments to the transfer of best practice within the firm. Strategic Management Journal, Winter Special Issue, 17: 27-43.

Tallman S, Jenkins M, Henry N, et al. 2004. Knowledge, clusters, and competitive advantage. Academy of Management Review, 29: 256-271.

Teece D J. 2000. Managing Intellectual Capital. Oxford and New York: Oxford University Press.

Teece D J, Pisano G, Shuen A. 1997. Dynamic capabilities and srratigic management. Strategic Management Journal, 18: 509-533.

Thursby J G, Kemp S. 2002. Growth and productive efficiency of university intellectual property licensing. Research policy, 31(1): 109-124.

Tiwana A. 2001. The Essential Guide to Knowledge Management: E-Business and CRM Applications. Atlanta: Prentice _ Hall.

Tsai M T, Li Y H. 2007. Knowledge creation process in new venture strategy and performance. Journal of Business Research, 60: 371-381.

Ulrich K T, Eppinger S D. 1995. Product Design and Development. New York: McGraw-Hill.

UNIDO. 2001. Development of clusters and networks of SMEs. Private Sector Development Branch Investment Promotion and Institutional Capacity Building Division.

UNIDO. 2002. Competing through innovation and learning the focus of UNIDO's industrial development. Vienna, 2002: 1072116.

van den Berg L, Braun E, Van Winden W. 2001. Growth clusters in European cities: an integral approach. Urban Studies, 38: 186-206.

Vernon R. 1966. International investment and international trade in the profit life cycle. Quauterly Journal of Economics, 80: 190-207.

Victor B K, Chih M T. 2003. The construct and application of knowledge diffusion model. Expert Systems with Applications, 25: 177-186.

Weber A. 1929. Theory of the Location of Industries (1909). Chicago: The University of Chicago Press.

Wenerfelt B. 1984. A Resource-based view of the firm. Strategic Management Journal, 5: 171-180.

Wenerfelt B. 1989. From critical resources to corporate strategy. Journal of General Management, 14: 4-12 .

Wiig K M. 1993. Knowledge Management Foundation. Arlington: Schema Press.

Wiig K M. 2000. Knowledge management: an emerging discipline rooted in a long history//Despres C, Chauvel D. Knowledge Horizons: The Present and the Promise of Knowledge Management, Boston: Butterworth Heinemann: 3-26.

Wilkins J, van Wegen, B, de Hoog R. 1997. Understanding and valuing knowledge assets: overview and method. Expert Systems with Application, 13: 55-72.

Williamson O E. 1975. Markets and Hierarchies: Anti-Trust Implication. New York: The Free Press.

Yi D . 2008. The value of knowledge spillovers in the U. S. semiconductor industry. International Journal of Industrial Organization. 26: 1044-1058.

附录：调查问卷

一、企业基本情况

企业名称：＿＿＿＿＿＿＿＿＿＿＿　　企业地址：＿＿＿＿＿＿＿＿＿＿＿

填 表 人：＿＿＿＿＿＿＿＿＿＿＿　　联系电话：＿＿＿＿＿＿＿＿＿＿

1. 贵企业成立时间＿＿＿＿年＿＿＿＿月。

2. 贵企业的主营业务(主要产品)为＿＿＿＿＿＿＿＿＿＿＿＿＿＿＿＿。

3. 贵企业的注册资本为＿＿＿＿＿＿＿＿万元人民币。

4. 贵企业员工人数＿＿＿＿，其中，管理人员＿＿＿＿％，技术人员＿＿＿＿％。

5. 员工文化程度：研究生及以上 ＿＿＿＿＿％，本科 ＿＿＿＿＿％，大专＿＿＿＿＿％。

二、企业知识活动的基础

序号	企业知识活动基础	符合程度									
企业知识活动的文化环境											
A11	部门之间的正式交流合作频繁	1	2	3	4	5	6	7	8	9	10
A12	部门之间的非正式交流合作频繁	1	2	3	4	5	6	7	8	9	10
A13	员工间的互信合作程度较高	1	2	3	4	5	6	7	8	9	10
A14	企业内部知识共享的氛围浓厚	1	2	3	4	5	6	7	8	9	10
A15	企业允许员工尝试失败	1	2	3	4	5	6	7	8	9	10
A16	拥有完善的知识共享奖励机制	1	2	3	4	5	6	7	8	9	10
企业知识活动的员工素质											
A21	员工拥有完备的专业知识	1	2	3	4	5	6	7	8	9	10
A22	员工拥有较高的知识活动参与感	1	2	3	4	5	6	7	8	9	10
A23	员工拥有较活跃的知识创造思想	1	2	3	4	5	6	7	8	9	10
A24	员工拥有较高的知识创造兴趣	1	2	3	4	5	6	7	8	9	10
A25	员工受过系统的专业训练	1	2	3	4	5	6	7	8	9	10
A26	员工收入高于同行企业	1	2	3	4	5	6	7	8	9	10
企业知识活动的物质基础											
A31	拥有基本的知识活动的实验空间	1	2	3	4	5	6	7	8	9	10
A32	拥有必要的知识活动的实验设备	1	2	3	4	5	6	7	8	9	10
A33	具有必要的知识活动的资金支持	1	2	3	4	5	6	7	8	9	10

续表

序号	企业知识活动基础	符合程度									
	企业知识活动的物质基础										
A34	拥有数据处理组织	1	2	3	4	5	6	7	8	9	10
A35	拥有企业内部的知识库	1	2	3	4	5	6	7	8	9	10

三、企业知识获取

序号	企业知识获取	符合程度									
B1	拥有完善的关联企业信息管理制度	1	2	3	4	5	6	7	8	9	10
B2	擅长新客户的搜寻与开发	1	2	3	4	5	6	7	8	9	10
B3	注重与关联企业间的技术合作	1	2	3	4	5	6	7	8	9	10
B4	注重与关联企业间的非正式交流	1	2	3	4	5	6	7	8	9	10
B5	经常引进企业急需的技术专家	1	2	3	4	5	6	7	8	9	10
B6	定期回访关联企业	1	2	3	4	5	6	7	8	9	10

四、企业知识溢出

序号	企业知识溢出	符合程度									
C1	经常有关联企业到本单位参观学习	1	2	3	4	5	6	7	8	9	10
C2	关联企业对参观学习的效果比较满意	1	2	3	4	5	6	7	8	9	10
C3	乐意与其他企业分享工作经验	1	2	3	4	5	6	7	8	9	10
C4	乐意对其他企业提供一定的技术援助	1	2	3	4	5	6	7	8	9	10
C5	与其他企业间的非正式交流时常发生	1	2	3	4	5	6	7	8	9	10
C6	经常有关键技术员工流失	1	2	3	4	5	6	7	8	9	10

五、政府干预

序号	政府促进知识传播的干预	符合程度									
D1	出台了宽松的人力资源管理政策	1	2	3	4	5	6	7	8	9	10
D2	组建了完备的公共信息交流平台	1	2	3	4	5	6	7	8	9	10
D3	经常组织专业的技术培训	1	2	3	4	5	6	7	8	9	10
D4	经常组织企业高层人员的交流活动	1	2	3	4	5	6	7	8	9	10
D5	形成了完善的产学研机制	1	2	3	4	5	6	7	8	9	10

六、企业知识传播绩效

序号	集群知识传播绩效	符合程度									
E1	引领集群内的行业技术	1	2	3	4	5	6	7	8	9	10
E2	能够解决集群发展的知识瓶颈	1	2	3	4	5	6	7	8	9	10
E3	组建了知识合作联盟	1	2	3	4	5	6	7	8	9	10
E4	被政府评为知识创新型企业	1	2	3	4	5	6	7	8	9	10
E5	受到集群内同业企业的尊敬	1	2	3	4	5	6	7	8	9	10
E6	能够积极推动举办行业协会活动	1	2	3	4	5	6	7	8	9	10